手把手带你备战
职规赛

彭容容　李红霞　著

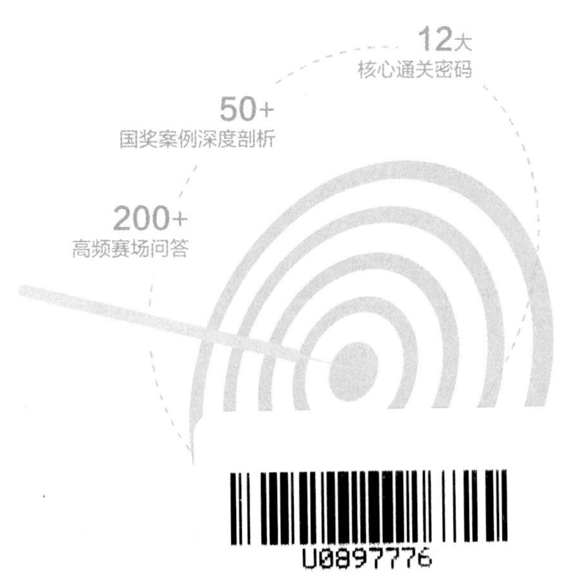

中国石化出版社
·北京·

内容提要

本书将复杂的备赛过程拆解为12大核心模块，用200+赛场真题解析打通理论与实践的断层，还特别收录了职教组“工匠之路”与高教组“复合型人才”的差异化案例，让不同类型院校都能找到适配的参考范式。更为可贵的是，本书基于“师生需求”，既设计了帮助教师快速吃透评审标准的“导航图”，又梳理出了帮助学生避开常见误区的“避坑指南”，更用二维码资源库实现了“案例随扫随学”的便捷性。

诚心期望本书能帮助更多师生实现大赛夺冠目标，让大学生的职业规划之梦落地生根。

图书在版编目（CIP）数据

手把手带你备战职规赛 / 彭容容，李红霞著 .
北京：中国石化出版社，2025. 9. -- ISBN 978-7-5114-8104-7

Ⅰ. G647.38

中国国家版本馆 CIP 数据核字第 2025D2R338 号

中国石化出版社出版发行

地址：北京市东城区安定门外大街 58 号
邮编：100011　电话：(010)57512500
发行部电话：(010)57512575
http://www.sinopec-press.com
E-mail：press@sinopec.com
北京科信印刷有限公司印刷
全国各地新华书店经销
*
710 毫米 ×1000 毫米 16 开本 18.75 印张 376 千字
2025 年 9 月第 1 版　2025 年 9 月第 1 次印刷
定价：69.00 元

专家推荐语一

中国高等教育学会高校学生管理与就业创业工作研究分会副理事长　李家华

多年深耕生涯教育与就业指导，我亲历了大学生职业规划大赛从萌芽到不断发展的过程，也目睹了许多高校师生由于缺乏有效的赛事指导而屡屡“望赛兴叹”。有幸看到该书将复杂的备赛过程拆解为12大核心模块，用200+赛场真题解析打通理论与实践的断层，还特别收录了职教组“工匠之路”与高教组“复合型人才”的差异化案例，让不同类型院校都能找到适配的参考范式。更为可贵的是，该书基于“师生需求”，既设计了帮助教师快速吃透评审标准的“导航图”，又梳理了帮助学生避开常见误区的“避坑指南”，更用二维码资源库实现了“案例随扫随学”的便捷。诚心期望该书能帮助更多师生实现大赛夺冠目标，让大学生的职业规划之梦落地生根。

专家推荐语二

畅销书作家、知识分享领域头部IP　秋叶大叔

一本好书的价值，不是讲得多高深，而是能不能帮读者解决真问题、带来真改变。这本书，做到了！它不仅是一本大赛指南，更是一本职业生涯的起点说明书。如果你是学生，这本书能帮你赢在职业规划大赛的起跑线；如果你是老师，这本书能帮你打造一支“拿得出、打得赢”的参赛队伍；如果你是家长，这本书能帮你读懂孩子未来发展的底层逻辑。愿你读完这本书后，不只是拿奖，更是成为一个真正有方向感、有竞争力的自己。

专家推荐语三

北京师范大学教育培训中心　中国关心下一代工作委员会

教育中心生涯教育专业委员会副主任兼秘书长　黄秀英

本书以全国大学生职业规划大赛（职规赛）为核心，从独特和创新的视角，既提供职规赛的赛制与评分标准、分赛道考察要点与方案解读、获奖作品与获奖数据分析、实战案例与协同机制等内容解析，又整合了政策库、工具包等教学资源，为高校生涯发展与就业指导教师提供了教学与备赛的“双料宝典”，助力教师高效指导学生参赛的同时，又将赛事经验反哺课堂教学，提升高校生涯教育的实践性与针对性。本书遵循“以终为始”的成长逻辑，将参赛过程作为学生职业生涯规划的“导航仪”，助力学生树立终身学习意识、明确职业目标、锤炼求职技能、提高就业竞争力，从而帮助学生从被动规划转向主动成长，最终实现从校赛到职场的跃迁。推荐师生共读，以赛促学，以学促行！

专家推荐语四

生涯教育专家　中国创造学会产学研合作促进分会秘书长　张振笋

生涯不是轨道，而是原野。原野虽然复杂，但是充满可能。生涯教育是一场关于可能的奔赴。职业生涯规划大赛为同学们奔赴未来可能，搭建了一个互动交流的平台。这是一本聚焦赛事的实用指南，既含助力教师迅速掌握评审标准的“路线图”，又具指引学生规避典型错误的“防错手册”。这本书坚持任务驱动、问题导向，数智赋能，案例表达，语言亲切，是学生职业发展的“导航系统”。

专家推荐语五

清华大学深圳国际研究生院合作咨询师　中国生涯教练本土化践行者　陈尚飞

多年观察职规赛发现，普通院校师生不缺潜力，缺的是系统方法。这本书的可贵之处在于，它精准抓住了“实战痛点”，既为教师提供从规则解读到案例打磨的全流程指导，又为学生拆解从目标确立到PPT呈现的细节技巧。那些带着温度的国奖案例解析、那些标注“避坑指南”的赛场问答，让抽象的“规划”变成了可落地的步骤。相信它能让更多普通院校师生在赛场上实现从“陪跑”到“夺冠”的跨越。

前言

Preface

“职规赛”，全称职业规划大赛，旨在引导学生树立正确的成才观和就业观，科学合理地规划自己的学业与职业发展。它不仅是一场比赛，更像一盏“引路灯”，为学生拨开迷雾、明确路径。对于参赛学生而言，这是展示自我、锻炼能力、明确职业方向的舞台；对于指导老师来说，这是助力学生成长、提升教学实效、推动高质量就业的重要途径。

我与李红霞老师多年来深耕职业生涯规划领域，我们曾手把手指导学生斩获奖项，也曾与来自全国各地高校的一线指导老师们并肩作战，一起打磨作品，一起见证喜悦。

在职业规划大赛的赛场上，院校之间的实力差别较大。重点院校往往凭借其丰富的资源、优秀的师资和深厚的底蕴占据优势。相比之下，普通学校的一线老师面临着诸多困境：他们可能缺乏系统的指导培训，对赛事规则和评审标准的理解不够深入；可能缺少优质的案例参考和资源支持，难以帮助学生打造出具有竞争力的参赛作品；还可能面临着教学任务繁重、指导精力有限等实际问题。但这些老师始终秉持着对学生的责任感，怀揣着对教育事业的热情，渴望在这场赛事中为学生争取更多的机会，为学校赢得更多的荣誉。

正是基于这样的现状，我们决定编写《手把手带你备战职规赛》，希望能够为普通学校的一线老师和参赛学生提供一份全面、实用、行之有效的参赛指南。书中我们将毫无保留地分享多年来的指导经验，从职业目标确立、内容框架搭建、生涯发展报告撰写，到 PPT 制作、现场展示技巧等各个环节，提供全过程详细的指导和建议。本书也结合了大量参赛案例，深入分析在不同环节可能遇到的问题及解决方法，帮助老师们更好地应对比赛中的各种挑战。同时，书中嵌入的二维码资源库，收录了涵盖高教组与职教组的优秀案例，既有职业院校学生斩获金奖的“工匠之路”，也有普通高校学子转型“复合型人才”的破局之道。

我们希望通过这本书，能够让更多的普通学校一线老师掌握备战职规赛的技巧和方法，带领学生在赛场上展示出最佳水平。我们相信，每一名学生都有无限的潜力，每一位老师都能成为学生职业发展道路上的引路人。只要齐心协力，就一定能够借助职业规划大赛这一平台，为更多青年人的未来职业发展奠定坚实的基础。

在此，特别感谢各位老师在素材搜集上的鼎力支持，本书收录的前两届金奖选手职业目标和相关案例，均源自他们的辛勤付出。由于信息搜集的复杂性，若案例中存在错漏之处，恳请各位读者海涵与指正。

同时需要说明的是，本书最后一章关于“AI 助力职规赛材料撰写”的内容，因 AI 技术迭代速度远超预期，成书时也发现有更优的工具与方法可供补充，也期待与各位在实践中共同探索最新应用。

最后，我们要感谢那些一直关注和支持我们的老师，是你们的信任和鼓励让我们有了前进的动力；感谢所有为本书提出宝贵意见的老师，是你们的辛勤付出让这本书得以顺利问世。更要感谢所有参赛学生，你们用青春的热忱诠释了“规划即人生”的真谛。

未来，我们将继续以职规赛为支点，探索“普校普孩”职业发展的更多可能，正如古语所言：“路漫漫其修远兮，吾将上下而求索。”让我们携手同行，在智能时代的浪潮中，共同书写属于中国教育的精彩篇章！

由于作者水平及阅历有限，书中难免有不妥之处，恳请各位老师、读者海涵，并不吝赐教，在此深表感谢！

彭容容

2025 年 8 月

目 录

Contents

第三章 决胜成长赛道：打造“π型人才”发展体系 071

第五章　打造记忆锚点：现场展示的准备要点 165

第一章

初识职规赛：职规赛不仅仅是一场比赛

与其在迷雾中摸索十年，不如借赛事明灯照见前路。真正的职业规划，不是绘制一条直线，而是锻造一颗随时转向却永不迷航的指南针。

职业规划大赛（以下简称职规赛）正是当下大学生们打开职业大门的一把钥匙。作业治疗师、汉服设计师、后端开发工程师等新兴职业在赛事中高频涌现，这已不仅仅是职业选择的多样化，更是时代对人才多元发展的呼唤。在AI的浪潮下，职业规划大赛成为一块试金石，它考验着大学生对行业趋势的敏锐洞察，对自我优势的精准定位。

当传统职业路径被重塑，新兴职业崛起，大学生们站在十字路口，需以创新思维和跨领域知识为武装，勇敢地探索未知领域。职规赛恰似一座灯塔，照亮他们在迷茫中的前行之路，助力他们在不断变化的世界中找到自己的坐标，实现自我价值与社会需求的完美契合。在这一过程中，他们不仅是在规划职业，更是在为未来的人生画卷勾勒出无限可能。

第一节　揭开职规赛的面纱：它究竟是什么？

2023年9月，《教育部关于举办首届全国大学生职业规划大赛的通知》（教学函〔2023〕1号）发布，职规赛走进广大师生的视野。其实，职规赛这个事情并不是近两年才有的，例如在《教育部关于举办首届全国大学生职业规划大赛的通知》重磅推出之前，江苏省大学生职业规划大赛已经连续举办了十七届。

如果时间的节点再往前移动，则可以追溯到2007年。根据《国务院办公厅关于切实做好2007年普通高等学校毕业生就业工作的通知》（国办发〔2007〕26号）“将就业指导课程纳入教学计划”的要求，教育部办公厅印发了《大学生职业发展与就业指导课程教学要求》（教高厅〔2007〕7号）。文件提出“从2008年起提倡所有普通高校开设职业发展与就业指导课程，并作为公共课纳入教学计划，贯穿学生从入学到毕业的整个培养过程。现阶段作为高校必修课或选修课开设，经过3~5年的完善后全部过渡到必修课。各高校要依据自身情况制订具体教学计划，分年级设立相应学分，建议本课程安排学时不少于38学时"。目前，所有高校都开设了职业发展与就业指导必修课，设立了相应学分。由此，职业生涯规划相关工作得以持续推进。这背后离不开众多热爱生涯规划事业的工作者，他们投身其中、默默奉献，倾注了大量心血，才使得这项工作得以不断发展和完善。

那么，与职业生涯规划密切相关的职规赛，到底是什么？

一、三重视角解锁职业规划大赛

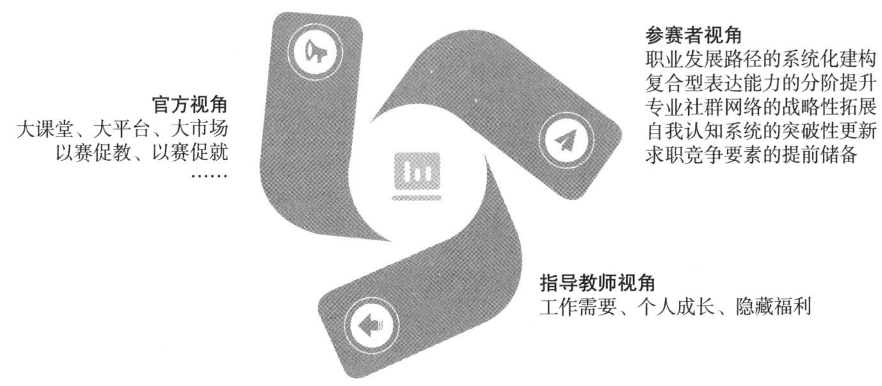

（一）官方视角

努力将职规赛打造成强化生涯教育的大课堂、促进人才供需对接的大平台、服务毕业生就业的大市场。通过举办职规赛，更好地实现以赛促学，引导大学生树立正确的成才观、就业观和择业观，科学合理规划学业与职业发展，提升就业竞争力；以赛促教，促进高校提高大学生生涯教育水平，做实做细毕业生就业指导服务；以赛促就，广泛发动行业企业和高校参与赛事活动，推动人才供需有效对接，全力促进高校毕业生高质量充分就业。

在官方眼中，职规赛不仅仅是一个展示个人职业规划能力的舞台，它更承载着深远的教育意义和社会价值。职规赛致力于构建一个集教育、实践、交流于一体的综合性平台，让每一位参赛者都能在其中收获成长，明确方向。通过比赛的激烈角逐，大学生们能够深刻体会到职业规划的重要性，学会如何根据自身特点和社会需求，制定出切实可行的职业发展路径。

（二）参赛者视角

从参赛者视角来看，大家更加关注的是这个事情到底有没有用？能否真正帮助自己提升职业规划能力，为未来的职业生涯铺平道路。实践证明，职规赛的确是一个不可多得的锻炼机会。它不仅让参赛者有机会深入了解各行各业的发展趋势，还能通过模拟职场环境，锻炼自己沟通协调、团队合作以及解决问题的能力。更重要的是，通过比赛过程中的反思与总结，参赛者能够逐渐清晰自己的职业定位，明确未来的发展方向。因此，对于每一位渴望在职场上有所作为的大学生来说，积极参与职规赛，无疑是一个明智的选择。

那么，同学们都是什么样的想法呢，下面进行了一些留言的摘录。

“参加比赛是为了荣誉但也不仅仅是为了荣誉，因为比赛之后会带给我一种特别的成长，让我感受到比赛不仅仅是为了比赛。”

“参加过，确实参加会有成长，更多是明晰职业规划和提升台上自信展示的能力吧。”

“参加比赛的过程中能了解到同专业学长学姐的前进方向、就业目标，这对我们后续的职业发展是很有帮助的。”

当然，还有的留言会更加详细。

“如果你问我打职规赛能收获什么？虽然是以个人为参赛单位的比赛，但是同样能收获脚踏实地、心怀理想、志同道合、综合实力拉满的朋友，选择开始即按下了生长和蜕变的开关，在整个过程中你会不断地打破过去的自己、剖析现在的自己，并看到未来优秀的自己……可以说把职规赛打好了，未来参加求职类、个人规划类等相关比赛都能有条不紊从容应对，在现实生活中求职也更能看得通透；表达展示能力充分锻炼，在舞台上不怯于展示自己，答辩时也能和评委自在交流，在不断地训练中也开始享受表达的过程——这是终身受益的能力。”

归纳一下，从参赛者视角出发，参加职规赛能够带来什么呢？

1.职业发展路径的系统化建构

职规赛赛事通过结构化流程（行业调研、能力评估、目标拆解等），推动参赛者将抽象的职业理想转化为可操作的行动方案。参赛者能够参照同专业学长学姐的就业案例，结合行业报告与岗位需求数据，建立个人发展坐标系。这一过程不仅强化了SWOT分析、PDCA循环等工具的应用能力，更培养了长期目标与短期任务衔接的规划意识，其方法论可迁移至考研、求职、创业等多元场景。

2.复合型表达能力的分阶提升

赛事对展示环节的硬性要求，倒逼参赛者突破表达能力的多重瓶颈。

信息凝练与逻辑重构能力提升。需将数万字报告浓缩为8分钟演讲，锻炼核心观点提取与叙事线设计能力。

评委针对职业风险防控、路径可行性等问题的质询，要求参赛者建立快速思辨与实证回应机制。

通过反复修正PPT视觉呈现、语音语调控制、肢体语言管理，形成标准化演示流程。部分参赛者反馈，此类训练显著提升了课堂汇报、实习答辩等现实场景的应对水平。

3.专业社群网络的战略性拓展

赛事创造了跨年级、跨院校的深度交流场域，参赛者通过三类关键链接获得资源增值。

已进入名企的往届选手分享行业洞察、简历优化策略等实战经验；

与不同专业参赛者的方案互评，打破单一学科认知局限；

部分高校导师、企业HR在赛事中发掘潜力选手，提供实习推荐、项目合作等进阶机会。

4.自我认知系统的突破性更新

通过对比他人方案与模拟职场抉择，精准定位自身专业短板及职业伦理基准。借助五年情景推演，构建应对行业与技术变革的弹性发展框架。

通过横向对比其他选手的方案严谨性、数据支撑度，客观评估自身专业素养短板。

在模拟职场决策（如高薪职位与专业契合度的取舍）过程中，明晰个体职业伦理基准。

借助五年职业情景推演，建立对行业波动、技术变革等变量的前瞻性应对框架。

5.求职竞争要素的提前储备

提前储备求职竞争要素，能帮助求职者在就业市场中脱颖而出。求职者需全面提升专业技能与综合素质，精准把握行业动态和企业需求，积极拓展人脉资源，充分展现个人优势与价值，具体措施如下：

省级以上奖项成为简历筛选阶段的差异化标识；

赛事中经受的追问与质疑，转化为求职面试的预设题库与应答策略；

形成基于行业生命周期、岗位能力图谱的理性择业机制，降低职业试错成本。

由此可见，职规赛是检验你职业规划能力的最佳舞台。无论你是大一新生还是即将毕业的应届生，都能在这里找到属于自己的挑战。通过提交职规赛作品，你将全面梳理自己的职业目标、路径和策略，实现从理论到实践的飞跃。

第二届职规赛就业赛道国银获得者张馨月参赛心得

再次站上省赛的舞台，心境已截然不同。聚光灯下，我的陈述简洁而有力，不再堆砌过往的“忙碌”，而是聚焦经过沉淀与实战检验的职业锚点和落地路径。面对评委犀利的提问，我感受到一种奇异的沉稳与坦诚——那是军区任务磨砺的韧劲，是旅途开阔的视野，是深夜独自奋战的思考沉淀，更是放下得失后回归本心的力量。我清晰地讲述着“我能做什么”“我要去哪里”“我准备好了什么”。那一刻，我知道，我找回了那个“心无旁骛”的自己，甚至比退伍之初更加坚定和成熟。内心对于成绩其实真的已经完全没有期待——因为我其实已经在备赛的过程中又遇见了那个纯真的自己……

如今回望，名次早已随风而逝。镌刻在心底的，是这两次峰回路转的奔赴所赋予我的内在定力与生命弹性。规划人生的意义，不仅在于设定目标，更在于培养一种能力：在规划被打破时，依然能从容应对；在放下时，依然能创造价值；在压力极限时，依然能专注本心；在意外降临时，依然能视之为成长的契机。这份在"放下"与"拾起"之间、在"助人"与"自助"之中、在"日常"与"极限"之外淬炼出的清醒、韧性与澄澈，才是我从职业规划大赛带走的最珍贵的行囊。

第二届职规赛就业赛道国铜获得者马俊杰参赛心得

省赛的掌声未歇，我收到了国赛晋级通知。走进国赛的赛场，看着来自清华、北航等高校选手的华丽履历，压力如潮水般涌来——作为非"双一流"高校的选手，如何让"微组装工艺师"这个看似"小众"的岗位，在芯片产业的宏大叙事中站稳脚跟？

李老师的话点醒了我："真正的价值，不在于岗位是否耀眼，而在于你是否能成为这个环节的'不可替代'。"我重拾信心，决定放大中北大学的军工底色：当其他选手大谈芯片设计前沿时，我聚焦微组装环节的"军工精度"——把实验室里"通过优化焊点应力分布将芯片寿命提升15%"的数据，做成直观的3D模型演示。这些扎根产业痛点的思考，让我的展示在一众"宏大叙事"中特色突出。

决赛答辩环节，一位企业评委问："微组装工艺看似重复劳动，如何保持创新热情？"我想起实习时为解决焊点虚接问题，连续三天在显微镜下观察200+个焊点的经历，答道："就像黄令仪院士磨了22年芯片，我们磨的是焊点，更是让'中国芯'从'能用'到'好用'的匠心。每一次焊点弧度的0.1μm调整，都是向'卡脖子'难题发起的冲锋。"话音未落，现场响起了持久的掌声——那是对"平凡坚守"的敬意，更是对"科技报国"最朴素的共鸣。国赛最终斩获铜奖，这个成绩于我而言，不是终点，而是新的起点。我捧着获奖证书站在人民兵工第一校的校徽前，忽然明白：这场持续200天的征程，教会我的从来不是如何赢得比赛，而是如何在压力中坚守初心、在迷茫时锚定方向。那些凌晨五点的实验室灯光、修改*n*版的PPT、对着空教室练习到沙哑的嗓音，早已化作我职业路上的“焊点”——它们未必耀眼，却无比坚实。

如今回到实验室，我在调试新的芯片焊点时，总会想起国赛评委的点评：“微组装工艺的未来，在于智能化与精密化的融合。”这让我对自己的研究方向有了更清晰的规划：撰写学术论文时，我开始自觉从“岗位需求”角度设计实验——就像比赛现场所说的“小芯片铸大业”，每个微小的技术改进，终将汇聚成推动行业进步的力量。

袁枚笔下的苔花，即便如米般微小，也能绽放出属于自己的春天。作为芯片产业的追梦者，我愿做千万“苔花”中的一朵：带着中北大学“致知于行”的校训，向着中电二所微组装工艺师的目标坚定前行。或许我成不了最耀眼的星辰，但我相信，只要在自己的岗位上精益求精、矢志创新，那些曾被忽视的“微小”，终将在时代的芯片上，焊接出属于我们这代人的荣光。

（三）指导教师视角

通常，指导教师主要有以下三种类型。

1.辅导员

辅导员可以分为日常管理型辅导员和职业发展指导型辅导员两类。

日常管理型辅导员：这类辅导员主要负责学生的日常事务管理和思想政治教育工作。他们对学生的学习生活、思想动态等方面有着全面深入的了解，能够依据学生的特点，结合学校的就业政策，为学生提供贴合个人发展的基础职业规划建议和实用的就业信息。

职业发展指导型辅导员：这类辅导员除了具备日常管理型辅导员对学生情况的了解和对学校政策的熟悉等优势外，还接受过系统的生涯规划与就业指导专业培训。他们能够结合学生的专业背景和个人兴趣，帮助学生明确职业方向，并制定合理的职业目标。在职业规划大赛的备赛过程中，他们可以提供备赛技巧、优质案例参考以及往届获奖选手的经验分享等全方位的指导。

无论是日常管理型辅导员还是职业发展指导型辅导员，共同的劣势在于可能在学科专业知识的深度和行业技术细节方面有所不足，难以提供与专业紧密相关的深度职业发展建议。

2.专业教师

专业教师在学科知识和专业技能方面有着深厚的造诣。他们能够凭借自身对专业领域的深入理解，为学生提供精准的职业发展方向，尤其是在与专业密切相关的职业路径上，具有天然的优势。然而，专业教师主要精力多集中于日常教学、专业类技能大赛指导以及自身的教学创新等领域。他们可能对职规赛这类比赛的规则、流程和评审标准不够熟悉，导致在指导学生参赛时，无法提供针对性的有效建议和充分的赛前准备支持。

3.校就业工作部教师

校就业工作部教师长期专注于就业指导和市场对接，对就业市场的需求和趋势有着敏锐的洞察力。然而，他们与学生的日常接触相对较少，可能无法全面了解学生的专业背景、个人兴趣、职业目标以及在学习生活中展现出的潜力和优势，对学生的职业发展需求和个人特点的把握不够精准。

鉴于这三种指导教师类型各有优劣，为了最大化发挥各自的优势并弥补不足，建议采取指导教师组合的方式。例如，可以组合辅导员、专业教师以及校就业工作部教师共同指导。辅导员负责学生的思想引导和日常事务协调，专业教师提供专业知识和技能指导，校就业工作部教师则负责市场对接和就业资源拓展。或者，组合辅导员、专业教师与学院领导，学院领导通常在资源整合和对外联络方面具有更丰富的经验和更广阔的视野，能够为学生提供更多的实践机会和资源支持，进一步增强团队的整体指导能力。

通过这样的搭配组合，指导教师能够在自己擅长的领域发光发热，彼此的合作与交流又可以为学生提供全方位、多层次的指导，助力学生在职规赛中取得优异成绩。

那么，从指导教师的视角出发，职规赛能为指导教师带来什么呢？

1.工作需要

（1）完成KPI指标

学校每年盯着就业率、学生竞赛获奖数，带学生打职规赛直接“刷数据”；学生拿奖算你的指导业绩，就业质量报告里还能写“精准职业辅导案例××个”，评职称、报项目时这都是实打实的材料。

（2）教学任务变现

课上讲的“霍兰德职业兴趣理论”“SWOT分析”太抽象？直接拉学生参赛实操！学生为了参赛，自己跑去调研行业、访谈校友，比你在课堂上讲10遍案例分析都管用。

（3）满足领导期待

备战职规赛，倒逼指导教师积极带领学生与企业人力资源部门以及校友资源进行有效对接，这在领导眼中是“积极主动服务社会”的具体实践。当学生得以进入知名企业实习，不仅为个人职业发展铺就了坚实道路，更为学院赢得了良好的社会声誉。

2.个人成长

（1）行业信息增加

为了拿到好成绩，参赛者会扒出最新行业报告、企业招聘实际情况（比如，某大厂实际起薪、某岗位的真实工作强度），这些一线情报你自己搜得累死，学生整理好直接送你手上——相当于多了几十个免费信息采集员。

（2）人脉自动升级

当评委的企业高管、来讲座的行业大牛，你作为指导教师与他们加个微信顺理成章。下次搞校企合作、横向课题，这些人脉就是现成的资源。

（3）技能包迭代

学生提出的如“AI对会计行业冲击多大”“新能源赛道还能火几年”等问

题，促使指导教师不断补充行业知识，甚至考取职业生涯规划师证书。而考取证书的费用有机会由学校报销，还能算作继续教育学时，相比自行报名培训课程，这种方式无疑更为划算。

3.隐藏福利

（1）职场焦虑转移

看多了学生“从迷茫到清晰”的蜕变，你自己对职业倦怠都少了——毕竟天天被“00后”追问“老师你觉得体制内香还是大厂香”，反而提醒你多看看外面的世界，别在象牙塔里“躺平”。

（2）校企协同深化

赛事作为校企合作轻量化切入点，教师通过组织企业参观、HR工作坊等活动，累积拓展合作企业资源。

（3）校友资源激活

往届参赛选手构成特殊人才库，教师通过持续追踪其职业发展轨迹，形成“在校培养—职场追踪—案例反哺”的良性循环，这些案例还可以整理成就业指导典型案例集。

首届和第二届职规赛国金作品指导教师寇丹华参赛心得

作为指导教师，我越来越意识到，我们的角色不是替学生做规划，而是激发他们的自主性。有时候，适度的“留白”比手把手地指导更有效——因为职业发展的答案，终究要由学生自己书写……最让我动容的，不是得知获奖的瞬间，而是首届全国大学生职业规划大赛就业赛道金奖选手在入职心仪企业后对我说：“老师，我规划的目标，真的实现了。”这时才真正懂得，职业规划的意义不在于完美的方案，而在于它如何影响了一个人真实的人生。指导职规赛的这两年，我收获的不仅是奖项，更是关于成长、选择和坚持的故事。而这些，才是教育最珍贵的部分。

拓展阅读

Q：小白指导教师有可能指导出金奖作品吗？

A：当然可以，而且这样的老师有很多。我经手的几个金奖作品都是工作第二年、第三年的老师指导出来的，最后他们的获奖感言无一不是“职规赛真是老师和学生双向奔赴的过程”。其实静下心来梳理两天，就基本知道职规赛的规则和套路了，如果想快一点了解职规赛，也可以翻看容容老师之前的几十个有关职规赛的帖子。但有两点要注意，好学生是要提前“养”的，临时抱佛脚抓出来的选手往往效果不太行；好作品是要反复打磨的，之前进省决赛的作品基本上也都是磨了很多轮，不论什么材料都是越磨越好的，要舍得花时间和精力。

Q：职规赛的参赛材料有格式或固定模板要求吗？

A：各地各高校参照大赛成长、就业赛道方案，自主确定本省、本校的比赛方案。

Q：职规赛的PPT制作需要注意什么？

A：需要注意讲好“故事”，包括职业发展时的困惑、关键事件、实践体验等。

Q：什么样的选手更容易在职规赛中胜出？

A：那些能够清晰表达自己的职业目标、展示对目标行业的深刻理解和热情，并且有具体行动计划的选手更容易胜出。

Q：如何帮助选手在职规赛中展示他们的职业规划的独特性？

A：通过引导选手深入研究特定行业，结合个人独特经验和兴趣，创造一个与众不同的职业路径规划。

例如，同样是医学生就业，一个方法是进行细分：儿科医生？中医儿科医生？还是乡镇医院的儿科医生？民族地区的儿科医生？例如，同样是做大数据类的工作，那么应用的领域是什么？总不能所有领域都是通用的。

Q：在职规赛中，选手应该如何处理职业规划的不确定性？

A：选手应该展示他们对行业趋势的适应性，包括备选计划和灵活调整策略，以应对未来可能的变化，而备选计划通常要和目标岗位有较高的相关性。另外，很多作品在评估调整部分会提到“如果我不能胜任这个岗位我会重新选择什么？”问题是之前所有的材料都在证明自己是胜任的、是“天选”的，结果到了最后一页来了句如果不能胜任，这个逻辑实在是让人很着急。

Q：如何评估选手的职业规划是否符合市场需求？

A：充分体现数据化，通过分析选手规划中对行业发展趋势、社会需求和政策导向的考量，评估其规划的市场适应性。很多人的岗位分析也罗列了政策，但这个政策往往过于宏观，放在同行业的岗位中也全部适用，并没有进行聚焦于自己的目标岗位的行业分析和岗位分析，这样得出的结论“目标岗位需求量大”往往是站不住脚的。

Q：选手如何在职规赛中展示他们的创新思维？

A：创新在任何职规赛中都是重要的。最好能够在作品中设计几个创新点，例如，提出新的解决方案或对传统职业规划的改进。

Q：在职规赛中，选手应如何展示他们的社会责任感？

A：虽然大赛对标的是就业，但社会责任感的展现也很重要。通常可以在三个方面进行展示：一是过往实践中体现社会服务的部分；二是过往经历中的志愿服务等；三是在自己的未来职业路径设计中。当然，大部分作品也会通过主副标题的形式体现社会责任感，如在主标题中展现自己的家国情怀等。

Q：选手如何在职规赛中展示他们的终身学习能力？

A：通过展示他们的学习计划，包括持续教育和技能提升，以适应快速变化的职业环境。

Q：如何帮助选手在职规赛中展示他们的解决问题能力？

A：最好能够实例进行说明。重点描述个人在问题解决中的作用发挥，展示选手分析和解决问题的能力。

Q：在职规赛中，选手应如何展示他们的技术能力？

A：图片优于文字，视频优于图片，如果有可能，可以采集展现选手技术技能的视频片段；另外，也可以通过项目经历描述，或企业感谢信，或大赛获奖进行佐证。

Q：选手如何在职规赛中展示他们的职业道德？

A：最好能够在细节中带入，通过合理素材展示他们的职业道德和综合素养。

二、哪些人更容易在职规赛中胜出？

“躬身入局者自有星辰相随”。

职业规划从来不是零和博弈的战场，当你在深夜里拆解行业白皮书时，星辰正在为你的专注加冕；当你完成第一次模拟答辩时，成长的年轮已悄然扩展。这场比赛真正的奖品，是备赛过程中锻造的思维钢印。这场职规赛，恰似一场破茧成蝶的蜕变之旅，让参赛者在不断探索、实践与反思中，逐渐展现出耀眼的光芒，逐步塑造出那个更加强大、自信、从容的自我。无论最终的比赛成绩如何，这段经历都将成为他们人生中一笔无法估量的财富，为他们未来的成长与发展奠定坚实的基础。

那么，哪些选手更容易在职规赛中脱颖而出、捧得全国金奖呢？他们身上都有哪些共同的特点？让我们先一起走进几个案例。

（一）全国职规赛金奖选手的案例回顾

选手1：复旦大学 外国语言文学学院英语语言文学专业 石心然

奖项：首届大学生职业规划大赛就业赛道金奖

职业目标：作为联合国及下属机构的新闻与传播协理，用全球视野传递中国声音

青衿之志，履践致远。在世界舞台上讲好中国故事的这份理想源于石心然的

一次模拟联合国大会之旅，草案获大会全票通过的同时，也让她意识到，模拟议题背后是真切的需求与困境。当时正值南海争端，西方主流媒体对中国的合法主张视而不见，联合国报道中平等呈现争议双方立场，这让她认识到在国际平台客观中立的报道就是对西方叙事的破除。中国势在融入世界、共谋发展，世界也更需要听到中国声音，看到中国方案。自那一刻起，石心然的职业理想便与祖国和世界相连，她期待自己可以在国际组织新闻与传播岗位上，用真情打动读者，促进交流理解；用客观破除偏见，向世界展现真实、立体、全面的中国。

在复旦的六年，石心然在“泛”的多元融合之外，也致力于“精”的极致境界。在外文学院英语语言文学专业学习期间，石心然还学习了法语（本科生第二外国语课程）及俄语（硕士生第二外国语课程）。她同时选择了新闻学作为自己的第二专业，修读广告策划与创意、新闻摄影、新闻评论等课程使她受益匪浅，快速提升了其新闻采写与故事传播的硬实力。“外文学院、新闻学院、国务学院的很多学长学姐都在毕业后赴国际组织任职，这让我觉得到国际组织就业不再只是我一个人的梦想，而是薪火相传的使命和责任。我不是一个人，而是所有期待运用自己的专业知识在国际组织平台发光发热的前辈、同辈的一个微小的缩影。”（资料来源：复旦生涯官微　有删改）

选手2：北京交通大学 交通运输专业 张书铭

奖项：首届大学生职业规划大赛成长赛道金奖

职业目标：担强国重任的智能交通规划师

张书铭立志成为一名“担强国重任的智能交通规划师”，他结合学历、素养、实践经验三方面要求对未来职业进行规划。他从科研成果、学科竞赛、社会实践等方面讲述行动成果，同时动态调整提升专业英语能力、编程能力、实践应用能力。未来他计划继续深造，积累项目管理经验，为长期投入智能交通实地规划奠定基础。在建设交通强国的背景下，他希望身体力行，成为伟大事业中一颗璀璨的螺丝钉，规划祖国河山的万里通途，规划百姓脚下的出行之路，也规划自己的精彩人生。（资料来源：北京交通大学官微　有删改）

选手3：浙江交通职业技术学院 航空学院飞机机电设备维修专业 姜立松

奖项：首届大学生职业规划大赛就业赛道金奖

职业目标：C919特种材料装配师

姜立松就读于浙江交通职业技术学院航空学院飞机机电设备维修专业。刚进入大学时，姜立松也曾迷茫，不知自己的未来在哪里。一次，学校组织到商飞参观，他被现场一个场景打动：“一架没完成的飞机经你之手送上蓝天，内心会有无与伦比的成就感与自豪感。”从此，他对飞机制造着了迷。

在成长之路上对专业产生浓厚兴趣之后，姜立松就为自己的职业和未来进行着一系列的准备。听闻国产C919大飞机交付、中国人即将乘坐自己生产的大飞机，他几乎每天都要浏览有关C919的新闻，从订单量的变化到制造工艺，他都如数家珍。慢慢地，他将自己的求职方向锚定在特种材料装配师上。

与普通装配师不同，飞机上常使用的碳纤维、玻璃纤维、第三代铝锂合金产品等材料，对精度和加工要求更为严格。他在理论学习和实践中，格外注意培养这方面能力。

在老师的带领下，姜立松用3D打印机技术还原飞机立体模型，对飞机构造了如指掌。他参加全国大学生金相技能大赛，花费3个月时间，每天在实验室16小时，用上万张砂纸、近800个试样，反复练习。最终，他将拇指大小的圆柱体试样打磨成镜面，并经受显微镜成像级别的精度考验。最终，他从8361名选手中脱颖而出，获得全国一等奖。

姜立松在职业规划大赛的现场这样阐述他未来可能从事的岗位：“我知道它可能很枯燥，但既然我下定决心做成这事，我希望自己能在一米宽的地方做1000米深的事情。我做的事情看似简单，但如果一直做这件看似简单的事情，就会变得不简单。”（资料来源：浙江交通职业技术学院官微　有删改）

（二）金奖选手的五个“好”

职业规划大赛金奖得主往往展现出鲜明的共性特征，其核心体现在职业发展路径设计科学、专业知识体系构建完善、学业表现与实践成果突出、持续学习能力显著等方面。若进一步提炼核心特质，可概括为五大关键要素——目标“好”、专业“好”、匹配“好”、发展“好”、表达“好”。

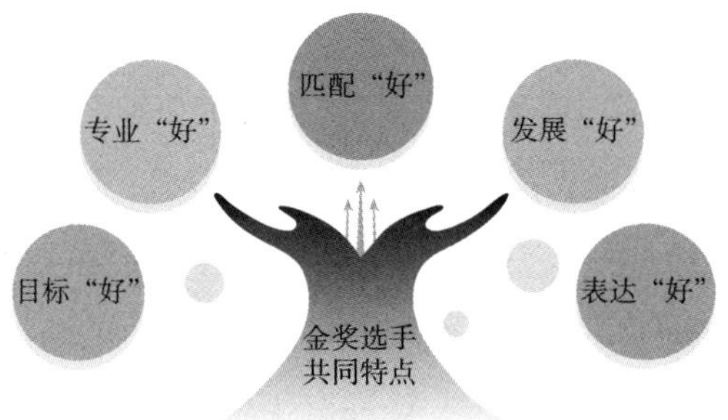

1. 目标“好”

（1）目标明确且可行

对未来职业有清晰的目标，这个目标既符合自身情况，又具有现实可行性。比如，结合自身所学专业和能力，确定在某个行业内逐步晋升的目标，如从基层岗位做起，经过几年努力成为部门主管等。

（2）目标具有典型性

职业目标不仅要清晰可行，更要能反映时代特征、行业趋势或社会需求。典型性目标往往具有示范价值，既能展现选手的格局视野，又能引发评委的深层共鸣。

例如，前文提到的三位金奖选手：石心然锚定“国际组织新闻与传播岗”呼应国家外宣战略，张书铭定位“智能交通规划师”紧扣交通强国命题，姜立松选择“C919特种材料装配师”直指高端制造突破——这些目标都精准捕捉到国家发展进程中的关键坐标。

将职业目标分解为具体的步骤和阶段，每个阶段都有明确的任务和时间节点。例如，在大学期间要完成哪些专业课程学习、考取哪些证书，毕业后的第一年要在岗位上取得怎样的业绩等。

2. 专业“好”

（1）学校相关专业排名靠前

优质专业不仅意味着更完善的课程体系和师资力量，更能通过校企合作、国际交流等特色培养模式构建起职业竞争力护城河。

以金奖选手为例——石心然所在的复旦大学外国语言文学学科在QS世界大学学科排名中连续五年稳居全球前50左右，其“多语种+”培养体系与联合国教科文组织签订定向人才输送协议；张书铭就读的北京交通大学交通运输工程学科在2017—2022年软科世界一流学科排名中，4次荣登世界第一。

专业优势也可以更好地转化为竞赛竞争力。首先，国家级教学资源库支撑职业认知深度；其次，行业领军人物担任学业导师，形成职业规划可信度背书，调查显示，近七成金奖选手的职业目标论证直接引用校内院士等顶尖人才的行业预测报告；最后，头部企业“订单班”培养模式使岗位分析更具前瞻性，例如，智能网联汽车工程师方向学生能提前三年获取企业技术路线图作为规划依据。

当然，并不是说所就读专业的专业排名不靠前的选手就一定拿不到金奖，相比专业排名，专业特色以及如何凸显专业与职业目标的适配逻辑才是制胜关键。

（2）选手学业成绩优异

扎实的专业基础是职业发展的根基。获奖选手普遍展现出持续稳定的学术表现，其共同特征包括：保持本专业前10%的GPA成绩，连续获得校级以上奖学金，在国家级学科竞赛中斩获名次。

例如，首届全国金奖选手张书铭，他三年综合排名专业第2，获得浙大、同济、北航等6所高校保研offer，以第一作者身份发表SCI论文，获得全校本科生仅2名的宝钢优秀学生奖，本硕博仅6名的科技类英才奖荣誉；荣获全国交通运输科技大赛二等奖，北京市一等奖等多项荣誉。这些都为其智能交通规划师的职业目标奠定理论基础。（资料来源：北京交通大学官微　有删改）

3.匹配“好”

（1）职业目标与个人特质的深度契合

职业规划大赛无论是成长赛道还是就业赛道，都讲究个人要很好地与职业目标相匹配。成长赛道选手需结合生涯发展报告展示自我认知过程，就业赛道选手则需在简历中突出与岗位匹配的技能，如编程能力、项目管理经验等。具体而言，例如，公共服务岗位选手需展现家国情怀，涉农专业选手需结合乡村振兴战略规划职业路径。选手可引用杰出职业人物（如行业领军人物）作为引路人，增强目标的使命感。

（2）职业目标与市场需求的动态适配

选手需通过生涯发展报告或求职综合展示说明目标职业的行业前景，例如智能制造、人工智能等新兴领域。就业赛道选手需结合岗位JD（职位描述）分析核心能力要求，如市场营销岗位需突出数据分析与用户运营经验。

例如，成长赛道选手需制订“补足短板”的行动计划，如通过考取BIM工程师证书提升建筑类岗位竞争力；就业赛道选手则需在PPT中量化实践成果，例如“累计完成3个电商运营项目，ROI提升20%”等。

（3）职业目标与成长路径的可行性验证

成长赛道选手须在生涯发展报告中展示“行动成果与职业目标的契合度”。选手需将长期目标（如5年内成为部门主管）分解为短期任务，例如，大一和大二完成专业课程学习，大三和大四参与行业竞赛或实习。另外，选手需要通过实习、项目、竞赛等行动验证职业规划的合理性。

例如，选择教师职业的学生可通过支教经历证明沟通能力，选择科研方向的学生需展示发表论文或专利成果。

4.发展“好”

（1）阶段性目标的科学分解与实施

职业发展如同攀登阶梯，每一步的稳固都决定最终的高度。职规赛要求选手将长期目标拆解为可量化、可执行的阶段性任务，体现路径的合理性。

例如，成长赛道的低年级学生需制订“3~5年成长计划”，就业赛道的高年级学生需设计“求职行动路线图”，如考取职业资格证书、积累项目经验、优化求职材料等，确保每一步都为最终就业目标服务。

（2）行业趋势与市场需求的深度洞察

选手需结合国家政策、技术变革等外部环境，设计前瞻性的发展路径。例如，赛道选手选择新能源、人工智能等战略性新兴产业，规划“技术+管理”复合型发展路径，呼应“中国制造2025”等国家战略；针对数字化转型需求，设计“专业技能+数字化工具应用”的能力矩阵，如市场营销岗位需掌握数据分析与用户运营技术。

例如，某国赛选手通过分析跨境电商行业增长趋势，制订“语言能力+数字化营销”的五年规划，最终斩获全国金奖。

（3）社会责任与个人价值的统一

“职业发展的最高境界，是让个人成长与社会发展同频共振。”优秀规划需体现家国情怀与职业使命感。例如，选手可规划“基层锻炼—专业深耕—政策研究”的路径；结合乡村振兴战略，设计“农业科技推广+农村电商运营”的职业蓝图等。

例如，第二届职规赛某国奖选手表示，“技能报国不是口号，而是每个技术细节的极致追求。我将带着这份荣誉冲击国赛，为海洋强国战略贡献青春智慧。”

5.表达“好”

（1）用情感逻辑串联职业愿景

善于通过“痛点—转折—成长”三段式叙事结构，将职业规划转化为具有感染力的故事。

例如，某国奖选手在路演中，以“医疗技术创新=技术攻关+生命关怀”为逻辑线，通过实验室研发案例与临床需求痛点的对比，展现职业目标的深层价值。这种“问题—解决方案—社会意义”的递进式叙事，使其获得北京市金奖。

（2）用共情力打动评委与观众

真正顶级的共情设计往往具备“三阶共鸣”结构：首层唤醒个体记忆（如童年梦想），中层激活群体认同（如学科荣誉），顶层呼应时代命题（如科技自立）。

例如，某选手在成长赛道中，通过“支教日记+留守儿童画像”的具象化表达，讲述乡村教师职业的使命感。例如，展示某位学生从沉默寡言到主动发言的转变过程，配合手绘学生画像，让评委直观感受到教育工作的温度，最终斩获金奖。

（3）用金句与修辞强化记忆点

职教组金奖选手在路演中，以“我的职业坐标在田间地头”为开场，用“泥土沾在鞋上，责任扛在肩上”的比喻，将农业技术推广工作具象化。结尾处

“让每一粒种子都找到属于它的春天”引发评委热泪。语言类专业选手通过“语言是声音的艺术，更是文化的桥梁”等金句，结合联合国文件翻译实践案例，展现职业的社会价值。

第二节　职规赛胜出的底层逻辑

职业规划是未来与当下的对谈，理论为镜照见可能，行动为笔书写答案。

在职规赛中，参赛者若想构建科学、落地的职业发展路径，掌握经典理论体系是核心底层逻辑。这些理论不仅为自我认知和职业决策提供框架性工具，更揭示了从“人职匹配”到“动态发展”的底层规律。

例如，霍兰德职业兴趣理论通过六边形模型将人格特质与职业环境关联，帮助参赛者更好锚定职业方向；舒伯生涯发展理论以生命全程视角拆解职业阶段任务，强调不同年龄段的角色平衡；而MBTI人格类型理论则从16种人格维度解码行为偏好，为团队协作与岗位适配提供科学依据。此外，认知信息加工理论（CIP）构建了“金字塔决策模型”，将职业探索分解为知识储备、决策技能、元认知三大模块，形成可操作的规划流程；明尼苏达工作适应论则从个人能力与职业需求的动态匹配中，诠释了职业稳定性的底层逻辑。这些理论共同构成职业规划大赛的“导航仪”，使参赛作品超越经验主义，实现从直觉判断到系统论证的跨越。

当然，并不是说所有的理论和测评结果都要被放进职规赛参赛作品中，理论的加持使得参赛作品更具深度和可信度，但关键在于合理取舍。选手应精选与自身职业规划紧密相关的理论，如职业锚理论、霍兰德职业兴趣理论等，用以阐释职业选择的依据和路径。同时，测评结果应作为职规赛相应材料的部分支撑，而非堆砌的数据。通过精准的理论引用和测评结果的恰当融合，能使参赛作品在逻辑性和说服力上更上一层楼，让评委清晰地看到选手职业规划的合理性和可行性。

另外，需要注意的是，目前职规赛的突围更需要大家站在本土化生涯理论的视阈进行展开，在反复运用西方生涯理论的同时，不要忘记从中华优秀传统文化中寻求职业目标的深层次支撑。

一、传统职业生涯规划理论

传统职业生涯规划的具体理论见附录2。“目标如北辰，指引方向；行动如船桨，推动前行。”在职规赛成长赛道中胜出，关键在于精准定位职业目标、全面自我分析、制订切实可行的成长计划，并在实践中不断调整优化。明确的目标和行动是成功的双翼，缺一不可。通过深入自我认知，结合个人优势和社会需求，制定个性化的职业发展蓝图。在实践中，以行动验证计划，以成果反馈调整，实现自我超越。在大赛中，用清晰的规划、扎实的行动和灵活的调整，展现你对未来的深刻洞察和坚定承诺，如此必将脱颖而出。

表1-1是对传统职业生涯规划理论的部分整理及其在职规赛中的应用，具体的应用方法见附录2。

表1-1　传统职业生涯规划理论及其在职规赛中的应用

序号	传统职业生涯规划理论	在职规赛中的应用场景及方法
1	霍兰德职业兴趣理论	参赛者自我认知分析
		职业目标匹配与论证
		职业路径动态调整模型
		作品可视化呈现设计
		答辩环节的底层理论支撑
2	明尼苏达工作适应论	职业目标可行性论证——破解“纸上谈兵”痛点
		实习经历深度复盘——构建“适应力”叙事逻辑
		职业风险预案设计——应对评委“突发拷问”
		作品数据可视化升级——打造“动态适配”记忆点
3	舒伯生涯发展理论	生涯发展阶段模型——构建规划逻辑链
		生涯彩虹图——破解角色冲突论证
		自我概念理论——强化职业目标说服力

续表

序号	传统职业生涯规划理论	在职规赛中的应用场景及方法
4	职业锚理论	自我分析环节——精准定位核心职业诉求
		职业目标论证——破解“伪适配”陷阱
		备选路径设计——应对职业环境突变
5	CIP 认知信息加工理论	职业决策逻辑链构建
		职业知识库搭建
		答辩策略设计
6	MBTI 人格类型理论	精准定位职业方向
		答辩逻辑深度强化
		职业风险预案设计

二、后现代职业生涯规划理论

后现代职业生涯规划的具体理论见附录2，立足于后现代哲学理念，接纳生涯发展的不确定性和动态变化，认为生涯受多种复杂因素影响而充满各种可能性，强调个体需具备包括生涯关注、生涯控制、生涯好奇、生涯自信在内的适应力，主动适应环境变化与新挑战，灵活调整目标与计划。它重视个体的主观建构，尊重每个人的主观经验和价值观，认为生涯由个体主动建构，鼓励通过自我觉察和探索，依据自身的兴趣、价值观、能力和需求来规划和创造独特生涯。

同时，后现代职业生涯规划关注多元性，将生涯视为一个涵盖职业、家庭、朋友、兴趣爱好、自我成长等多方面综合的整体，倡导个体追求全面而平衡的发展，整合不同生活角色和经历，实现多元化的生涯目标。此外，还强调叙事与自我觉察，借助叙事探索和理解生涯经历，发现其中意义和模式，并注重个体关注内心感受和需求，反思生涯选择与行为，进而进行调整与改进，为人们应对当今复杂多变的社会环境中的职业生涯规划提供了新的思路和方法，具有重要的理论与实践意义。

表1–2是对后现代职业生涯规划理论的部分整理及其在职规赛中的应用，具体的应用方法见附录2。

表1–2　后现代职业生涯规划理论及其在职规赛中的应用

序号	后现代职业生涯规划理论	在职规赛中的应用场景及方法
1	社会认知生涯理论（SCCT）	自我效能诊断与强化
		职业目标可行性论证
		作品叙事逻辑优化
		动态修正机制
2	建构主义生涯理论	自我探索工具升级——构建动态认知系统
		生涯叙事答辩法——增强作品感染力
		动态路径设计模型——应对不确定性命题
		评委沟通策略——建构主义回答设计
3	叙事生涯理论	生涯故事线重构——破解同质化作品痛点
		作品可视化叙事升级
4	生涯混沌理论	职业决策分析
		职业规划弹性设计
5	无边界生涯理论	职业路径规划
		自我能力展示

第三节　以终为始，提前布局成长地图

在职业规划大赛的赛场上，“优秀”与“卓越”的差距，往往始于对终点的想象力。

许多参赛者陷入“埋头赶路却迷失方向”的困局，或执着于短期技能提升而忽视长期职业愿景，或在纷繁的备赛任务中陷入战术勤奋、战略懒惰。本节以“以终为始”为核心方法论，借国家金奖选手的真实案例，为你拆解如何将看似缥缈的职业理想转化为可落地的成长地图。

一、锚定职业终局——金奖选手的目标锚定方法论

金奖选手在职业规划上展现出卓越的前瞻性，他们不仅着眼于短期的职业起点，更对终身事业有着深思熟虑的清晰认知。这种对职业终局的锚定，体现在他们独特的目标设定方法论上。

（一）运用职业画布从终局倒推能力拼图

金奖选手普遍展现出了一种从目标出发逆向规划的能力，他们能够运用职业画布工具，从最终的职业目标逆向工作，逐步拼凑出实现目标所需的各项能力与资源。这种能力使他们能够清晰地识别出达成职业目标所必须经历的各个阶段，以及在每个阶段需要掌握的关键技能和积累的经验。这种从终局倒推的能力，是职业规划中的一种高效策略，能够帮助个人更清晰地看到未来的职业路径，并为之制订出切实可行的行动计划。

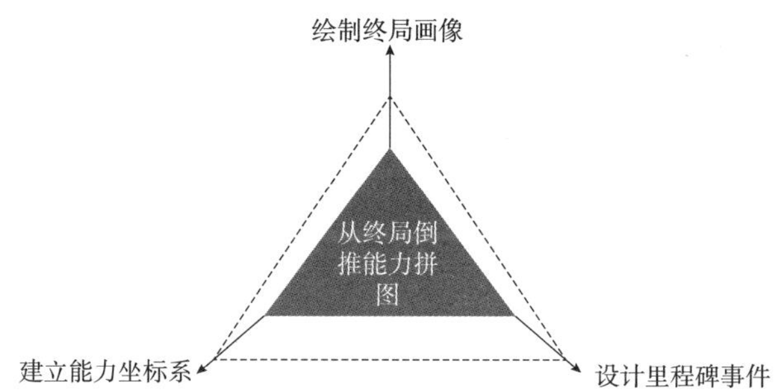

1.绘制终局画像

从全国职规赛金奖选手的现场表现来看，他们几乎都提到两个字——“立志”，换言之，就是要将国家战略需求融入个人职业坐标之中。在具体操作层面，金奖选手普遍采用“未来简历法”逆向推演成长路径。例如，首先设定目标岗位的任职资格（如5年后新能源汽车总工程师需具备的跨国团队管理经验、电池技术专利数量），继而将任职条件拆解为每年需攻克的里程碑事件。

典型案例 1

第二届全国职规赛某国奖选手立志投身人工智能领域，以AI智慧赋能智慧城市建设、用无人系统服务人类的美好生活，成为一名卓越的智慧交通领域AI产品研发工程师。

典型案例 2

第二届全国职规赛某国奖选手表示工业机器人的代码会迭代，但中国智造的航船永远向前，她的职业蓝图就是要成为那道连接科技与匠心的光。

案例分析

选手1通过“需求倒推法”绘制终局画像，选手2的工业机器人职业画布更具职教特色。所谓绘制终局画像，就是要在职业目标确立的过程中能够体现职业愿景的牵引。

2.建立能力坐标系

金奖选手常采用五维能力评估法，将目标岗位的核心能力拆解为专业硬实力（如Python编程）、跨界软实力（如设计思维）、行业洞察力（如新能源政策解读）、资源整合力（如产学研合作）、趋势适应力（如AI工具迭代）。通过绘制现状与目标的缺口热力图，可精准定位12个月内需优先突破的能力象限。2023年职规赛调研显示，大部分金奖选手在能力拼图中嵌入了AIGC工具应用模块，体现对技术变革的前瞻响应。

典型案例 1

第二届全国职规赛某国奖选手立志成为一名新能源汽车设计发布工程师，做中国新能源汽车产业转型升级的技术支撑者。他依托学校“魅影”方程式车队，围绕零件评审、供应商定点与成本管控，完成18项行动计划；参加全国大学生机械创新设计大赛，夯实3D建模与项目管理能力，并获全国一等奖等荣誉。

典型案例 2

第二届全国职规赛某国奖选手以“数字赋能传统造价，智慧护航江河安澜”为核心理念，以“能建模、能控本、能创新”三大职业能力为锚点，通过实践案例生动诠释职业理想。

案例分析

选手1围绕新能源汽车设计发布工程师的岗位需求，在专业硬实力（3D建模）、资源整合力（依托车队推进计划）与趋势适应力（契合新能源产业发展）上重点发力；选手2则针对传统造价领域的数字化转型需求，强化了专业硬实力（建模、控本）、行业洞察力（把握江河治理领域需求）与创新能力（数字赋能模式探索），二者均实现了五大能力维度的精准匹配与重点突破。他们的案例也展示了金奖选手如何通过绘制现状与目标的缺口热力图，精准定位需要优先突破的能力象限，并在职业规划中嵌入AIGC工具应用模块，体现对技术变革的前瞻响应。这些做法值得其他选手学习和借鉴。

3.设计里程碑事件

纵观全国金奖获奖选手的个人事迹材料不难发现，几乎每个人都有一些“标志性成果”，也就是在其个人成长过程中的里程碑事件。其中，有的是重大赛事的获奖，有的是重要的实习经历、项目成果或技能认证。

典型案例 1

第二届全国职规赛某国奖选手参与开展肿瘤的发生发展机制以及诊疗技术研发，完成了AI赋能胶质母细胞瘤诊疗模型构建，获得中国国际大学生创新大赛银奖，三获IGEM全球金奖，发表SCI文章3篇。

典型案例 2

第二届全国职规赛某国奖选手先后在新华社音视频部、《凤凰周刊》国际新闻组、上海广播电视台国际传播中心实习，致力于用柔性语言向世界传递中国科技故事。

典型案例3

第二届全国职规赛某国奖选手先后于《南方都市报》、《南方周末》、第一财经实习，担任深度训练营运营总监，累计发表报道两百余篇，有幸荣获范敬宜新闻学子奖。

每位选手的里程碑事件都体现了他们独特的个人品牌。选手1展现了科研创新能力，选手2展现了国际传播能力，选手3展现了深度报道能力。这些“里程碑”事件往往遵循“能力验证—成果输出—价值升级”的螺旋上升逻辑，形成可被评委识别的成长加速度。评委在评审时，往往更关注那些有明确成长轨迹和标志性成果的选手。这些成果和轨迹直观地展示了选手的能力、努力和潜力。

二、逆向拆解路径——从五年愿景到年度里程碑

这是一场与未来自己的对话，更是一次对成长节奏的精准把控。

正如《大学》所言：“物有本末，事有终始，知所先后，则近道矣”。跳出“线性成长”的认知陷阱，借鉴舒伯生涯彩虹图的生命角色平衡法则，在学业、竞赛、实习的多元场景中构建“能力复利模型”，让每一份经历都成为职业终局的拼图。当你手握这份成长地图，备赛不再是机械的任务清单，而是用战略眼光走好当下每一步的觉醒之旅——因为真正的职业高手，早已在起点埋下抵达终点的密钥。北京师范大学乔志宏老师将大学四年的发展道路区分为学术型、专业型和社会型，基于不同的发展方向需要进行差异化的知识储备与能力培养。学术型路径强调科研创新能力，需注重文献研读、学术写作及实验室参与；专业型路径侧重职业技能精进，应系统学习行业知识并考取相关资格证书；社会型路径重视实践应用能力，需通过社团活动、企业实习积累社会经验。基于此，我们以中北大学电子科学与技术、测控技术与仪器、智能感知工程三个专业为例生成了学生

在校期间的成长地图以供参考。

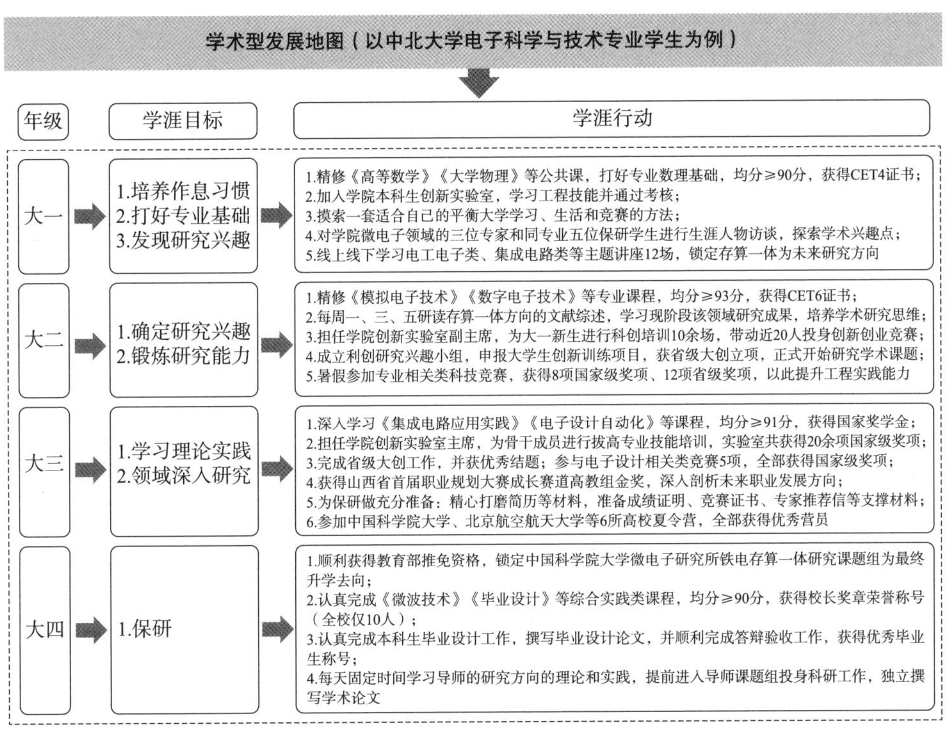

社会型发展地图（以中北大学测控技术与仪器专业学生为例）

年级	学涯目标	学涯行动
大一	1.打好专业基础 2.参加社团活动 3.结识学长	1.认真学习《高等数学》《大学物理》等专业基础课，均分≥80分以上； 2.积极参与班委竞选，提升沟通和团队协作能力； 3.积极参与校院两级举办的各类讲座，获取文体学分； 4.加入学院绘心绘智生涯辅导员工作室； 5.积极锻炼身体，保持强健体魄
大二	1.深入社团发展 2.假期实习	1.系统研习《模拟电子技术》《数字电子技术》等专业课程； 2.参加绘心绘智生涯辅导员工作室举办的毕业生求职经验交流分享会，积累人脉与资源； 3.在绘心绘智生涯辅导员工作室中担任企宣部副部长，负责学院双选会招聘单位接待工作、工作室各类活动海报设计，提升组织管理能力； 4.前往太原芯愿景微电子技术有限公司进行暑期实习，积累岗位技能与经验
大三	1.完成专业学习 2.完成研究实践 3.假期实习	1.持续精进《传感器原理与设计》《数字信号处理》等专业课程； 2.完成“温度传感器测量电路”和“四旋翼无人机姿态控制的滤波算法设计”等实践项目； 3.前往洛阳牡丹通信有限公司参加暑期实习，提升求职竞争力； 4.利用就业指导课程时间完成第一轮简历优化
大四	1.求职	1.考虑家庭经济因素准备求职； 2.参加学院绘心绘智生涯辅导员工作室组织的面试技巧、简历制作、求职礼仪等工作坊提升求职实战能力； 3.了解目标岗位的核心职责，精准准备求职策略，提高面试成功率； 4.经过多次面试，成功进入中电长城科技有限公司销售职能岗

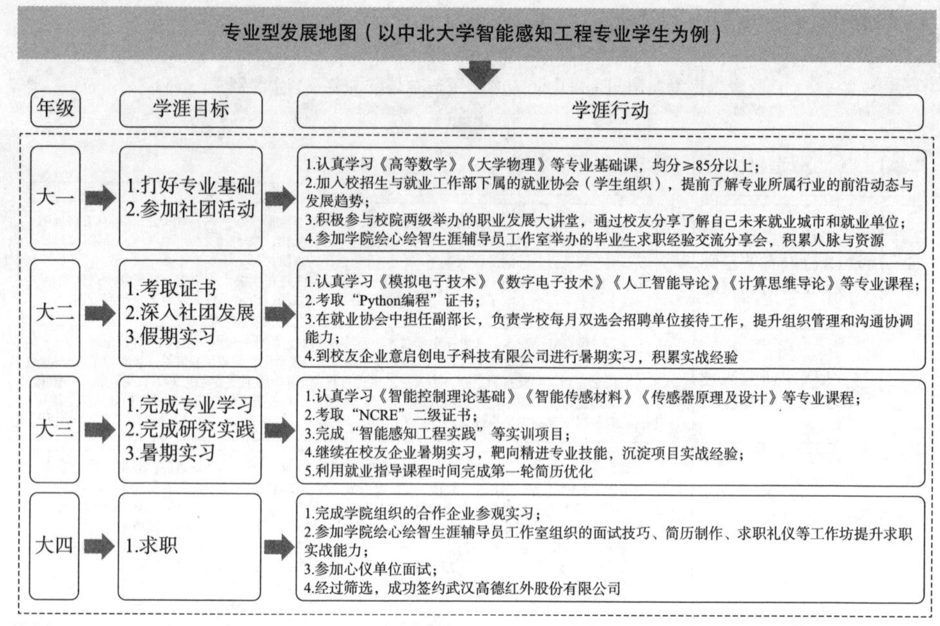

资料链接

五个助力自我提升的实用工具

1.锚定方向——用“曼陀罗计划表”拆解人生愿景

迷茫的本质，是目标与行动的断层。

日本棒球巨星大谷翔平曾用曼陀罗计划表（OW64计划表），将职业目标拆解为可落地的行动，最终实现从高中到职业赛场的跨越式成长。如何操作？核心目标：在九宫格中心写下2025年你最想实现的职业目标（如“考取技能证书”或“做一份利于成长的兼职”）。

8大支柱：围绕核心目标拆解8个支撑领域（如专业能力、人脉资源、健康管理、学习计划等）。

64项行动：每个支柱再延伸8项具体行动（例如，“专业能力”下可列“考取行业认证”“每月读一本专业书”等）。

2.平衡发展——用“生命之花”绘制人生全貌

生命之花平衡轮（又称“人生九宫格”）能帮你避免“顾此失彼”的陷阱。

绘制步骤如下：

（1）划分领域：将人生分为职业、财务、健康、家庭、休闲、社交、学习、心灵8个维度。

（2）满意度评分：为每个维度打分（1~10分），标注在花瓣上，连成“生命之花”。

（3）行动补缺：针对低分领域制订改善计划（如“健康”分低，可规划“每周运动3次”）。

真正的平衡不是平均分配时间，而是让每个维度“不拖后腿”，成为彼此的助力。

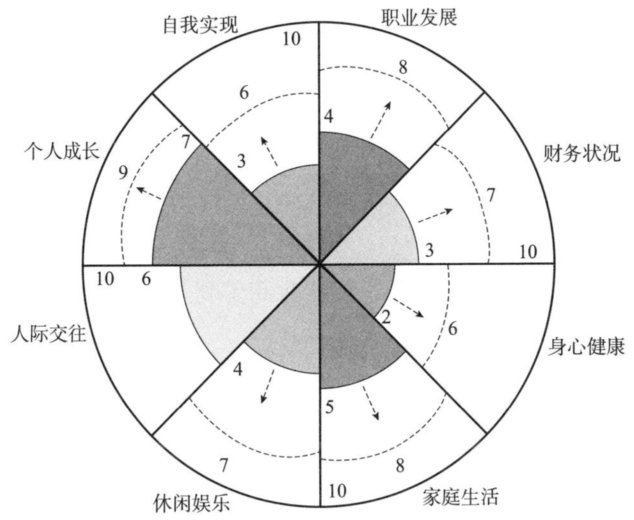

3.高效执行——用“PDCA循环”对抗拖延症

再完美的计划，也可能败给“明日复明日”。

PDCA循环［计划（Plan）—执行（Do）—检查（Check）—调整（Act）］是职场人高效落地的黄金法则。

实战技巧：

Plan：将年度目标分解为季度、月度任务，用“甘特图”标注时间节点。

Do：每日工作前用“番茄工作法”专注25分钟，减少干扰。

Check：每周日晚复盘，用“三问法”（进展如何？卡点在哪？如何改进？）

自我诊断。

Act：根据复盘结果调整策略，例如，“学习时间不足”可改为早起1小时学习。

4.动态迭代——用“职业SWOT”应对不确定性

环境在变，规划也需灵活调整。

职业SWOT分析能帮你识别优势（Strengths）、劣势（Weaknesses）、机会（Opportunities）与威胁（Threats）。

操作指南：

优势：列出你的核心竞争力（如“数据分析能力强”“人脉资源广”）。

劣势：直面短板（如“公开演讲能力弱”“行业知识更新慢”）。

机会：挖掘外部机遇（如“行业数字化转型”“公司内部竞聘”）。

威胁：预判潜在风险（如“AI替代基础岗位”“行业政策收紧”）。

行动建议：优势匹配机会（如用数据分析能力竞聘数字化项目），劣势规避威胁（如通过培训补齐演讲短板）。

5.长期主义——用“职业复盘”沉淀时间红利

真正的成长，藏在每一次复盘的细节里。

年终复盘模板：

（1）成就事件：列出3~5项年度里程碑，标注背后的能力标签（如“带领团队完成项目”对应“领导力”）。

（2）遗憾分析：反思未完成目标的原因（是资源不足、方法错误还是动力缺失）。

（3）能力地图：绘制个人能力雷达图，标记需强化的区域。

时间对每个人都是公平的，但复盘能让时间为你积累“复利”。

职业生涯不是一场短跑，而是一次次“规划—行动—迭代”的马拉松。

第二章

准备职规赛：从零到一的实战攻略

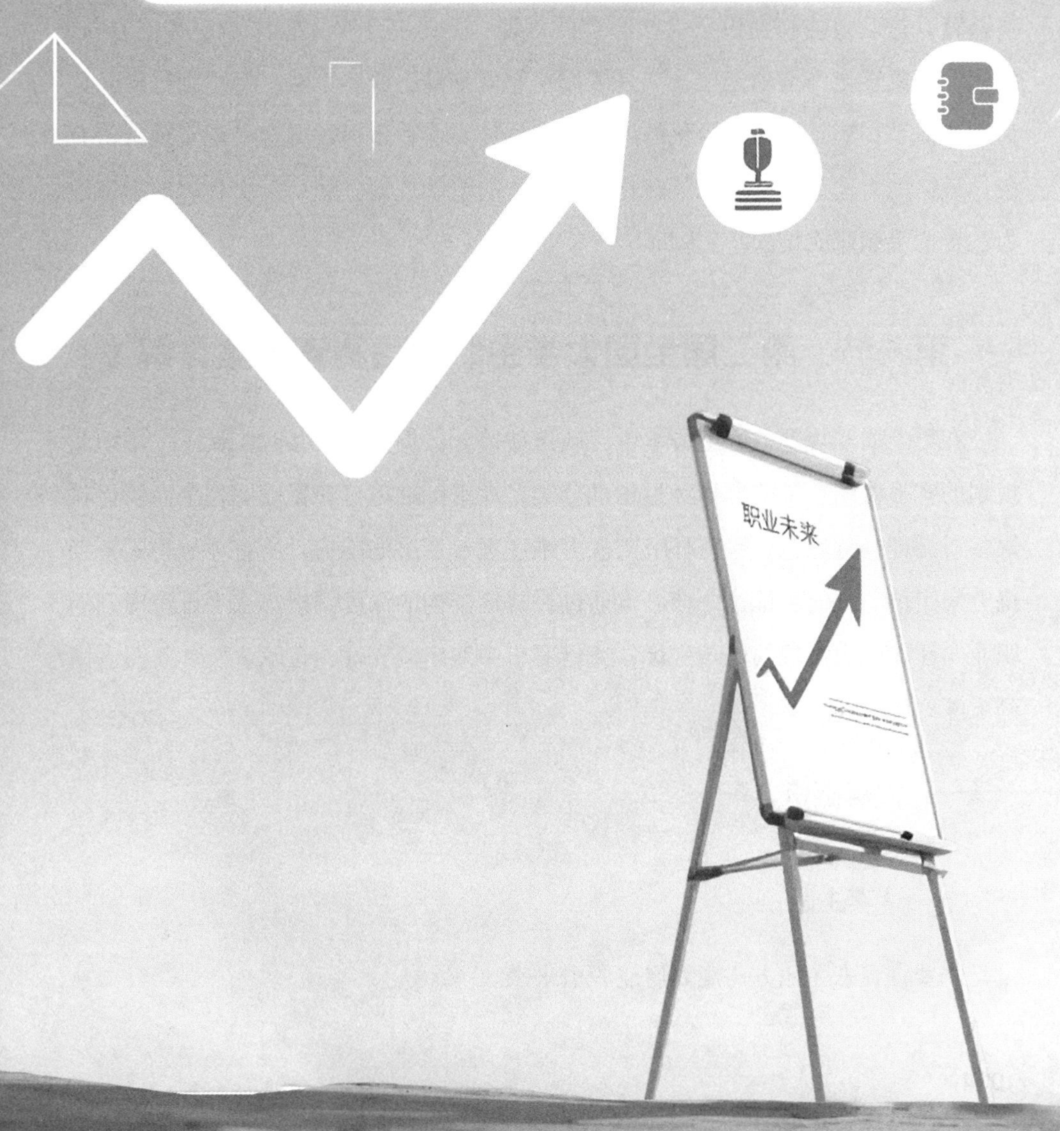

备战职规赛是自我挑战的旅程，每一步探索都是成长，每一次尝试皆能蜕变。

职规赛是大学生探索职业未来的重要试炼场，面对复杂的备赛体系，许多选手往往在起跑线前便陷入迷茫。为助力参赛选手突破困境，本章将提供从零到一的实战攻略。从精准选择赛道、深度剖析赛制，到逐层解析校赛、省赛、国赛的备赛策略，再到获奖数据揭示的深层规律，将为读者构建“从逻辑到行动”的完整链路。这套攻略将通过三大核心维度落地：一是基于个人特质锚定赛道方向，把职业探索转化为清晰定位；二是依据赛制规则动态调整策略，将规则分析转化为备赛抓手；三是设计差异化的展示叙事，让专业积累通过舞台呈现实现价值升级。最终助力选手将模糊愿景转化为可执行的行动规划，使每一次登台展示都成为参赛选手职业成长的坚实脚印。

第一节　第二届全国大学生职规赛赛道方案详解

在第二届职规赛的赛道方案中，政策如笔，数据似墨，共同绘就了一幅职业规划的实战蓝图。参赛群体经过精准分类，评审标准也构建得立体且全面，材料筹备遵循证据链逻辑，答辩环节则从多维度考核选手的能力，所有环节均紧密围绕方向定位与价值实证这一核心。通过对赛道架构的深度剖析，选手可将虚幻的职业向往转变为具象的成长坐标，凭借赛事中的出色表现，在职业发展蓝图上镌刻下深刻印记。

一、大赛概览

（一）大赛主题

筑梦青春志在四方，规划启航职引未来。

（二）大赛目标

努力将大赛打造成强化生涯教育的大课堂、促进人才供需对接的大平台、服务毕业生就业的大市场。通过举办大赛，更好地实现以赛促学，引导大学生树立正确的成长成才观和择业就业观，科学合理规划学业与职业发展，提升就业竞争力；以赛促教，促进高校强化生涯教育，做实做细就业指导服务；以赛促就，广泛发动行业企业和高校参与赛事活动，推动人才供需有效对接，全力促进高校毕业生高质量充分就业。

（三）赛道设置

包括成长赛道和就业赛道。

二、成长赛道

（一）比赛内容：开启生涯“成长之旅”

考察学生树立生涯发展理念并合理设定职业目标、围绕实现目标持续行动并不断调整的成长过程，通过学习实践提升综合素质和专业能力，体现正确的择业就业观念。参赛学生可获得实习机会。

（二）参赛组别与对象：开启成长“青春之旅”

序号	参赛组别	参赛对象
1	高教组	高教组主要面向普通本科一、二、三年级学生
2	职教组	职教组主要面向职教本科一、二、三年级学生，高职（专科）一、二年级学生

（三）参赛材料：绘制成长“路线图”

序号	参赛材料	备注
1	生涯发展报告：介绍设定职业目标的过程；实现职业目标的具体行动和成效；职业目标及行动的动态调整等	PDF 格式，文字不超过 2000 字，图表不超过 5 张
2	生涯发展展示	PPT 格式，不超过 50MB；可加入视频

（四）比赛环节：展示成长"潜力秀"

序号	比赛环节	时长	具体要求
1	主题陈述	7 分钟	选手结合生涯发展报告作陈述
2	评委提问	5 分钟	评委结合选手陈述和现场表现提问
3	天降实习 offer（录用意向）	2 分钟	用人单位根据选手表现，决定是否给出实习意向，并对选手作点评

（五）评审标准：衡量成长"多维度"

指标	说明	分值
职业目标	结合所学专业多渠道了解相关行业发展趋势和就业市场需求，综合分析个人能力优势、兴趣特长等，合理设定职业目标	10
	基于职业目标对综合素质和专业能力等方面要求，科学分析个人现实情况与职业目标间的差距，制订合理可行的成长计划	10
	职业目标能够将个人理想与国家需要、经济社会发展相结合，体现正确的择业就业观念	10
学习实践行动	围绕目标职业要求，结合学校育人特色和所学专业，利用学校及社会资源开展学习实践	30
	学习实践行动取得阶段性、标志性成果，接近职业目标要求	20
动态调整	及时对学习实践行动成效进行自我评估，总结分析收获、不足和原因，对职业目标和学习实践行动路径等作动态调整	20

三、就业赛道

（一）比赛内容：锁定职场"目标之旅"

考察学生求职实战能力，对照目标职业及岗位要求，个人综合素质和专业能力等方面的契合度，个人发展路径与就业市场需求的适应度。参赛学生可获得岗位录用意向。

（二）参赛组别与对象：汇聚高年级“精英力量”

序号	参赛组别	参赛对象
1	高教本科生组	面向普通本科三、四年级（部分专业五年级）学生（不含已通过推免等确定升学的毕业年级学生），全体第二学士学位学生
2	高教研究生组	全体研究生
3	职教组	面向职教本科三、四年级学生和高职（专科）二、三年级学生

（三）参赛材料：打造求职“三件套”

序号	参赛材料	备注
1	求职简历	PDF 格式
2	求职综合展示	PPT 格式，不超过 50MB；可加入视频
3	辅助证明材料，包括实践、实习、获奖等证明材料	PDF 格式，整合为单个文件，不超过 50MB

（四）比赛环节：模拟求职“实战演练”

序号	比赛环节	时长	具体要求
1	主题陈述	6 分钟	选手结合求职综合展示 PPT，陈述个人求职意向和职业准备情况
2	综合面试	6 分钟	评委提出真实工作场景中可能遇到的问题，选手提出解决方案；评委结合选手陈述自由提问
3	天降 offer（录用意向）	2 分钟	用人单位根据选手表现，决定是否给出录用意向，并对选手作点评

（五）评审标准：精准把握“评分要点”

指标	说明	分值
职业目标	能够结合就业市场需求和个人所学专业、能力及兴趣等特点，合理设定职业目标	5
	准确把握目标职业的任职要求、工作内容、基本流程和发展前景等	5

续表

指标	说明	分值
岗位胜任力	具备目标岗位所需综合素质，如思维认知、沟通协作能力和执行力等，具有敬业奉献的职业精神	40
	具备目标岗位所需的专业知识和技能要求，相关实习实践经历丰富，具备解决实际问题的专业能力	40
发展潜力	具备持续学习能力、创新精神和应对不确定性挑战的潜质，适应未来职业发展要求；符合就业市场需求，现场获得用人单位提供的录用意向	10

四、赛道选择

职业规划的核心在于路径的精准选择。成长赛道以探索与能力进阶为锚点，助力中低年级学生构建发展脉络；就业赛道则聚焦实战与岗位适配，为求职者提供竞争力验证平台。通过分析目标清晰度、实践经验、市场需求等维度，参赛者可借助科学的评估工具，在双赛道中找到与个人阶段最契合的职业跃迁路径。

（一）赛道差异：成长与就业的关键分界

成长赛道与就业赛道的核心差异，在于职业规划的阶段性与目标导向性。成长赛道聚焦探索与积累，面向尚未明确职业方向的中低年级学生，通过动态调整目标、记录实践路径，构建个人成长的“时间胶囊”。例如，大一至大三学生可通过生涯发展报告展现从“职业迷茫”到“目标清晰”的迭代过程。而就业赛道则强调实战与适配，要求高年级学生精准对标岗位需求，用求职简历、岗位胜任力证明等“硬通货”，向企业展示“即战力”。

两类赛道的评审逻辑亦截然不同。成长赛道更加关注“成长性证据链”，如学习实践的持续优化；就业赛道则考验“人岗匹配度”，需用数据量化技能与岗位的契合值。选择赛道如同选择登山路径——前者是沿途采撷风景的缓坡，后者是直抵峰顶的峭壁，唯有认清自身坐标，方能找到最优解。

（二）赛道选择：成长与就业的精准匹配

在面对成长赛道与就业赛道的选择时，处于高教组大三、职教组大二等阶段的学生，应综合多方面因素进行考量。

首先，评估自身职业目标的清晰度。若已基本确定未来职业方向，且对目标岗位的技能要求和职责范围有较为清晰的认识，正在通过实习、实践项目等方式积极积累相关经验，那么可以考虑选择就业赛道，借助赛事平台检验自己的求职能力，提升就业竞争力。反之，若仍处于职业探索阶段，对不同职业领域尚在尝试和了解中，更侧重于个人综合能力的提升和职业方向的逐步明确，那么成长赛道将更适合你。

其次，分析自身实践经验的丰富度。若已参与过较多实习、实践项目，拥有一定工作成果和项目经验，能够用具体实例展现自己的岗位胜任力，就业赛道将为你提供展示实力、获取用人单位认可的机会。若实践经验相对有限，但希望通过比赛学习成长、积累经验、了解职场环境，成长赛道则能为你提供更宽松且注重过程的成长空间。

最后，考虑个人当前的主要发展需求。若你即将面临毕业，迫切希望提升求职技巧、增加就业机会，尽快找到一份理想的工作，就业赛道的实战性无疑更契合你的需求。若你更关注在大学阶段的全面发展，希望通过持续的学习实践不断提升自我，为未来的职业发展奠定坚实基础，成长赛道将是你更好的选择。

总之，选择赛道没有绝对的对错之分，关键在于契合个人当下所处的发展阶段和目标追求。清晰地认识自己，理性分析自身情况，才能在成长赛道与就业赛道之间做出最适合自己的选择，开启独特的职业发展之旅。

◆◆◆ **资料链接** ◆◆◆

第二届全国大学生职规赛常见问题

Q：举办大赛的背景是什么？

A：为贯彻落实党中央、国务院决策部署，落实《国务院关于印发“十四五”就业促进规划的通知》（国发〔2021〕14号）精神，加强高校生涯教育和就业指导，增强大学生职业规划意识，指导其及早做好就业准备，以择业新观念打开就业新天地，促进高质量充分就业，教育部决定举办全国大学生职规赛。首届大赛于2023年9月启动，2024年4—5月在上海举行全国总决赛。第二届大赛由教育部与湖南省人民政府共同主办，2024年10月正式启动。

此外，各地各高校将围绕主体赛事广泛开展各类就业指导和校园招聘等同期活动；全国总决赛期间将举办校企供需对接、职业体验、课程教学研讨交流等系列活动，在湖南举办“以创促就”专项活动。

Q：学生成长赛道和就业赛道的考察重点有哪些？

A：成长赛道主要面向全日制本、专科中低年级学生，考察其树立生涯发展理念并合理设定职业目标、围绕实现目标持续行动并不断调整的成长过程，通过学习实践提升综合素质和专业能力，体现正确的择业就业观念。

就业赛道面向全日制本、专科高年级计划求职学生（不含已通过推免等确定升学的毕业年级学生）和研究生，考察其求职实战能力，对照目标职业及岗位要求与个人综合素质和专业能力等方面的契合度，个人发展路径与就业市场需求的适应度。

Q：第二届大赛赛事安排是什么？

A：2024年10月正式启动大赛，2024年10月至2025年3月举行校赛、省赛，2025年4月举行全国总决赛。校赛、省赛具体时间安排由各地各高校自主决定。

Q：如何报名参赛？开始及截止日期是什么时间？

A：学生通过全国大学生职规赛平台（网址：zgs.chsi.com.cn）进行报名。校赛报名开始和截止时间由各高校自主确定，但不晚于2025年1月31日。

Q：大赛赛制是怎样的？

A：大赛采用校赛、省赛、全国总决赛三级赛制。校赛由各高校负责组织，省赛由各省（区、市）负责组织。学生从校赛开始逐级参赛，通过各省推荐，进入全国总决赛。如对校级比赛、省级比赛有疑问，请咨询校赛、省赛相关举办单位或负责人。

Q：目前还没接到学校大赛通知，如何参赛？

A：请联系学校的就业工作部门或就业指导服务机构。

Q：普通高校研究生可以报名哪个赛道和组别？

A：普通高校硕士、博士研究生（含全日制和非全日制）统一报名参加就业赛道高教研究生组的比赛。

Q：普通高校本科生、第二学士学位学生，可以报名参加哪个赛道和组别？

A：普通本科一、二、三年级学生可以报名参加成长赛道高教组的比赛；普通本科三、四年级（部分专业五年级）计划求职学生（不含已通过推免等确定升学的毕业年级学生）、第二学士学位学生可以报名参加就业赛道高教本科生组的比赛。

Q：职教本科、高职（专科）学生可以报名哪个赛道？本科院校的高职（专科）学生可以报名参加哪个组别？

A：职教本科一、二、三年级学生和高职（专科）一、二年级学生可以报名参加成长赛道职教组的比赛；职教本科三、四年级学生和高职（专科）二、三年级学生可以报名参加就业赛道职教组的比赛；本科院校的高职（专科）学生可以根据所在年级选择报名参加成长赛道职教组、就业赛道职教组的比赛。

Q：本硕连读、专升本、专本对接、中高职一体等一贯制培养的学生按照哪个学历报名参赛？五年制大专学生，几年级可以报名参赛？

A：按照报名时学信网学籍信息显示的学历层次，选择对应赛道报名。五年制大专学生，第四、五年可报名参加就业赛道职教组的比赛。

Q：第二届大赛每所高校入围全国总决赛的学生选手数量有什么要求？

A：全国总决赛参赛学生选手约700人，其中成长赛道约350人，就业赛道约350人。成长赛道、就业赛道各组别每所高校入围选手不超过1人，由各省遴选推荐进入全国总决赛。本科生、研究生、专科生须保持合适比例。

Q：本人身份核验时显示“未查到您的普通高等学校全日制在校生学籍信息，暂时无法报名参赛”，该怎么办？

A：可以联系校赛负责人或学校就业中心进行咨询，确认本人是否为普通高校全日制学生、是否为在校生（即尚未毕业）、学信网账号是否已注册学籍信息（刚入学新生需等待学校完成学籍注册后才可报名）等。

Q：由于学校名称变更、就读于学校分校区导致本人身份核验不通过，怎么办？

A：使用学信网账号登录大赛平台后，在“学信档案”页面进行“本人身份核验”时，应输入与本人学信网账号学籍信息一致的高校名称。如果不清楚高校的准确名称，请先登录学信网（网址：www.chsi.com.cn），在“高等教育信息”—“学籍信息”页面查看学校名称。

Q：报名信息一直处于“待审核”的状态，是怎么回事？

A：报名信息一直处于“待审核”的状态，是因为校级管理员还未审核学生报名信息。请关注校赛通知中的时间安排，如校赛报名时间已截止，可以联系校赛负责人及时处理。

Q：报名参赛过程中需要提供哪些材料？各赛道提交相关材料有格式或固定模板要求吗？

A：各地各高校参照大赛成长、就业赛道方案，自主确定本省、本校的比赛方案。请参赛学生关注本校校赛通知，了解校赛需要提交的材料和具体要求，有疑问可以联系校赛负责人。

Q：大赛是学生个人报名，还是以团队报名？

A：大赛为学生个人报名，无团队赛。

Q：个人可以参加多个赛道吗？

A：每名学生只能选择一个符合要求的赛道报名参赛。

Q：因为某些原因不小心填错参赛赛道、组别等信息，是否能重新报名？

A：在校赛报名时间段内，选手可以自行修改报名信息，修改后选手的参赛状态将变为“待审核”。校赛报名时间结束后，无法再修改信息。

Q：在大赛平台提交校赛参赛材料后，想更新怎么办？

A：在校赛报名时间段内，选手可以自行更新校赛参赛材料，更新后选手的参赛状态将变为“待审核”。在省赛或国赛允许提交参赛材料的时间段内，选手可以自行更新省赛或国赛参赛材料。相应材料提交时间结束后，不能再更新材料。

Q：省赛、国赛如何修改或更新参赛材料？

A：校赛报名时只上传校赛材料；选手晋级省赛、国赛后，在省赛、国赛允许提交参赛材料的时间段内，选手可以自行上传和更新省赛、国赛材料。校赛、省赛、国赛的材料上传入口互不干扰。

Q：如何获取校赛、省赛的比赛进度？

A：重点关注校赛、省赛相关通知（包括时间安排、比赛动态等）；此外，也可登录大赛平台，选手个人页面“报名信息”栏会显示报名信息是否已审核通过，“参赛材料”栏会显示选手是否进入省赛或国赛。

Q：已获首届大赛全国总决赛金奖、银奖，是否还可以报名参赛？

A：首届大赛全国总决赛金奖、银奖选手不得再次报名原赛道比赛。全国总决赛成长赛道金奖、银奖选手可以选择报名参加就业赛道比赛。全国总决赛就业赛道金奖、银奖选手不得再报名成长赛道或就业赛道比赛。

Q：指导教师人数是否有限制？

A：校赛阶段每名选手可在大赛平台填写1名校赛指导教师，省赛阶段每名选手可由校级管理员在大赛平台协助填写1名省赛指导教师，全国总决赛阶段每名选手可由校级管理员在大赛平台协助填写1名国赛指导教师，即指导教师最多不超过3名。

Q：大赛指导教师有什么条件要求，校内和校外教师（企业导师）都可以吗？

A：指导教师须为高校在岗教师，系统申报指导教师单位字段显示“所在高校”，填写的时候只能下拉选择某一所高校。

Q：大赛平台如何填报指导教师？

A：①填报数量：校赛、省赛、国赛指导教师，大赛平台可以填报各1名（若指导教师相同则无须重复填报）；校赛、省赛规定可多名指导教师的，采取线下报送，不在大赛平台体现。②填报方式：学生在参赛报名时选填1名校赛指导教师；校级管理员在大赛平台管理员页面—选手管理栏—选手列表—最右侧操作列帮助学生填写各级指导教师信息。③填报时间限制：填报校赛指导教师后，选手才能被推荐进入省赛；“进入省赛”后选手的校赛指导教师信息固定，不能再修改；“进入国赛”后选手的校赛、省赛指导教师信息固定，不能再修改。（资料来源：全国大学生职业规划大赛官网）

第二节　全流程通关地图：校赛、省（市）赛到国赛的三阶跃迁策略

一、校赛阶段

校赛是职业规划大赛的首战关卡，每年秋冬在各高校拉开帷幕。有的学校全员参与，热火朝天，有的则先在学院内部选拔尖子。但不少同学初战即踩雷：沿用去年的旧模板备赛，职业目标只笼统写“想进大厂”，材料临时拼凑，缺乏干货，答辩时常讲到一半就被喊停。而聪明的选手早已将新规则研究透彻，用实习记录、课堂作业等真实经历，将职业规划写成如同成长日记般生动的故事。

（一）校赛组织与实施

1. 校赛时间

校赛一般在每年的10月至次年1月左右开始，具体时间由各高校根据自身教学安排和赛事组织计划确定，但通常会确保比赛的各个环节能够在规定时间内有序完成，不会与学校的其他重要活动或考试相冲突。

2. 参赛人数与范围

校赛的参赛人数和范围因学校而异。有些高校会鼓励全体学生积极参与，要求每个学院的学生都报名参赛，从而形成全员参与的热烈氛围，让更多的学生能够通过比赛提升自己的职业规划意识和能力。

例如，大型综合性院校的校赛初赛常迎来数百人参与，而部分院校会对参赛规模进行调控，通过选拔机制确定选手名单。具体来看，有的高校要求二级学院依据学生规模与专业特色推荐参赛人选，如规定各学院推荐2~5 名选手。这种做

法既保证了大赛质量，又充分调动了学院的积极性，使校赛的代表性增强，竞争力显著提升。

3. 校赛组织形式

各高校的校赛组织形式也存在差异。有些学校会由学校的就业指导中心或相关职能部门统一组织和管理整个校赛过程，包括制定比赛规则、邀请评委、安排比赛场地、组织宣传推广等，确保比赛的公平、公正和顺利进行。

例如，有的学校会成立专门的校赛组委会，统筹协调各方资源，为参赛选手提供全方位的服务和支持。而有些高校则会将组织工作下放至各个学院，由学院先在本单位内部开展初赛或选拔赛，再将优秀选手推荐至学校参加校级决赛。这种组织形式能够充分发挥学院的专业优势和特色，使比赛更具针对性和专业性，同时也有利于挖掘和培养不同专业领域的优秀人才。

（二）校赛常见误区

校赛中易犯的错误多种多样，稍不留意就可能影响比赛成绩。以下总结了一些常见的校赛误区，供参赛选手和指导教师参考。

1. 赛制更新忽视

在校赛中，部分学生因未仔细研读大赛文件及评审标准，备赛时仍沿用2023年以前的旧赛制模板制作PPT，未依据新的评审标准和比赛要求对参赛材料进行相应调整。这种对赛制更新的忽视，导致参赛材料与当前赛制要求不符，可能在评审环节因不符合规定而被扣分，反映出学生在备赛过程中对规则和标准重视不足。

2. 职业定位模糊

校赛中，部分学生缺乏明确的职业目标。这表现为学生对自己的职业发展方向认识模糊，未能结合自身兴趣、能力和市场需求进行深入分析。例如，有些学生设定的职业目标过于宽泛，如“想从事互联网行业”或“希望成为设计师”，但未具体说明岗位类型、职责范围或职业发展路径。这种不明确的目标可能导致参赛作品缺乏针对性和深度，无法体现出学生对职业的深刻理解和合理规划。

此外，缺乏明确职业目标的学生在比赛答辩环节可能表现得不够自信，难以清晰地阐述自己的职业定位和发展计划，从而影响评委对其职业规划能力和潜力的评价。

3. 材料准备仓促

在校赛中，部分学生因临时抱佛脚，材料准备仓促且简单。他们未深入进行自我分析和职业探索，导致参赛材料内容空洞、缺乏深度和个性。例如，有的学生在比赛前一周才开始制作PPT，内容仅简单罗列个人经历，未结合职业目标进行深入分析。根据评审标准，这种做法无法充分展示个人优势和特点，难以突出与职业目标的契合度，最终影响比赛成绩。

4. 材料堆砌无重点

部分选手误认为参赛材料越厚实越好，将课程证书、社团聘书、志愿服务证明等多种材料不加整理直接打包上传。实际上评审专家更关注与职业目标直接相关的核心能力证明，例如，某位选择医疗设备研发岗的学生，盲目堆砌钢琴八级、英语演讲比赛等无关证书，反而模糊了生物实验报告、医疗器械公司实习证明等关键素材。

5. 现场展示懈怠

现场展示环节中，不少学生因重视不足而频发失误。例如主题陈述超时，这类情况会让评委质疑其时间管理能力；在提问环节，若回答含糊、逻辑混乱，则难以展现思考深度与应变能力。两种表现都会给评委留下负面印象。

二、省（市）赛阶段

省（市）赛作为职规赛的第二关，竞争程度较校赛有显著提升，选手们面对的是来自全省各地不同高校的精英。评委的评价标准更加严格，评审维度更加全面。除了考察选手职业规划的科学性、合理性和创新性外，还会重点关注选手对区域经济发展趋势的理解、对地方产业需求的把握以及个人职业目标与区域经济的契合度。

（一）省（市）赛组织与实施

1. 省（市）赛时间

根据《教育部关于举办第二届全国大学生职业规划大赛的通知》，省（市）赛一般在每年的1月至3月期间举行，具体时间由各省（市）根据实际情况统一安排，但需确保在规定时间内完成比赛，以便为全国总决赛的筹备工作预留充足时间。

2. 参赛人数与范围

省（市）赛的参赛选手由各高校通过校赛选拔推荐产生，每个高校推荐的选手数量有限，一般为2~3人。这保证了省（市）赛选手的质量和比赛的高水平。参赛选手来自全省不同高校，涵盖各个专业和年级，体现了比赛的广泛性和多样性。

3. 省赛与市赛组织形式

（1）省赛组织形式

部分省份采用复赛和决赛两轮赛制。复赛一般由省赛组委会负责组织，采用网络评审的方式，对各高校推荐的选手作品进行集中评审，按照评分标准筛选出一定比例的选手晋级决赛。

例如，江苏省的省级复赛就是采用网络评审方式，一等奖选手晋级省级决赛。部分省份仅设置一轮比赛，通过现场比赛或集中评审的方式，综合评估选手的作品和表现，决出省赛的最终名次。如甘肃省的省赛采用省决赛赛制，省决赛参赛学生选手240人，其中成长赛道120人，就业赛道120人。

（2）市赛组织形式

与省赛类似，市赛在不同直辖市也有不同组织形式。一些直辖市市赛采用决赛和总决赛形式，如北京市的市赛采用决赛和总决赛赛制，市赛组委会综合考虑各校参赛人数、就业指导和招聘活动情况等因素确定市赛参赛名额。而上海市的市赛由大赛组委会负责组织，复赛采用线上评审方式，决赛采用现场比赛形式。

无论是省赛还是市赛，都秉持着公平、公正、公开的原则，旨在选拔出优秀的职业规划人才，为他们提供进一步提升和展示的平台。

4.省(市)赛规则

第二届全国职业规划大赛部分省(市)赛制中，成长与就业赛道提交材料存在差异，如江苏省需额外提交视频实录。

(1)提交材料要求

成长赛道：基础材料全国统一，但部分省(市)增设视频要求。核心差异在于，各地均需提交生涯发展报告(2000字内，PDF格式+5张图表)和生涯发展展示PPT(大小≤50MB，可嵌入视频)，江苏省还需在“江苏24365大学生就业服务平台”额外提交生涯发展展示的影像视频文件(视频时间不超过7分钟，文件为MP4格式，要求画面清晰，播放流畅，大小不超过500M)。

就业赛道：在就业赛道中，辅助材料的细节在不同省(市)间存在差异，部分地区着重强化视频展示环节。核心差异体现在，各地均要求提交求职简历(PDF 格式)、求职综合展示PPT(≤50MB)及辅助证明材料(整合为PDF，≤50MB)，江苏省还需在“江苏24365大学生就业服务平台”额外提交求职综合展示的影像视频文件(视频时间不超过6分钟，文件为MP4格式，要求画面清晰，播放流畅，大小不超过500M)。

(2)比赛环节时间设置

各省(市)比赛环节时长差异明显，地方自主性强，省(市)赛环节时间根据地方需求调整，例如：

成长赛道：多数省(市)设主题陈述7分钟，评委提问5分钟(重庆市市级决赛中，主题陈述和评委提问分别为4分钟，主题陈述环节占总成绩的38%，评委提问环节占总成绩的60%，天降实习offer环节占总成绩的2%)。

就业赛道：多数省(市)设主题陈述6分钟，综合面试6分钟(重庆市市级决赛中，主题陈述和综合面试分别为4分钟，主题陈述环节占总成绩的38%，综合面试环节占总成绩的60%，天降offer环节占总成绩的2%)。

增设地方特色环节，插入企业互动。部分省(市)赛在基础环节(主题陈述+评委提问)外，增加“天降实习offer”或者“天降offer”等企业互动环节，例如，广东省在成长赛道中增加2分钟“天降实习offer”环节，用人单位根据选手表现给出实习意向并点评。河南省在就业赛道增加“天降offer”环节，现场点评，强化实践导向。

（二）省（市）赛常见误区

1. 概念堆砌

概念堆砌是省（市）赛阶段的头号陷阱——参赛者常因过度追求“全面性”，将地域文化标签、政策热词、技术概念等元素强行叠加，导致方案核心逻辑被稀释。

例如，某参赛者曾将“非遗传承”“智慧农业”“‘双碳’目标”等5个标签塞入同一方案，评委直言“看似包罗万象，实则缺乏穿透力”。相比之下，优秀案例往往聚焦单一场景（如餐饮适老化改造），所有技术模块均围绕“降本—提效—用户体验”的核心价值展开，形成精准的认知冲击。

2. 数据验证不完整

在省（市）赛中，数据支撑不足是常见问题。选手们常只注重数据的初步收集，却往往忽略了构建完整数据闭环的重要性。要避免这一问题，需确保数据贯穿政策解读、技术落地到商业验证的全流程，并且每个环节的数据都要可追溯、可验证。

三、国赛阶段

国赛是职规赛的终极战场，各路高手齐聚于此，怀揣着梦想与期望，展开一场没有硝烟的激战。这里是实力的较量，每一份规划都凝聚着参赛者无数个日夜的思考与探索；这里也是智慧的碰撞，不同的理念和创意激烈交锋。

（一）国赛组织与实施

1. 国赛时间

根据教育部发布的《关于举办第二届全国大学生职业规划大赛的通知》，国赛一般在每年的4月至5月期间举行，具体时间由大赛组委会统一安排，确保在规定时间内完成比赛，以便后续的总结和表彰工作。

2. 参赛人数与范围

国赛的参赛选手由教育部进行名额分配，每个省份数量各不相同。比如，第二届职规赛中，四川省34人（成长赛道18人，就业赛道16人），浙江省27人（成长赛道14人，就业赛道13人），山西省17人（成长赛道9人，就业赛道8人）。这保证了国赛选手的高质量和比赛的高水准。参赛选手来自全国不同省（市）的高校，涵盖各个专业和年级，体现了比赛的广泛性和多样性。

3. 国赛组织形式

国赛由大赛组委会统一组织实施，采取总决赛赛制。总决赛采用现场比赛形式，设置主题陈述、评委提问/综合面试、天降实习offer/天降offer等环节，全面考察选手的职业规划能力。最终评选出金奖、银奖、铜奖等奖项，为优秀选手提供更广阔的发展平台。

4. 国赛材料要求

第二届职规赛全国总决赛要求，所有选手需在截止时间前，将最终版主题陈述PPT 发送至各个赛道指定邮箱；PPT 用“赛道+组别+选手姓名+所在学校”命名，须适配WPS Office 播放软件，显示比例为16∶9；大小不超过50MB。除PPT 外不接受其他任何材料（如字体、音视频文件等），提交以后不接受替换。PPT 不符合要求或逾期未提交的视作放弃参赛。

（二）国赛常见误区

1. 空谈战略不落地

空谈战略不落地是国赛阶段的头号地雷，即参赛方案只谈宏观战略却缺乏可验证的落地成果。例如，某参赛者曾堆砌传统文化符号（如经典语录、国风元素），却因缺乏可量化成果被淘汰。

优秀案例则锚定具体工具：

基础工具包：1份《支教课件优化清单》（运用教学设计理论改进3处细节）。

实操验证器：5份《学生进步追踪表》（用Excel函数自动计算学习曲线）。

成果展示法：1套《家校沟通SOP》（被当地小学采纳的标准化沟通流程）。

2. 证据不完整

证据不完整是参赛方案的致命伤。评委希望看到选手提交的作品有完整的证据链支撑，包括创作过程、实践经历、成果展示等。某选手提交了一份关于智能硬件的参赛方案，但未提供硬件测试、用户反馈等关键证据，导致方案可信度降低。

优秀方案都具备完整的证据链，涵盖从理论到实践各个环节，让评委确信作品的真实性和可行性。例如，参赛者可建立两类证据库：

技术类：开源代码仓库、硬件压力测试视频、第三方认证文件。

应用类：教师实操反馈、学生调研问卷、图书馆借阅数据。

第三节　全流程协同机制：从报名到答辩的12个通关密码

职规赛就像一次精心设计的闯关旅程，从初赛材料准备到终极答辩展示，我们提炼出了贯穿全程的12个通关密码。这些方法如同精密的传动链条，从自我优势挖掘、赛道精准定位到答辩感染力打造，每个环节都经过省赛金奖案例验证。这些密码全面覆盖大赛各阶段的关键要素，它们彼此协同，相互支撑，构成一套完整且高效的备赛体系。无论你是初次涉猎职规赛的新手，还是渴望再创佳绩的参赛者，这12个通关密码都将为你提供精准且实用的指引，助力你在大赛中披荆斩棘，实现从青涩到专业的完美蜕变，成功抵达职业梦想的新彼岸。

校赛阶段：夯实基础，快速突围。

（一）洞察自身特质，构建核心优势

在职规赛中，参赛选手的“基因”是决定其能否脱颖而出的重要因素之一。“基因”涵盖了个人的优势、专业特长、兴趣爱好等多个方面，这些内在条件为备赛提供了坚实的支撑。

这些“基因”要素为备赛提供了底层支撑。选手需要充分认识和挖掘自身的优势、特长和兴趣，将它们融入职业规划中，使参赛作品更具个性和说服力。

典型案例

为备战职规赛，第二届职规赛就业赛道高教研究生组国铜选手马俊杰深入挖掘自身优势与兴趣，发现自己具备突出的领导力和项目管理能力，且对微组装工艺怀有浓厚兴趣。她通过参与相关专业课程学习与项目实践，系统性地提升了职业技能，并将这些优势深度融入职业规划，明确以“微组装工艺师”作为职业目标，同步制订了兼具可行性与前瞻性的实施计划。在比赛中，她以清晰的逻辑展现个人特质与职业目标的高度契合性，最终凭借严谨的规划思路与出色的现场呈现，赢得评委一致认可。

参赛策略

深入挖掘自身优势，将其转化为职业基因，是在职规赛中脱颖而出的关键。选手需以此为支撑，构建核心竞争力，同时结合专业技能与实践积累，打造个性化的参赛作品，方能在比赛中崭露头角并取得优异成绩。

（二）访谈参赛学长，汲取实战智慧

在备赛过程中，寻找本校往届参赛学长进行生涯人物访谈，是获取实战经验的关键动作。这些亲历者能分享独到心得：如何平衡学业与备赛强度、怎样与指导教师高效协作、应对突发状况的心理调适技巧等实用细节。他们还会揭秘校内的“隐形资源”——从历年获奖作品库的获取途径，到实验室设备的优先使用权限，这些信息能帮你最大化利用学校支持体系。

通过深度交流，你会收获两类价值：正向的“可复制经验”（如路演PPT的视觉设计诀窍）和反向的“避坑指南”（如因数据失真被扣分的教训）。这些真实可见的收益，远超过普通的方法论学习。

典型案例

山西省第二届职规赛就业赛道高教组省银选手解焱文，为备战省赛主动联系并访谈了首届两位参赛学长，获取备赛经验。学长们分享了平衡学业与备赛的技巧、与指导教师高效协作的方法及应对突发状况的心理调适经验。她还了解到校内资源获取渠道和正反两方面备赛经验，有效提升了备赛质量。

参赛策略

备赛时要积极联系往届参赛学长，通过访谈获取实战经验。汲取正反两方面备赛经验，了解校内资源，学习平衡学业与备赛、高效协作等技巧，借此提升备赛质量。

（三）复刻往届经验，移植成功逻辑

真正备赛时，系统拆解往届获奖作品是快速上手的捷径。建议按“校赛—省赛—国赛”三级梯度搭建案例库：首先，精析3~5份省级金奖作品，重点思考如何将个人经历串联成职业故事线；其次，精读1~2份国赛标杆作品，聚焦其战略视角与行业洞察的展现逻辑。最后，在此过程中，带着问题意识开展对比研究尤为关键——横向比对同类型作品时会发现，优秀方案普遍具备清晰的职业路径图，而淘汰作品常暴露“目标与能力脱节”“实施步骤笼统”等共性问题。

研究同专业前辈作品时，可采用“要素移植法”：保留其框架逻辑并替换个人实践数据，沿用分析模型并注入行业新动态。这种方法既能规避常见误区，又能通过模仿评委思维，打磨出既贴合赛事评审标准，又兼具个人特色的参赛方案。

典型案例

山西省第二届职规赛就业赛道高教组省银选手车通，备战省赛时，严格遵循三级梯度建库。他拆解省级金奖作品，学习将个人经历转化为职业故事线，又精

读国赛作品，分析战略视角，结合美育政策阐述乡村书法教育实践路径。他的备赛策略与建议契合度高，体现了对备赛逻辑的深刻理解，有效避免了“目标与能力脱节”“实施步骤笼统”问题。

参赛策略

“要素移植法”是一种有效的备赛策略，它可以帮助选手在短时间内提升参赛作品的质量和水平。通过借鉴前辈作品的优秀经验，结合自己的实际情况进行创新和改进，选手可以更好地展示自己的专业素养和实践能力，从而在比赛中取得更好的成绩。

（四）拆解评审规则，对标评分细则

在备赛过程中，深入研究职规赛评审标准至关重要。选手需仔细研读官方评审细则，熟悉各评分项要求和权重分布。同时，分析往届获奖作品与评委反馈，了解关注细节和偏好，并向指导教师和参赛前辈请教，获取解读建议。在准备参赛材料和现场展示时，对照评审标准进行自我评估与迭代优化，确保各环节贴合评分要点，突出自身优势。这一过程能帮助选手更精准地展示职业规划与能力，有效提升竞争力。

典型案例

山西省第二届职规赛就业赛道高职组省银选手马睿斋，以某连锁药店营业员为职业目标。备赛期间，他深入研读评审标准，精准把握各评分项的具体要求与权重分布。通过系统分析往届获奖作品及评委反馈，并主动向指导教师请教，形成了对赛事评审逻辑的深度认知。在准备参赛材料与设计现场展示时，他严格对照评审标准进行自我评估与迭代优化，确保各环节紧密贴合评分要点，清晰展现职业规划的合理性与个人能力的匹配度。

参赛策略

深入研析评审要点能为备赛提供精准指引，结合自身优势与市场需求，可确保作品贴合评委关注重点，提升竞争力。

（五）雕琢参赛材料，凸显专业特色

参赛材料是职规赛的关键展示载体，需精心打磨。制作材料时，要体现专业性和严谨性，同时突出个人特色。撰写生涯发展报告，要结构清晰、内容翔实，结合职业目标、学习实践和成长经历，用数据和案例支撑观点。制作PPT则需简洁明了，运用图表、图片等元素增强效果。确保材料信息真实可靠，与实际相符。多向指导教师和学长学姐请教、借鉴经验，优化材料质量。同时，仔细检查文字、排版和图表等细节，避免遗漏和错误。通过反复打磨，使参赛材料成为展现专业素养和个人魅力的有力工具。

典型案例

第二届职规赛成长赛道高教组国铜选手都书洋，在备战省赛过程中，精心雕琢参赛材料，撰写生涯报告时结构清晰，用数据和案例支撑观点；制作PPT时简洁明了，运用图表增强效果。他反复向指导教师和参加首届职规赛的学长请教，优化材料质量，最终使材料成为展现专业素养和个人魅力的有力工具。

参赛策略

雕琢参赛材料是职规赛展现专业素养和个人魅力的重要环节。需结合职业目标，将学习实践与成长经历融入其中，确保信息真实可靠。通过向他人请教提升材料质量，反复打磨使其成为参赛的核心助力。

省赛阶段：政策适配，策略升级。

（六）驱动地方政策，适配产业需求

省赛选手要结合区域政策和产业需求，深入研究当地政策文件，关注政府扶持的产业和人才需求。如在智能制造领域，可展示相关技术认证和项目经历，建立产教融合的方案。同时，开展双线调研，联系行业协会和走访企业，收集产业信息和实际问题，将这些融入参赛方案，形成“需求—能力”匹配模块。这不仅提升了方案的现实应用价值，更为就业创造了实际机会，使作品在评审中凸显出与政策高度契合的优势。

典型案例

山西省首届职规赛就业赛道高教组省银选手胡宜清，以成为中电二所微组装工艺师为职业目标。他紧扣山西省智能制造政策导向，深入分析地方产业需求。答辩环节，他系统展现了半导体芯片检测的专业知识与实践能力，并分享了参与科研项目及实习的实战经验。通过深入调研地方企业，他将微组装工艺在产业中的实际价值融入职业规划，充分展现出对地方产业的深度理解与职业适配性。

参赛策略

省赛选手需紧密结合区域政策与产业需求，深入研究政策文件，关注扶持产业和人才需求。通过双线调研收集信息，融入方案形成“需求—能力”匹配模块，提升方案现实价值与政策契合度，为就业创造机会，使作品在评审中脱颖而出。

（七）预判行业趋势，绑定技术热点

在准备职规赛时，关注行业趋势和热点问题至关重要——这不仅能帮助选手更好地理解行业动态，还能在答辩中展现出对专业的敏锐洞察力。选手应养成关注时事的习惯（尤其是政策变化、技术革新、市场需求等与职业规划相关的领域）。备赛过程中，可将行业热点与个人规划深度绑定。

典型案例

第二届职规赛就业赛道高教研究生组某国铜选手，以无人船舶系统工程师为职业目标。他以无人船技术在军事领域的应用为核心论点，结合俄乌冲突案例，深刻剖析了无人作战系统的战略重要性，揭示出海洋在未来战争中的关键地位，进而强调无人船在未来海战中的核心作用。

参赛策略

关注行业趋势与技术热点，并将其融入职业规划，能使参赛作品脱颖而出。此举不仅展现选手对专业的敏锐洞察，还能增强作品的前瞻性与竞争力，助力选手在赛事中获得优势。

（八）锻造故事主线，叙事双线共鸣

在职规赛的现场展示中，具备故事化表达能力至关重要。选手不能只是平铺直叙地念课件内容，而是要用故事串联整个答辩过程——通过“双线共振法”实现专业性与感染力的平衡：一条是感性故事线（如用“三次技术迭代失败”的经历展现韧性）；另一条是理性评审线（对应职业目标匹配度、问题解决能力等评分项）。

典型案例

第二届职规赛某国奖选手，职业目标是生物信息工程师。现场展示中他用“家乡食管癌高发，立志研发靶向药物”的故事串联全程（感性线），同时对应职业目标匹配度、问题解决能力等评分项，展现专业知识与实践成果（理性线），实现了双线共振。

参赛策略

故事化表达能力对职规赛至关重要，它能增强选手的感染力与专业性。“双

线共振法”将感性故事与理性评审有机结合，既展现选手的个人情感与职业目标的紧密联系，又能体现其专业素养，使作品更具吸引力和说服力，从而在评审中脱颖而出。

（九）攻防答辩提问，分类应对策略

国赛评委多元化，选手需灵活应对。面对高校教师，以严谨逻辑和课堂项目案例为证；面对企业评委，聚焦实效与收益，用数据量化成果；面对行业资深专家，突出社会价值。遇到质疑时，用“质疑—证据—价值”模型，承认挑战、列实践案例、升华意义。如回应职业目标理想化质疑，先认挑战，后举经验，再强调社会贡献。此法可化质疑为机遇，拓展思考深度，提升比赛表现。

典型案例

第二届职规赛某国奖选手，在答辩中，面对评委对其职业目标的质疑，先承认建筑遗产保护行业的严峻挑战（质疑），随后列举自己参与的从化红石村陆氏祠堂修缮等实践项目（证据），最后强调其职业目标对文化传承和乡村振兴的积极贡献（价值）。

参赛策略

选手应根据不同评委背景灵活调整答辩策略，以突出自身优势。同时，运用有效模型应对质疑，可将挑战转化为机遇，提升比赛表现。

国赛阶段：战略升维，专业制胜。

（十）升维战略视野，对接国家政策

国赛选手需着眼于国家战略，将其融入职业规划。例如，“中国制造2025”“互联网+”“乡村振兴”等战略为行业指引方向。选手应分析国家战略目标，找到与自身规划的契合点。若投身新能源产业，可围绕国家能源转型战略，规划技

术研发、项目实施和市场推广等步骤。将宏观战略分解为阶段性目标，如2025年完成技术认证、2026年积累项目经验、2027年实现市场落地明确时间节点与成果。这种闭环规划既体现战略理解，又具有可操作性，有助于提升国赛竞争力。

典型案例

第二届职规赛某国奖选手，将古建筑修复师的职业目标与“乡村振兴”战略紧密结合，专注于建筑遗产保护，积极投身乡村古建筑修复项目，为乡村文化遗产的传承贡献力量。

参赛策略

国赛选手应将个人职业规划与国家战略紧密结合，深入分析国家政策导向，精准定位职业发展方向。同时，结合行业发展趋势，明确职业目标与路径，制订可操作的阶段性目标和任务，以此提升国赛竞争力。

（十一）测试高压场景，模拟突发预案

职规赛现场展示中，选手可能面临突发状况和评委犀利提问，因此，培养应变能力和抗压素质至关重要。备赛时，可通过模拟比赛场景、压力测试等熟悉环境、预演困难并锻炼应变能力。例如，模拟答辩会可设置“高压三连击”环节，邀请老师、同学和工作人员分别扮演评委、竞争对手和制造突发状况。面对PPT卡顿等情况，可采用“三步止损法”：保持微笑、用手势引导评委、口述核心数据。回答问题时，运用“钻石结构”应答术，先复述问题，再用STAR法则展开，最后回归职业规划主线。这种训练能将应激反应转化为展示专业度的契机。

典型案例

第二届职规赛某国奖选手，在答辩中展现了出色的应变能力。面对评委关于职业规划路径及技术应用的提问，他能迅速抓住问题核心，条理清晰地阐述自己的职业规划和AI技术应用见解。即使在复杂问题面前，他也能保持冷静，运用

STAR法则有条不紊地分析和回答。

参赛策略

备赛时得先做好准备，提前模拟高压场景，这样能锻炼选手的应变和抗压能力。熟悉流程、预演突发状况，再加上一些实用的应答技巧，就能把压力变成展示专业素养的好机会，全面提升比赛表现。

（十二）锚定职业形象，着装细节制胜

在职规赛的答辩现场，参赛选手的着装应呼应职业目标，展现对职业的理解和尊重。不同行业有不同的着装规范和文化，选手需根据自己的职业目标选择合适的着装风格。

典型案例 1

首届职规赛就业赛道高教组金奖选手石心然，她的职业理想是“在国际组织传递中国声音”，成为一名联合国新闻与传播协理。国赛现场展示环节中，她身着浅色西装套装，面料质感高级且剪裁合身，与联合国新闻与传播协理的职业形象完美契合，展现出专业、自信且亲和的形象。（资料来源：复旦大学官微　有删改）

参赛策略

选手需从细节处塑造职业形象，而着装是关键一环。服装选择需契合职业目标，通过剪裁、配色等细节彰显专业素养与职业理解，以此向评委传递对岗位的深度认知，留下良好的第一印象。例如，科技行业的选手可以选择简洁、现代的风格，采用冷色调，如深蓝、银灰等，体现专业性和前瞻性；文化类选手则可选用具有文化底蕴的传统色系，如赭石、青黛等，展现对传统文化的传承与创新；商务类选手应以经典格纹等商务风格为主，搭配得体的西装套装，彰显商务人士的稳重与干练。

此外，选手还可以通过服装细节强化个人特质和职业记忆点。

典型案例 2

首届职规赛就业赛道高教组金奖选手戴菽阳，将职业目标定为“做卓越而有趣的小儿外科医生”。国赛现场展示环节，他身着医生的白大褂，衣服的右肩上放置了一个绿色的小恐龙。

参赛策略

选手应巧妙运用服装细节，塑造与职业目标相契合的形象，彰显个人特色与专业素养，使职业形象更具辨识度和记忆点。例如，工程师可在配饰上选择具有工业元素的设计，如齿轮造型的袖扣；设计师则可运用莫兰迪色系的配饰来凸显独特的审美和创意。

第四节　全国历届职规赛获奖数据分析

职规赛作为助力高校毕业生高质量就业的关键平台，其获奖数据既是赛事成效的直观映射，也深刻反映出不同时期职业规划教育的演进特征与区域高校的竞争力格局。通过对首届与第二届赛事在奖项规模、区域分布、高校表现及赛道结构等维度进行系统性对比分析，能够全面梳理赛事发展脉络，深入挖掘数据背后的教育趋势与实践导向，为后续赛事规则优化及高校针对性备赛提供科学的实证参考。以下将从多个维度展开具体分析。

一、赛事基础信息对比

（一）主办单位及地域分布

赛事阶段	主办方	赛事地点
首届	教育部与上海市人民政府主办	上海
第二届	教育部与湖南省人民政府主办	长沙

（二）赛事周期对比

赛事阶段	时间跨度	时长
首届	2023 年 8 月—2024 年 5 月	9 个月
第二届	2024 年 10 月—2025 年 4 月	6 个月

二、参与规模结构分析

（一）报名总量与高校覆盖

维度	首届数据	第二届数据	变化幅度
学生报名数	952 万人	1507 万人	+555 万人（+58.3%）
覆盖高校数	2740 所（占比 98.6%）	2763 所（新增 23 所）	覆盖率提升至 99.5%

（二）赛道报名结构对比

赛道类型	首届数据	第二届数据	变化特征
成长赛道	744 万人（含研究生）	1198 万人（仅限本科生）	+454 万人
就业赛道	208 万人（含研究生）	309 万人（研究生单独组队）	+101 万人，研究生报名占比≈30%*

三、奖项体系数据对比

（一）总体奖项规模变化

奖项类型	首届数量	第二届数量	增幅	核心变化
金银铜奖总数	466 个	750 个	+60.9%	铜奖增幅最大（+197.6%）
金奖	110 个	150 个	+36.4%	高教赛道金奖占比提升
银奖	230 个	225 个	−2.2%	总量微降，结构优化
铜奖	126 个	375 个	+197.6%	省赛晋级名额扩大

（二）高教组奖项对比

组别 / 奖项	首届数据	第二届数据	变化细节
成长赛道金奖	25 个	42 个	+17 个（+68%），增幅最大
成长赛道银奖	50 个	63 个	+13 个（+26%）
就业赛道金奖	25 个（本科）	42 个（本科 24+ 研究生 18）	研究生获奖占比 42.9%
就业赛道银奖	50 个（本科）	63 个（本科 36+ 研究生 27）	研究生获奖占比 42.9%

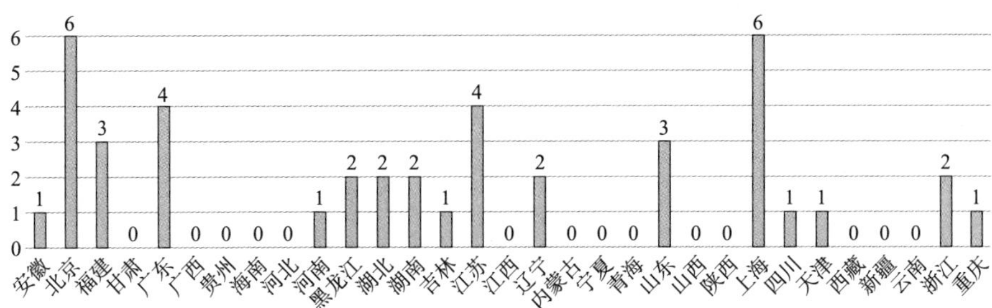

第二届全国职业规划大赛成长赛道高教组金奖数据

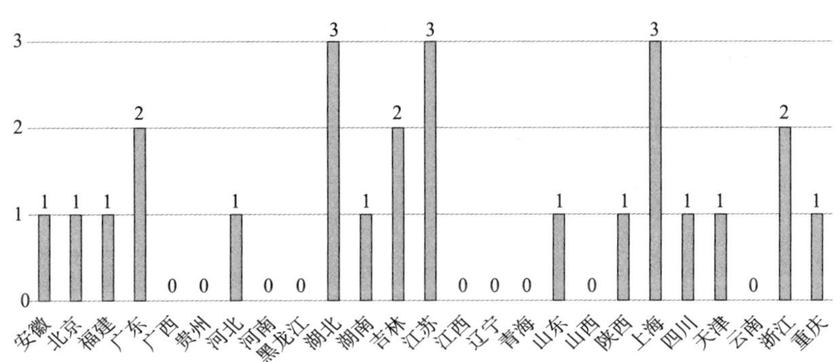

首届全国职业规划大赛成长赛道高教组金奖数据

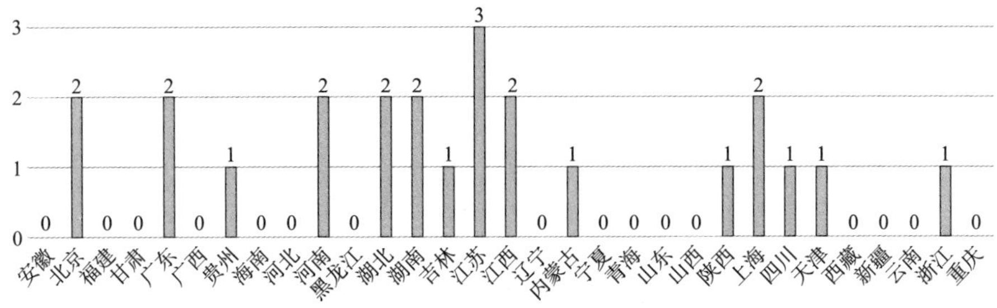

第二届全国职业规划大赛就业赛道高教本科生组金奖数据

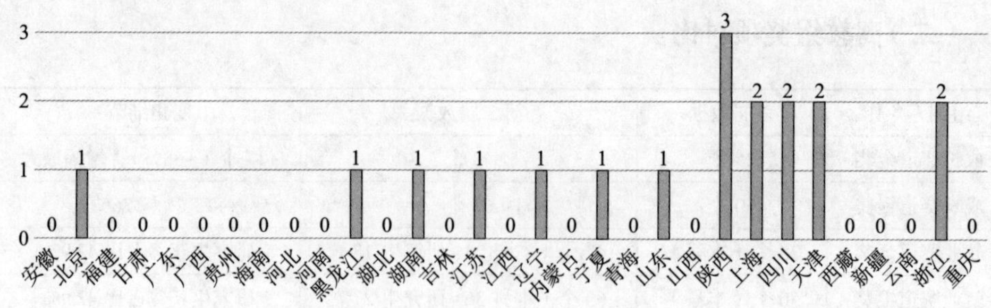

第二届全国职业规划大赛就业赛道高教研究生组金奖数据

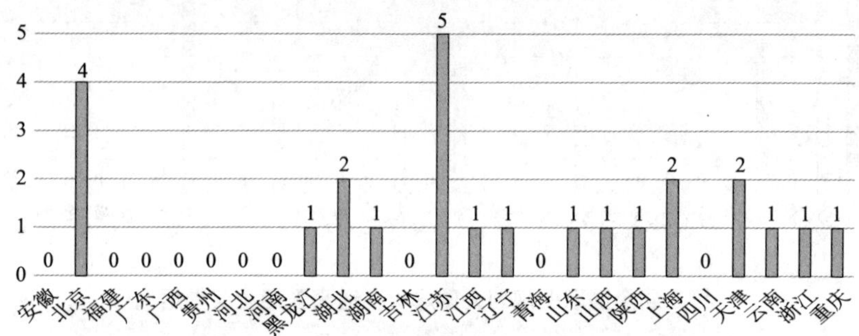

首届全国职业规划大赛就业赛道高教组金奖数据

（三）职教组奖项对比

组别 / 奖项	首届数据	第二届数据	变化细节
成长赛道金奖	25 个	36 个	+11 个（+44%），增幅最大
成长赛道银奖	50 个	54 个	+4 个（+8%）
就业赛道金奖	25 个	30 个	+5 个（+20%）
就业赛道银奖	50 个	55 个	+5 个（+10%）

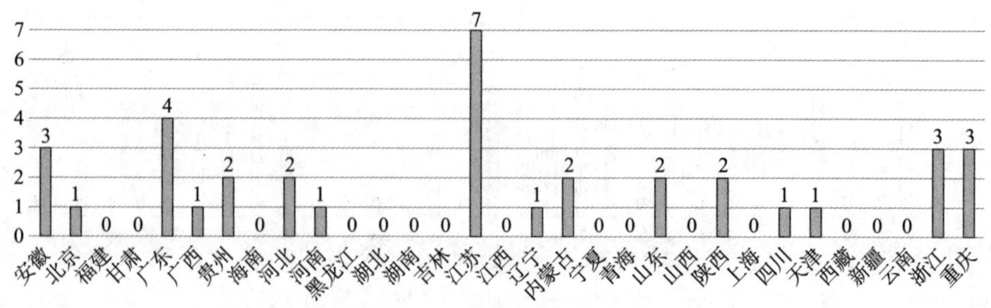

第二届全国职业规划大赛成长赛道职教组金奖数据

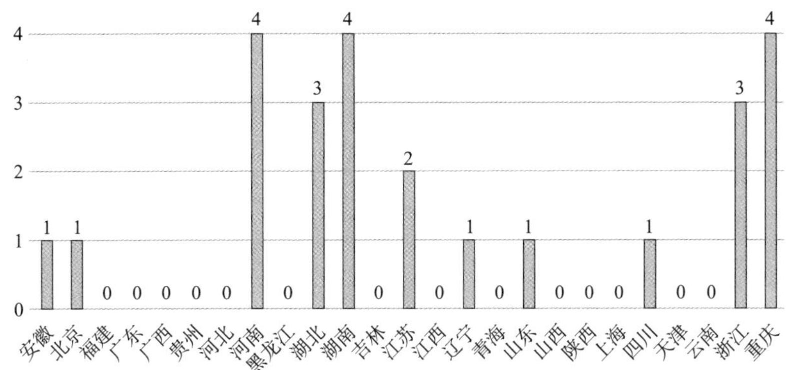

首届全国职业规划大赛成长赛道职教组金奖数据

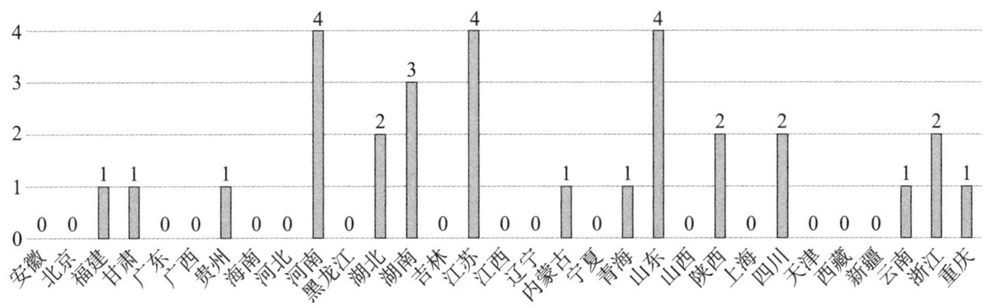

第二届全国职业规划大赛就业赛道职教组金奖数据

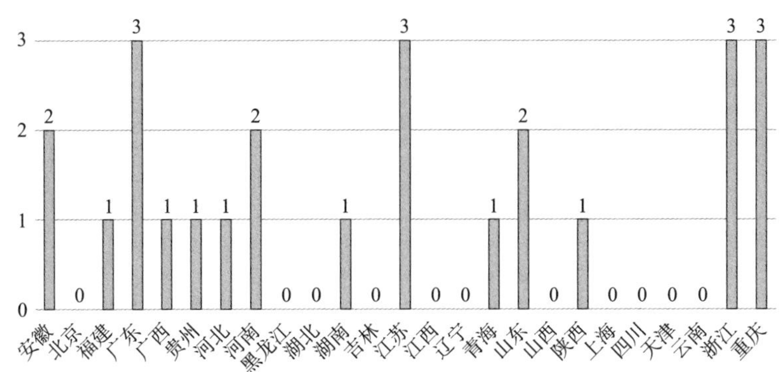

首届全国职业规划大赛就业赛道职教组金奖数据

四、区域高校竞争力分析

（一）“双一流”（“双非”）高校获奖比例对比

维度	首届数据	第二届数据	变化趋势
“双一流”获奖学校占比	64.3%	57.9%	下降 6.4 个百分点
“双一流”学校获奖数占比	77.2%	73.5%	下降 3.7 个百分点
“双非”学校金奖占比	26.0%	35.7%	提升 9.7 个百分点

（二）“双非”（非“双高”）与“双一流”（“双高”）高校金奖占比情况

赛道	首届	第二届
成长赛道高教组	“双非”占比 32%， “双一流”占比 68%	“双非”占比 35.7%， “双一流”占比 64.3%
就业赛道高教组	“双非”占比 16%， “双一流”占比 84%	“双非”占比 35.7%，“双一流”占比 64.3% （含本科生和研究生）
成长赛道职教组	“双高”占比 56%， “非双高”占比 44%	“双高”占比 44.4%， “非双高”占比 55.6%
就业赛道职教组	“双高”占比 32%， “非双高”占比 68%	“双高”占比 33.3%， “非双高”占比 66.7%

五、赛制规则调整分析

规则类型	首届模式	第二届模式	数据影响
加分机制	无	新增“offer 加分”（每个 0.275 分），覆盖双赛道	就业赛道报名量 +48.6%
分组逻辑	按学历 / 职业混合分组	成长赛道按职业方向分组，就业赛道按行业大类分组	成长赛道跨专业现象存在，就业赛道跨界分组占比 65%
参赛资格	—	明确保研学生禁赛	—
同期活动	—	新增“湘江宣言”就业育人活动、千校万企对接会、创业课程交流展，构建“赛事 + 就业 + 教育”生态闭环	—

六、首届与第二届职规赛赛道方案差异剖析

第二届职规赛聚焦实战能力提升与赛制精细化，通过优化内容框架、细分参

赛组别、强化岗位适配性评审及压缩环节时长等举措，系统性增强赛事与职业规划实践的衔接度。以下从成长与就业双赛道解析核心差异。

（一）成长赛道方案优化要点

1. 内容框架升级

第二届赛事在核心维度上实现结构性调整，新增生涯发展理念、持续行动、专业能力、行动成效四大核心要素。备赛过程中需重点围绕以下方向展开：生涯发展理念侧重呈现选手的职业价值观与择业创新思维；持续行动模块要求同步展示实践过程与成果转化效能，其中成效需涵盖项目成果数据与能力提升效果；专业能力部分则需关联岗位需求进行针对性论证。

2. 材料规范微调

主体材料仍延续生涯发展报告（PDF）与生涯发展展示PPT的组合模式，但实施两项关键调整：其一，生涯发展报告字数上限由1500字扩展至2000字，强化案例深度与逻辑完整性；其二，明确允许“文字为主、图表为辅”的混合呈现方式，评委对字数采取弹性标准（允许合理超出，不作机械限制）。

3. 环节流程优化

维持“主题陈述—评委答辩—实习邀约”三级进阶架构，但实施时序重构：单环节时长从原来的“8+5+3”分钟调整为“7+5+2”分钟配置。具体表现为主题陈述压缩至7分钟强化观点凝练度，答辩环节保持5分钟深度追问，实习邀约环节聚焦2分钟快速决策。

（二）就业赛道方案变化

1. 比赛内容调整

第二届赛事在内容设置上呈现显著调整，整体导向更为聚焦就业实战能力。与首届相比，赛事评价体系着重强化专业能力与职业目标的匹配度评估，新增个人职业发展路径与就业市场适配度的考核维度。核心变化体现在从单纯能力展示转向求职实战模拟，通过增设企业真实场景考核环节，重点考察选手的岗位胜任力、职业决策力与职场应变能力。

2. 组别分级明确

高教赛道实施分级分组机制：本科组与研究生组独立评审，其中研究生组细分为硕士研究生和博士研究生两个层级。特别值得注意的是，已通过推免渠道获得升学资格的学生（含专升本、保研等）被明确排除在参赛范围之外。在评审标准方面，博士研究生因其科研创新能力和专业深度积累，在技术研发类岗位竞争中具有显著优势。

3. 材料要求优化

材料提交框架维持相对稳定，仍由三大核心板块构成：一是求职简历，需以PDF 格式提交；二是求职综合展示PPT，由原“就业能力展示PPT”更名而来，格式为PPT，大小不超过50MB；三是辅助证明材料，涵盖实践、实习、获奖等方面，整合为单个PDF 文件，不超过50MB 。

4. 环节时长缩短

赛事环节架构维持三级进阶模式，但进行流程优化与时长压缩。具体调整为：主题陈述环节由7分钟缩减至6分钟，重点考核岗位认知深度；综合面试环节由原来的8分钟缩减至6分钟，强化情景模拟真实性；天降offer环节从3分钟调整为2分钟，突出决策效率评估。整体赛制通过“662”新时序配置，实现评审效率提升与选手压力测试的双重优化。

资料链接

多学科政策高频引用库

序号	学科	引用库
1	工科类（机械 / 计算机 / 环境等）	《“十四五”智能制造发展规划》
2		《“十四五”工业绿色发展规划》
3		《新一代人工智能发展规划》
4		《工业互联网创新发展行动计划》
5		《关于推动能源电子产业发展的指导意见》
6		《“十四五”机器人产业发展规划》

续表

序号	学科	引用库
7	文科类（教育 / 历史 / 社会学等）	《新时代基础教育强师计划》
8		《“十四五”文物保护和科技创新规划》
9		《国家职业教育改革实施方案》
10		《全民科学素质行动规划纲要》
11		《关于全面加强和改进新时代学校体育工作的意见》
12		《深化新时代教育评价改革总体方案》
13	医学类（临床 / 公卫 / 药学等）	《“健康中国 2030”规划纲要》
14		《“十四五”国民健康规划》
15		《“十四五”中医药发展规划》
16		《关于推动公立医院高质量发展的意见》
17		《中华人民共和国疫苗管理法》
18		《关于进一步完善医疗卫生服务体系的意见》
19	商科类（金融 / 经济 / 管理等）	《“十四五”数字经济发展规划》
20		《金融科技发展规划（2022—2025 年）》
21		《国务院办公厅关于促进平台经济规范健康发展的指导意见》
22		《“十四五”现代流通体系建设规划》
23		《关于推进普惠金融高质量发展的实施意见》
24		《企业知识产权管理规范》
25	农学类（农业 / 林业 / 食品科学等）	《“十四五”推进农业农村现代化规划》
26		《种业振兴行动方案》
27		《关于全面推进乡村振兴加快农业农村现代化的意见》
28		《农业面源污染治理与监督指导实施方案（试行）》
29		《“十四五”全国农产品质量安全提升规划》
30		《关于科学利用林地资源促进木本粮油和林下经济高质量发展的意见》
31	艺术类（设计 / 传媒 / 音乐等）	《“十四五”文化发展规划》
32		《关于推进实施国家文化数字化战略的意见》
33		《“十四五”艺术创作规划》
34		《关于推动传统工艺高质量传承发展的通知》
35		《广播电视和网络视听“十四五”发展规划》
36		《关于促进文化和科技深度融合的指导意见》

续表

序号	学科	引用库
37	交叉学科类（新兴职业方向）	《元宇宙产业创新发展三年行动计划（2023—2025年）》
38		《“十四五”国家信息化规划》
39		《新一代人工智能伦理规范》
40		《“十四五”能源领域科技创新规划》
41		《智慧健康养老产业发展行动计划》
42		《关于加快建立健全绿色低碳循环发展经济体系的指导意见》
43	法学类（法律/政治学/国际关系等）	《中华人民共和国数据安全法》
44		《知识产权强国建设纲要（2021—2035年）》
45		《关于依法惩治网络暴力违法犯罪的指导意见》
46		《企业境外反垄断合规指引》
47		《中华人民共和国个人信息保护法》
48		《关于推进公共法律服务体系建设的意见》
49	理学类（数学/物理/化学/生物科学等）	《加强“从0到1”基础研究工作方案》
50		《化学物质环境风险评估与管控条例》
51		《“十四五”生物经济发展规划》
52		《关于全面加强基础科学研究的若干意见》
53		《全民科学素质行动规划纲要（2021—2035年）》
54	教育学类（高等教育/职业教育等）	《中国教育现代化2035》
55		《中华人民共和国职业教育法》
56		《关于加快新时代研究生教育改革发展的意见》
57		《关于推动现代职业教育高质量发展的意见》
58		《关于深化高等学校创新创业教育改革的实施意见》
59		《国务院办公厅关于加快中西部教育发展的指导意见》
60	体育学类（运动科学/体育产业等）	《“十四五”体育发展规划》
61		《全民健身计划（2021—2025年）》
62		《冰雪运动发展规划（2016—2025年）》
63		《关于加快发展体育竞赛表演产业的指导意见》
64		《体育强国建设纲要》

第三章

决胜成长赛道：打造“π 型人才”发展体系

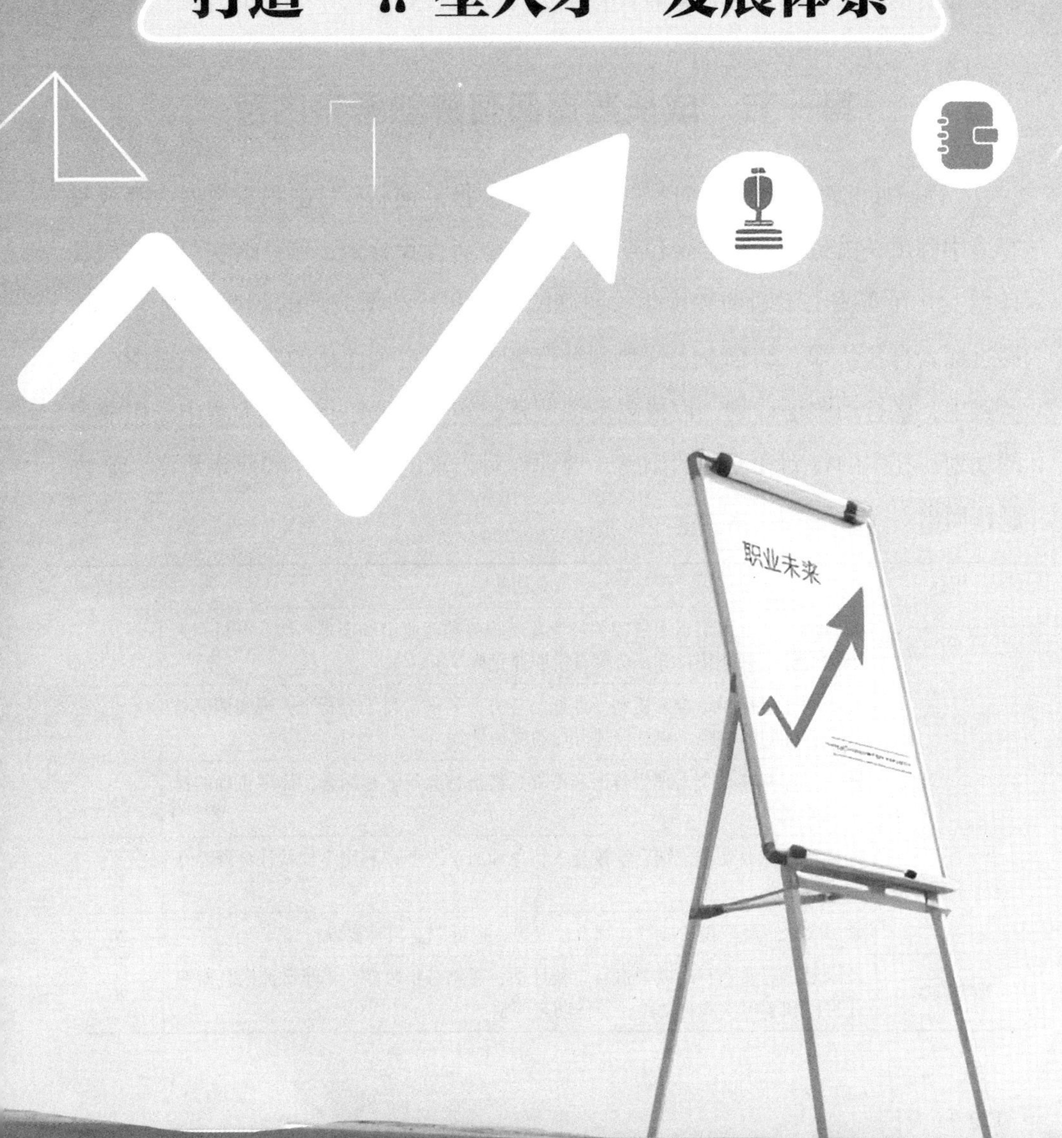

"规划不是预测未来，而是锻造面向未来的能力。"

在职业规划大赛的成长赛道中，胜出者往往具备明确的职业目标，通过持续的学习与实践，不断向目标迈进。他们不仅规划了科学合理的职业发展路径，更在行动中展现了坚韧不拔的毅力和不断提升的综合素质。成长赛道的终极较量，是看谁能把规划书变成行动史，让今天的"小目标"成为明天的"大坐标"。这既是比赛的胜出之道，更是新时代青年应有的成长姿态。

第一节 成长赛道都有哪些考察内容

"目标如北辰，指引方向；行动如船桨，推动前行。"在职业规划大赛成长赛道中胜出，关键在于精准定位职业目标、全面自我分析、制订切实可行的成长计划，并在实践中不断调整优化。明确的目标和行动是成功的双翼，缺一不可。通过深入自我认知，结合个人优势和社会需求，制定个性化的职业发展蓝图。在实践中，以行动验证计划，以成果反馈调整，实现自我超越。在大赛中，用清晰的规划、扎实的行动和灵活的调整，展现你对未来的深刻洞察和坚定承诺，必将脱颖而出。

指标	说明	分值
职业目标	结合所学专业多渠道了解相关行业发展趋势和就业市场需求，综合分析个人能力优势、兴趣特长等，合理设定职业目标	10
	基于职业目标对综合素质和专业能力等方面要求，科学分析个人现实情况与职业目标间的差距，制订合理可行的成长计划	10
	职业目标能够将个人理想与国家需要、经济社会发展相结合，体现正确的择业就业观念	10
学习实践行动	围绕目标职业要求，结合学校育人特色和所学专业，利用学校及社会资源开展学习实践	30
	学习实践行动取得阶段性、标志性成果，接近职业目标要求	20
动态调整	及时对学习实践行动成效进行自我评估，总结分析收获、不足和原因，对职业目标和学习实践行动路径等作动态调整	20

一、树立生涯发展理念并合理设定职业目标

根据全国大学生职业规划大赛成长赛道方案，比赛重点考察学生是否能够树立明确的生涯发展理念，并基于此合理设定职业目标。这要求参赛者结合自身所学专业，通过多渠道了解相关行业发展趋势和就业市场需求，同时综合分析个人能力优势、兴趣特长等因素。例如，一名计算机专业的学生可以通过调研人工智能行业的技术需求，结合自身的编程能力和项目经验，设定成为AI算法工程师的职业目标。这样的目标设定不仅需要具备合理性，还需要体现个人与行业的匹配度，从而为未来的职业发展奠定基础。

由此可见，职业目标的确立是一个动态的过程，往往经历了多维度的思考和确立。

二、围绕实现目标持续行动并不断调整的成长过程

在实现职业目标的过程中，持续行动和动态调整是关键环节。参赛者需要基于对目标职业的要求，科学分析自身现状与目标之间的差距，并制订切实可行的成长计划。例如，为了提升专业能力，学生可以利用学校及社会资源，参与实习、竞赛或科研项目，积累实际经验。同时，学生还需要定期对学习实践行动的成效进行自我评估，总结收获与不足，并据此调整职业目标和行动路径。这种动态调整的过程体现了学生对自身发展的深刻思考和灵活应对能力。

三、通过学习实践提升综合素质和专业能力

比赛还强调通过学习实践来提升学生的综合素质和专业能力。参赛者需要结合学校育人特色和所学专业，充分利用各类资源开展实践活动。例如，通过参加社团活动、志愿服务或跨学科项目，学生可以在实践中锻炼沟通能力、团队协作能力和领导力等综合素质。此外，针对目标职业的具体要求，学生还可以通过考取相关证书、参与专业培训等方式提升专业技能。这些学习实践活动不仅能帮助学生取得阶段性成果，还能使他们逐渐接近职业目标，展现出正确的择业就业

观念。

第二节　如何确立成长赛道的职业目标

在大学生职业规划大赛的舞台上，每一位参赛者都怀揣着对未来的憧憬与梦想。面对“立大志，有家国情怀”的号召，我们不仅要心怀天下，更要脚踏实地，从个人实际出发，精准定位自己的目标岗位。那么，在成长赛道上，如何确定一个既符合个人特质，又能体现家国情怀的目标岗位呢？

一、成长赛道职业目标确立的四个维度

通过对职规赛评审标准的拆解，我们可以从以下四个维度来进行职业目标的定位。

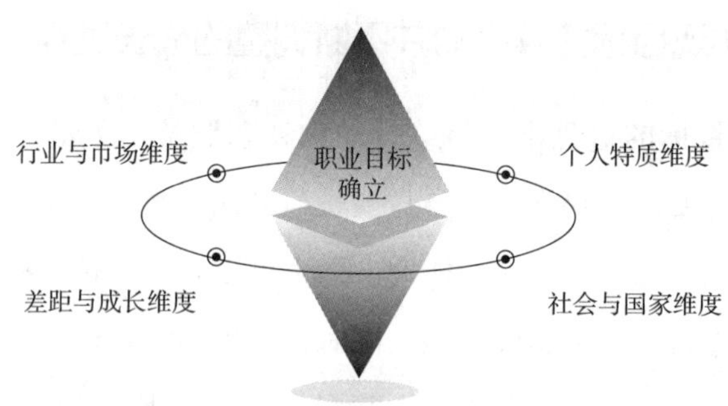

（一）行业与市场维度

结合所学专业，通过多渠道了解相关行业发展趋势和就业市场需求。这就好比航海时要先了解风向和海洋的水流情况一样。了解行业发展趋势，能让我们知道这个行业是朝阳产业，未来前景广阔；还是夕阳产业，逐渐走向衰落。关注就业市场需求，则能清楚该行业对人才的具体要求，如所需的技能、知识和经验等。例如，随着科技的发展，人工智能行业蓬勃兴起，对算法工程师、数据分析师等人才的需求大增。如果我们所学专业与之相关，就可以根据这些趋势和需求来初步确定自己的职业方向，成为一名专注于人工智能领域的算法工程师。

（二）个人特质维度

综合分析个人能力优势、兴趣特长等。每个人都有自己独特的能力和兴趣，就像每个人都有自己的独门绝技一样。能力优势是我们在职场上的“武器”，比如，有些人逻辑思维能力强，善于分析和解决问题；有些人沟通能力出色，能够很好地与他人交流合作。而兴趣特长则是我们工作的动力源泉，如果从事自己感兴趣的工作，会更有热情和积极性。比如，一个人对绘画有浓厚的兴趣，并且具备一定的绘画技能，那么他在确立职业目标时，就可以考虑往平面设计、插画师等方向发展。通过对自身能力优势和兴趣特长的分析，能让我们找到最适合自己的职业道路。

典型案例

首届职规赛某国奖选手在答辩稿中谈道，“刚进入大学时，我也曾迷茫，不知自己的未来在哪里。一次，学校组织到商飞参观，我被现场一个场景打动——一架没完成的飞机经你之手送上蓝天，内心会有无与伦比的成就感与自豪感。从此，我对飞机制造着了迷。”

（三）差距与成长维度

基于职业目标对综合素质和专业能力等方面的要求，科学分析个人现实情况与职业目标间的差距，然后制订合理可行的成长计划。这就像是一场马拉松比赛，我们要清楚自己离终点还有多远，以及如何一步一步地接近终点。比如，我们的职业目标是成为一名高级软件工程师，但目前我们的编程技能还不够熟练，缺乏项目经验。那么我们就可以分析出这些差距，然后制订相应的成长计划，如参加相关的培训课程、参与开源项目等，逐步提升自己的能力，缩小与职业目标的差距。

在我们的成长过程中，总有一些人以其卓越的成就和坚定的信念激励着我们。他们或许是我们的师长、前辈，或许是行业内的领军人物。研究他们的成长轨迹和职业选择，可以为我们提供宝贵的启示和借鉴。试着去了解他们的职业道路、面临的挑战以及如何克服这些挑战，这有助于我们更清晰地认识到自己的职业定位。

典型案例

首届职规赛某国奖选手凭借着职业规划大赛国赛现场收到的天降实习offer，已顺利进入中国商飞上海飞机制造有限公司开展实习工作。他离实现自己制造国产大飞机的梦想又近一步。他一直把2022年"大国工匠年度人物"、C919"血管神经系统"的建造师周琦炜当作自己的榜样。他说："未来，希望我能建立一个类似大国工匠的工作室，用自己的工作方法，提高国产大飞机的制作水平，成为像他那样发挥一技之长、为国家作出贡献的人。"

（四）社会与国家维度

职业目标要能够将个人理想与国家需要、经济社会发展相结合，体现正确的择业就业观念。将家国情怀融入职业规划，不仅能让我们的职业道路更加宽广，也能让我们在奋斗的过程中收获更多的成就感和满足感。在此过程中我们可以思考以下问题：我的职业目标如何能为社会带来正面影响？如何在实现个人价值的同时，为国家和民族的发展贡献力量？

典型案例 1

首届职规赛某国奖选手说道，"我是一个从大山深处走出来的大学生，初中那会儿，父母为了生计，常年在外工作。为了让父母回家，我经常逃课去网吧，面对我的这个问题，我的语文老师兼班主任老师从来没有放弃我，而是想方设法地帮助我鼓励我，她就像一束光照进了我灰暗的世界，点燃了我对语文、对课堂的向往和热爱，这一束光也照亮了一个乡村孩子未来的路。中考那年，当我得知定向公费师范生政策后，毫不犹豫选择了报名，成为一名初中起点定向公费师范生。"

典型案例 2

第二届职规赛某国奖选手说道，“让我真正理解匠心精神的，是在某企业实践时的一段经历。当时我发现某精密构件的加工尺寸出现细微超差，凭借专业积累初步判断与设备运行异常相关。为溯源问题，我连续数小时俯身排查设备核心组件，逐一检查数十个关键部件，最终发现某坐标轴传动存在异常卡顿。通过系统分析，我推断是传动组件的核心部件出现损耗，经针对性检修后，构件加工精度显著提升至行业高精度标准。那一刻我意识到，匠心精神就藏在对细节的极致苛求里，是对‘零缺陷’标准的永恒追求。”

反思复盘

随着新赛制新解读的出现，大家普遍意识到不是从自我出发看职业。换言之，不是单纯从兴趣出发来选择职业，而要从国家需要、社会需求出发看职业。当然，从这些地方出发没有问题，但兴趣还是重要的，因为兴趣不光代表喜好，其背后本身也有社会环境等社会化因素。然而，一味强调情怀而忽视了现实情况，会使得目标不够落地，目标的确立一定是反复验证的结果，且需要从多维度出发来审定。

二、成长赛道职业目标确立的三个关键词

除了上面提到的目标确立的四个维度，我们还可以通过“I—T—U模型”来进行思考，以此更好地厘清职业目标。

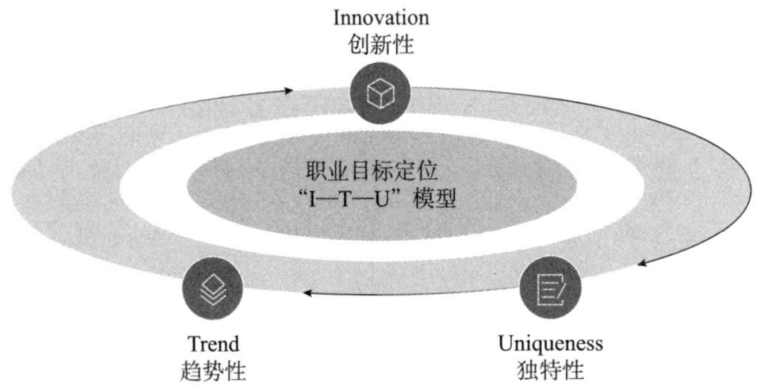

（一）新——创新性（Innovation）

在快速变化的现代社会，创新能力是个人和组织竞争力的关键。选择一个具有创新性的职业目标，可以帮助个人保持竞争力，适应不断变化的市场需求。创新思维是敢于尝试新的设计思路，不拘泥于传统。要聚焦设计思路如何创新？如何体现新时代职业发展的相关要求？

（二）红——趋势性（Trend）

提起“红”，大家很可能马上想到的是乡村、基层、家国情怀等。但我们认为的“红”就是一种需要，包括社会需要和国家需要，如何对接未来产业发展，如何体现新质生产力的要求，也是一种“红”。

（三）特——独特性（Uniqueness）

结合个人特长和兴趣，设定职业目标。差异化的职业目标和内容设计可以帮助个人脱颖而出。个人信息是简历的“门面”，它能让评委快速了解你的基本背景。

典型案例

第二届全国职规赛成长赛道高教组金奖获得者陈祥健（厄瓜多尔华侨），他的职业目标是——面向拉美地区的文旅搭“侨”人。这一职业目标具有差异化特征，让人耳目一新。他坦言，“如果说余光中的乡愁填满了台湾海峡，那么拉美华侨的乡愁，便是那浩瀚无垠的太平洋。为了更深入地感知中华文化的精髓，我背起行囊，回到祖国求学，从洛阳的千年石窟到井冈山的红色圣地，从杭州的西湖烟雨到西安的古城墙，我走遍了四十余座城市，用镜头记录下每一座城市的文化脉搏。这些沉浸式的体验，让我对中华文化的多元与包容有了更深刻的理解。作为面向拉美地区的国际自媒体，我希望能让他们看见一个真实立体、充满活力的中国，做好文化之间的‘侨’梁。”（资料来源：暨南大学官微　有删改）

练一练

将以下这些职业确立为参赛职业目标是否可行？这些目标应该如何进行优化？

（1）水质化验员

（2）护士

（3）测绘工程师

（4）茶艺师

（5）外科医生

（6）工程师

（7）新媒体记者

（8）教师

（9）非物质文化遗产

以上职业目标均来自全国各高校的一些参赛作品，我们不难发现，这些职业目标都过于宏观，也过于常规。在这样的职业目标牵引下的参赛作品也很难在大赛中胜出。那么，应该如何调整呢？

围绕刚才举例的几个职业目标，我们来看看首届国赛金奖作品的职业目标都是什么。

（1）为民水安全保驾护航的水质化验员

（2）精神科护士

（3）服务智慧城市建设的测绘工程师

（4）传播潮汕地区茶文化的茶艺师

（5）心脏外科学者型医师/临床与科研双擎驱动的寒地胰腺外科医生

（6）地下防灾领域的岩土工程师/守护核电机组安全运行的核电运行工程师

（7）文旅微短剧制片人/面向拉美地区的文旅搭“侨”人——国际自媒体人

（8）让每一个特殊学生都有人生出彩机会——特殊教育教师/特殊儿童舞蹈老师

(9)打造东方大漆的非遗名片的文创设计师

以上金奖获奖的职业目标大多符合刚刚我们讲到的“新—红—特”的特点。通过差异化、特色化的标签，容易让人提起兴趣、产生记忆点。

案例拆解

职业目标一：空间机器人工程师

新：该职业目标聚焦于航天领域的机器人研发，这是一个高度专业化且充满挑战的方向。随着人工智能、自动化技术和航天技术的快速发展，空间机器人需要突破传统机器人的设计限制，适应极端环境（如真空、辐射、微重力等）。例如，通过引入前沿技术（如AI算法、新型材料），选手展示了对行业最新趋势的敏锐洞察力，并提出了具有前瞻性的解决方案。

红：该职业目标契合“十四五”规划中关于航天科技发展的重点任务，明确响应国家在深空探测、载人航天等领域的战略需求。随着中国航天事业的迅速发展，空间机器人作为关键技术之一，将成为未来科研和工业应用的重要方向。选手通过结合国家战略需求，展现了个人职业目标的社会价值和时代意义，体现了“小我”与“大我”的统一。

特：与其他工程类职业目标相比，空间机器人工程师不仅需要扎实的专业知识（如机械设计、电子控制、软件开发），还需要具备跨学科能力（如天文学、材料科学）。此外，选手还可以突出自己在相关领域的实践经验（如参与航天相关的科研项目或竞赛），形成独特的竞争优势。

职业目标二：解决花卉育种“卡脖子”问题的科研技术员

新：该职业目标针对我国花卉产业长期依赖国外进口的问题，提出自主研发的技术路径，填补国内空白。例如，选手可以采用基因编辑技术培育具有抗病虫害、高观赏价值的新品种，或者开发高效的育种方法以缩短研发周期。

红：该职业目标符合国家在农业科技领域的战略布局，特别是解决种业“卡脖子”问题的迫切需求。花卉作为重要的经济作物之一，其育种技术的研发直接关系到我国农业产业链的安全和竞争力。选手通过结合国家政策导向（如种业振兴行动），展现了个人职业目标与国家战略需求的高度契合，体现了社会责任感和家国情怀。

特：与其他农业类职业目标相比，花卉育种技术员不仅关注经济效益，还涉及文化情感层面（如保护本土花卉资源、弘扬传统文化）。此外，选手可以通过具体的地域背景（如家乡花卉种植优势）或实践经历（如参与某花卉育种项目），进一步强化个人特色。通过讲述个人与花卉育种的渊源（如家族从事花卉种植多年），或展示已有研究成果（如成功培育某一新品种），选手成功将个人故事与职业目标融合，形成了独特的竞争优势。

三、成长赛道职业目标最终确立的实操公式

在职业规划大赛的成长赛道中，确立职业目标的实操公式可以概括为“择国所需+择势所趋+择群所利+择己所长”。

择国所需 + 择势所趋 + 择群所利 + 择己所长 = 职业目标

这一公式强调了职业目标的设定需要与国家需求相结合，顺应行业发展趋势，考虑社会群体的利益，并发挥个人优势和特长。通过这样的综合考量，参赛者能够设定出既符合个人发展又具有社会价值的职业目标，为实现职业规划奠定坚实的基础。这种目标设定方式有助于参赛者在比赛中展示出其职业规划的深度和广度，同时也为未来的职业发展指明方向。

（一）择国所需：结合国家需求，体现家国情怀

职业目标的设定需要将个人发展与国家需求紧密结合，体现“小我”与“大我”的统一。在当今社会，无论是乡村振兴、科技创新还是国防建设，都离不开人才的支持。参赛者可以通过深入研究国家政策和发展战略，选择符合国家重大需求的职业方向。例如，选择成为解决种业“卡脖子”问题的科研人员或助力航天强国的空间工程师，这样的职业目标不仅展现了个人对国家发展的贡献，也体现了强烈的社会责任感和家国情怀。

（二）择势所趋：顺应行业趋势，把握时代机遇

职业目标还需要紧跟行业发展趋势，把握时代赋予的机遇。随着科技的进步和社会的发展，许多新兴领域如人工智能、新能源、数字经济等正在快速崛起。参赛者应通过调研行业动态、了解市场变化，明确未来职业发展方向。例如，一名计算机专业的学生可以瞄准人工智能领域的算法研发，或者关注数字化转型带来的新岗位需求。这种基于趋势的职业目标设定，能够使个人发展更具前瞻性和竞争力。首届全国职规赛金奖选手谈道，"通过查阅相关资料，我了解到，随着我国八纵八横高铁规划的推进和'一带一路'的带动，高铁产业正在蓬勃发展，动车组检修师就业前景十分广阔。这更加坚定了我的信心，于是，我便朝着'1435'开启了追梦之旅。"

（三）择群所利：服务群体需求，创造社会价值

职业目标不仅要关注个人成长，还要考虑如何为社会和群体带来实际利益。一个优秀的职业目标往往能够解决某一特定群体的需求或痛点，从而创造更大的社会价值。例如，选择成为致力于提升乡村教育质量的小学教师，或开发普惠型医疗技术的研究员，这些目标都能直接服务于社会弱势群体或关键领域。通过这样的职业选择，参赛者不仅能实现自我价值，还能为社会和谐发展贡献力量。

（四）择己所长：发挥个人优势，实现人职匹配

职业目标必须立足于个人实际情况，充分发挥自身特长和兴趣。只有选择与自己能力、性格、价值观相契合的职业方向，才能在工作中保持长久的动力和热情。参赛者可以通过自我评估工具、实践经验等方式深入了解自己的优势所在，并将其融入职业规划中。例如，如果擅长数据分析且对环保感兴趣，可以选择从事可持续发展相关的数据研究工作。这样的职业目标既能体现个人特色，又能实现人职匹配，为未来发展奠定坚实基础。

四、首届全国大学生职业规划大赛成长赛道金奖作品职业目标索引

首届全国职业规划大赛成长赛道共有金奖50个，其中高教组金奖数量为25个，职教组金奖数量为25个，我们一起来看看他们都是什么样的职业目标吧。

成长赛道－高教组

序号	选手姓名	学校	职业目标
1	张书铭	北京交通大学	智能交通规划师
2	程雨涵	天津大学	“国产化 EDA 软件的探索者——EDA 工程师”
3	祖健亮	燕山大学	职业律师
4	崔懿莹	东北师范大学	数学老师
5	张涛	长春大学	专业的针灸推拿师
6	唐傑伟	复旦大学	大模型算法工程师
7	刘彦希	上海交通大学	高校科研人员（化学）
8	陈婉晏	上海电力大学	电中检测数据分析师
9	崔煜康	南京航空航天大学	自动驾驶感知算法工程师
10	刘怡君	南京航空航天大学	军用领域无人机研发工程师
11	司徒展轩	南京信息工程大学	“残疾人之家”教师
12	吴彦霖	杭州师范大学	神经外科医生
13	冯诗喆	宁波大学	涉外律师
14	许晋嘉	合肥工业大学	高校研究员
15	金晶	福州大学	网络安全工程师
16	王炳楠	山东大学	科研工作者
17	何立源	华中科技大学	人工智能类脑芯片设计师
18	邬丽婷	华中师范大学	全媒体国际新闻记者
19	赵妍	湖北大学	新型基因编辑技术开发研究员
20	高宇杰	中南大学	老年心血管外科医生
21	郑桢棋	深圳大学	土木工程专业人才
22	詹坤秀	广东工业大学	分子研发工程师
23	彭云	重庆大学	国际传播工作者
24	王钦瑞	四川警察学院	缉毒警察
25	黄梓昊	陕西师范大学	神经退行性疾病治疗研究员

成长赛道－职教组

序号	选手姓名	学校	职业目标
1	薛逸飞	北京电子科技职业学院	国航 Ameco 飞机维修工程师
2	王宇	辽宁装备制造职业技术学院	汽车维修技师
3	徐建杰	苏州农业职业技术学院	古建筑技术师
4	费思悦	无锡工艺职业技术学院	陶艺手艺人
5	姜立松	浙江交通职业技术学院	C919 特种材料装配师
6	项宇航	金华职业技术学院	手术室护士
7	邵彬	浙江经济职业技术学院	空乘专业人才
8	王静雨	安徽医学高等专科学校	乡村医生—— 薪火相传，做农民兄弟的健康守门人
9	封雯菁	山东外事职业大学	残疾人教师
10	杜基伟	郑州电力高等专科学校	电力行业卓越产业工人 / 蓝领工匠
11	崔鑫仪	黄河水利职业技术学院	社区工作者——扎根社区绽放芳华
12	崔恺收	河南交通职业技术学院	汽车营销师
13	王晨飞	河南推拿职业学院	康复治疗师 / 针灸推拿师
14	刘瑶	长江职业学院	儿童福利院幼师
15	李亚轩	武汉城市职业学院	专为特殊群体做设计
16	张宸珉	襄阳职业技术学院	汽车工程师
17	楚荞伊	湖南工业职业技术学院	工程机械海外售后工程师
18	王宇祥	湖南信息职业技术学院	软件工程师
19	赵乐阳	湖南大众传媒职业技术学院	电子竞技赛事解说员
20	郭金成	湖南机电职业技术学院	电器装配工程师
21	何嘉怡	重庆城市管理职业学院	高校管理员
22	陈国豪	重庆水利电力职业技术学院	水利行业高级工程师
23	林隆	重庆水利电力职业技术学院	水利电力环保等领域的专业技术人员
24	翁露馨	重庆工商职业学院	重庆文旅策划人员
25	廖思雨	四川交通职业技术学院	轨道交通站务员

五、第二届全国大学生职业规划大赛成长赛道金奖作品职业目标索引

第二届全国职业规划大赛成长赛道共有金奖78个，其中高教组金奖数量为42个，职教组金奖数量为36个，我们一起来看看他们都是什么样的职业目标吧。

成长赛道－高教组

序号	选手姓名	学校	职业目标
1	洪毅	北京大学	心脏外科学者型医师
2	陈韵州	中国医科大学	呼吸科医师科学家
3	朱嘉伟	徐州医科大学	做儿童微笑的守护者——儿童口腔正畸医生
4	张铎议	哈尔滨医科大学	临床与科研双擎驱动的寒地胰腺外科医生
5	张雅飞	南方科技大学	机器人软体结构设计工程师
6	刘奕菲	南京中医药大学	给患者带来温暖和希望的造口治疗师
7	胡靖乾	复旦大学	涉外律师
8	李威鸿	上海电力大学	守护核电机组安全运行的核电运行工程师
9	刘家良	吉林大学	人形机器人运动控制工程师
10	赵晨	山东大学	地下防灾领域的岩土工程师
11	单畅	上海交通大学	国际新闻记者
12	范帅	北京理工大学	肿瘤分子诊疗独立首席研究员
13	董清妍	河南工业大学	超硬材料工程师
14	冉竺玉	重庆师范大学	有爱无碍，与你同行——做一名残健融合中心的社会工作者
15	俞文迪	华东理工大学	技术突围的语言摆渡人——商务英语翻译
16	黄锐	电子科技大学	用技术改变世界的人工智能算法工程师
17	段昱冰	东北大学	让机器人读懂乡土的呼吸——农业机器人工程师
18	徐锦荣	华东师范大学	点亮被遗忘的星光——特殊教育教师
19	侯君恺	北京邮电大学	信号处理技术专家
20	曲海平	集美大学	空压机方向的机械设备工程师

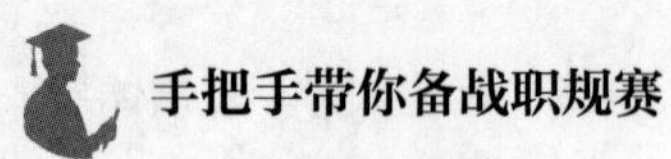

续表

序号	选手姓名	学校	职业目标
21	郁晓楠	安徽艺术学院	有教无类，“音”材施教——安徽省特殊教育学校音乐教师
22	海晴	中国石油大学	致力于通过专业研究与实践“为国找油争气”——油气地质勘探工程师
23	杨思媛	上海外国语大学	以中国青年视角讲述中国故事——联合国教科文组织文化助理项目专员
24	王佳雯	天津师范大学	基础软件工程师
25	江彦哲	福建师范大学	打造东方大漆的非遗名片的文创设计师
26	项一诺	宁波大学	光学研究员
27	刘子贺	北京交通大学	AIGC 算法架构工程师
28	柴琳	湖南师范大学	纳米酶技术研究员
29	刘佳音	广东技术师范大学	文旅微短剧制片人
30	冯庚辉	清华大学	大学化学教师
31	赖剑腾	长沙理工大学	“一带一路”的海外工程翻译使者
32	易煜淞	三峡大学	矢志江河绘蓝图，争做水利新匠师
33	陈祥健	暨南大学	面向拉美地区的文旅搭“侨”人——国际自媒体人
34	赵文博	南京邮电大学	芯片与器件设计工程师
35	陈子敏	中国石油大学	服务石油装备智能化建设的机电工程师
36	王贺阳	厦门大学	探索宇宙的空间机器人技术工程师
37	朱泓宇	哈尔滨工业大学	助力中国深空探测事业的航天智能复合材料研究员
38	杨泽霖	青岛大学	膝关节康复医学工程师
39	黄超煜	浙江大学	新型医疗器械研发工程师
40	王俊杰	南京航空航天大学	航天遥感智能识别算法设计师
41	叶柔妘	华中师范大学	让每一个特殊学生都有人生出彩机会——特殊教育教师
42	马奕菲	星海音乐学院	民族音乐之声响彻四海，薪火相传的作曲人

成长赛道 – 职教组

序号	选手姓名	学校	职业目标
1	李政兴	江苏农林职业技术学院	定制村干
2	李海洋	山东水利职业学院	电商美工师
3	张清怡	民政职业大学	儿童公益领域项目负责人
4	林直	金华职业技术大学	幼儿教师
5	孔衍钦	重庆航天职业技术学院	消防无人机飞手
6	李玉斌	辽宁农业职业技术学院	守护国家粮食安全的复合型猪场兽医师
7	管理	安徽财贸职业学院	扎根基层的粮库保管员
8	张雪松	通辽职业学院	急诊科护士
9	杨欣宇	江苏农牧科技职业学院	宠物医生
10	张艳	安徽中医药高等专科学校	急诊专科护士
11	肖婷	重庆三峡职业学院	守护动物健康的兽医师
12	叶紫怡	扬州市职业大学	水利造价工程师
13	彭祖瑞	成都工贸职业技术学院	焊接技术员
14	张瀚聪	唐山工业职业技术大学	新时代智能炼钢线上的“钢铁侠”——炼钢工
15	韩文灿	烟台职业学院	海工装备数字化制图员
16	李婷基	广州城建职业学院	船舶维修行业的工业机器人系统操作员（“船舶医生”）
17	王阳	内蒙古化工职业学院	煤化工生产操作员
18	丁宗涛	杭州职业技术学院	新能源汽车维修技师
19	杨林灿	广东水利电力职业技术学院	设备维修技术员
20	陶仕逞	南京工业职业技术大学	飞机平安的守护者
21	孙嵩斐	河南职业技术学院	北斗导航领域硬件工程师
22	黄俊风	贵州装备制造职业学院	柔性针连接器产线现场工程师
23	程灏然	深圳职业技术大学	新能源汽车设计发布工程师
24	卿珊珊	江苏航运职业技术学院	远洋船舶驾驶员
25	林心怡	南京旅游职业学院	民航乘务员
26	刘明航	南京铁道职业技术学院	数“智”型铁路行车调度员
27	王思奇	安徽邮电职业技术学院	国产云计算生态领域的技术人才
28	赵柏宇	天津电子信息职业技术学院	鸿蒙工程师

续表

序号	选手姓名	学校	职业目标
29	邓步浩	河北科技工程职业技术大学	现场嵌入式工程师
30	王奕心	重庆文化艺术职业学院	汉服设计师
31	黄婷婷	广东农工商职业技术学院	讲解员（红色展馆）
32	陈冠霆	浙江艺术职业学院	民族民间舞演员
33	张佳瑶	陕西财经职业技术学院	影视领域 3D 建模设计师
34	袁智琅	南宁职业技术大学	中国侍酒师
35	黄帮程	贵阳幼儿师范高等专科学校	养老护理员
36	邓嘉	陕西艺术职业学院	秦腔传承人

理论拓展

新赛制背景下职规赛材料为什么一般不从自我认知写起？

在首届国赛举办之前，很多省份都一直坚持每年办职规赛的省赛，当时的材料逻辑多为经典框架“知己—知彼—决策行动—评估调整”，进而，其主体框架便是——自我认知—环境分析—行动成果—评估调整。

随着首届国赛的开展，尤其是主办方对文件的一些权威解读，大家开始意识到国赛的一些导向。例如，不论是首届还是第二届国赛文件，都强调了中国特色生涯教育体系、家国情怀等关键词。

由此，跳出大赛看大赛，如何体现中国特色生涯教育体系？就是打破源自西方的传统范式。

其逻辑已从“个人喜好导向行动”转变为“在国家和社会发展的需求中寻找自身定位与价值贡献”。因此，作品的思考原点也不再是自我认知，而是职业目标是如何确立的，不是单纯的“我喜欢我适合”，是综合了社会、个人、专业、初心等多种因素后的落定。

由此，职规赛的逻辑链条本没有固定答案，千篇一律的框架反而会显得作品少了一些生动和思考。而突破原有从“自我认知”出发的思考原点，从更加宏大的层面去看到这个职业目标的落定，才更加符合当前大赛的逻辑。

第三节　成长赛道的学习实践行动

“纸上得来终觉浅，绝知此事要躬行。”只有将理论付诸实践，才能真正检验其价值并转化为个人的核心竞争力。从参与科研项目到完成实习任务，从解决实际问题到实现阶段性成果，每一步都为接近职业目标积蓄能量。而这一切的背后，是参赛者对自我要求的不断提升，对未知领域的勇敢探索，以及对理想生活的执着追求。

一、生成目标岗位的岗位画像

生成目标岗位画像是职业规划大赛中的重要环节，它能够帮助参赛者清晰地了解目标岗位的核心要求，并为实现职业目标制订科学的行动计划。

生成目标岗位的岗位画像，需综合多方面信息来精准描绘该岗位所需的人员特质与能力要求等。除招聘要求所列举的专业背景、学历学位、工作经验年限等硬性条件，以及岗位职责明确的具体工作任务与目标外，人物访谈也是关键一环，通过与在职人员、上级领导、团队成员等的交流，挖掘出岗位在日常工作中的实际挑战、所需软技能、团队协作模式等不易从文字描述中获取的信息。

此外，还可纳入行业动态维度，关注该岗位所在领域的技术革新、市场趋势，以预测岗位未来可能的发展方向与技能需求变化；企业文化适配性也不可忽视，考虑岗位人员需具备的价值观、工作风格与企业整体文化相契合的程度，如有的企业强调创新冒险精神，那么适合该企业文化下的岗位画像就应突出对创新思维和勇于尝试特质的重视。

同时，结合绩效数据来分析该岗位过往优秀员工的共性特征，为画像增添科学依据；从职业发展路径角度，明晰该岗位的晋升通道与转岗可能，将有助于全面且深入地生成目标岗位的岗位画像，使其在招聘、选拔、培养等人力资源管理环节发挥更精准的导向作用。

总而言之，我们可以提炼出一个“三维岗位画像法”，即整合招聘信息、岗位职责、人物访谈等数据源，生成可量化、可复制的岗位画像模型。

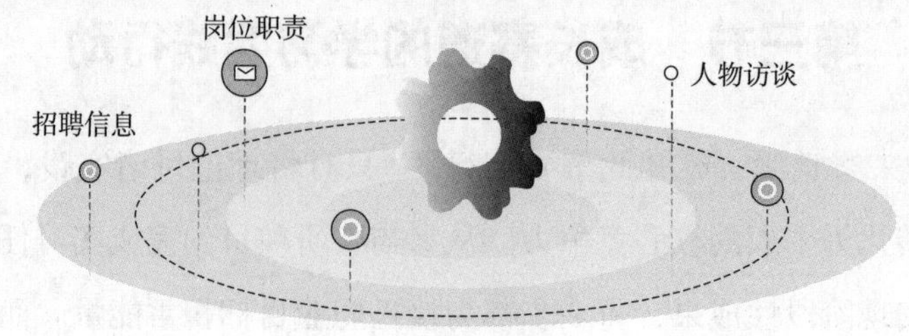

三维岗位画像法

例如，对于一个市场营销经理的岗位画像生成，若仅依据招聘要求，可能只是罗列出“本科及以上学历，市场营销等相关专业，3年以上市场营销工作经验”等条件。但若结合人物访谈，与在职市场营销经理交流后，便能挖掘出该岗位还须具备敏锐的市场洞察力、出色的团队领导能力以及良好的沟通协调能力等隐性要求。

同时，深入剖析岗位职责，发现该岗位不仅要负责制定营销策略，还要监督策略执行、评估营销效果并及时调整，这就要求其具备强大的数据分析能力和问题解决能力。另外，从行业动态维度考量，随着数字化营销的兴起，该岗位画像还应增添对数字营销工具的熟练运用能力这一要求。

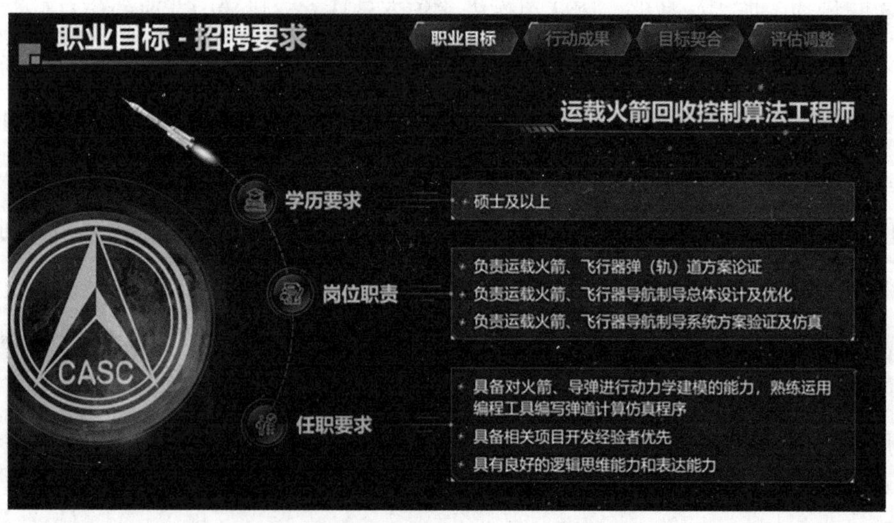

运载火箭回收控制算法工程师的招聘要求

新媒体采编记者的岗位模型

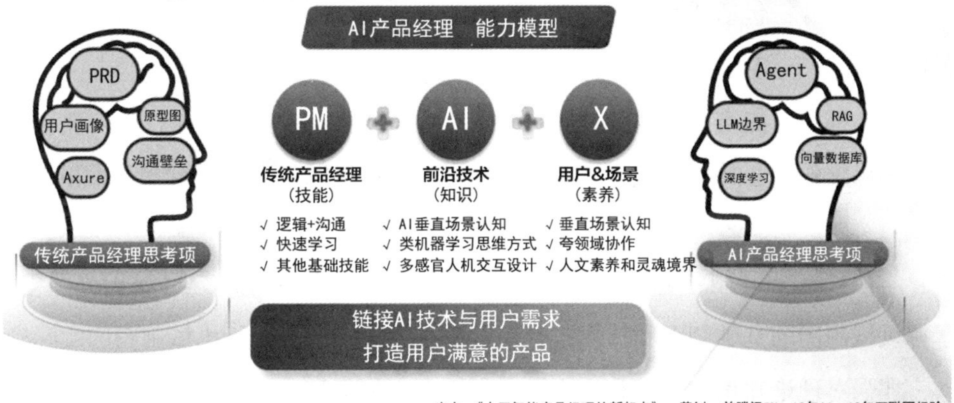

AI产品经理的岗位画像

以上三张图片分别展示的是运载火箭回收控制算法工程师、新媒体采编记者、AI产品经理的岗位画像，从直接罗列招聘要求，到二次提炼岗位特点，再到综合生成岗位能力图谱，这几种方式在大赛中都是较为常见的。总之，对岗位认知越清晰，生成的岗位画像就越全面、精准。

在实际操作过程中，建议还是要进行二次提炼，综合生成岗位画像。例如，首届国金选手谈道，“通过与他们进行交流，我在刚入学时便了解了动车组检修师的主要工作内容和工作流程，梳理出从事该岗位所需具备的‘1435’能力模型。”这里的“1435”能力模型就是二次梳理和提炼的结果。

二、理解“相关实践行动成果”

根据官方评分标准，“学习实践行动”部分包括以下两个核心维度，总分50分。

（一）开展学习实践

职业目标是行动的指南针，学习实践则是目标达成的路径。在这一部分，评委关注的是你的学习与实践是否具有明确的方向性，以及是否充分利用了校内外的资源支持，可以从以下方面进行具体梳理。

学校资源：包括课程学习、实验室实践、校企合作、创业孵化基地、专业相关社团等；

社会资源：如实习岗位、行业调研活动、社会服务项目、职业技能培训等。

如果你的职业目标是成为一名机械制图员，你可以通过以下方式积累相关的学习与实践经验。

学校资源的利用：积极参与学校提供的机械制图、CAD/CAM等相关课程，掌握机械制图的基础知识和技能；利用学校实验室资源，进行机械制图的实际操作，加强对理论知识的理解和应用；参与校企合作项目，与企业工程师合作，进行实际的机械制图工作，提前适应职场环境；加入机械设计或制图相关的专业社团，通过社团活动提升制图技能，并拓宽行业视野。

社会资源的整合：寻找机械制图相关的实习岗位，通过实际工作积累经验，了解行业最新动态和技术要求；参与行业调研活动，了解机械制图行业的现状和未来发展趋势，为自己的职业规划提供参考；加入社会服务项目，如机械制图相关的公益项目，提升自己的社会责任感和实际操作能力；参加机械制图相关的职业技能培训，系统提升自己的专业技能，获取行业认证，增加就业竞争力。

（二）学习实践行动取得阶段性、标志性成果

学习和实践的效果最终需要通过成果来体现。阶段性成果不仅是你努力的直接体现，更是评委衡量你与职业目标匹配度的重要依据。你可以从以下方面着手梳理。

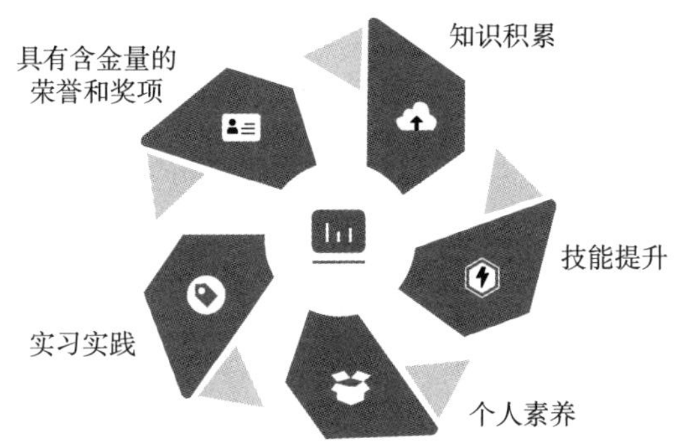

1. 知识积累

理论知识：评估对专业领域内基础理论、原理和概念的理解深度与广度。例如，计算机专业学生掌握编程语言的语法、算法设计与数据结构等知识；医学专业人员熟悉人体解剖学、生理学和病理学等基础理论。

前沿知识：关注专业领域的最新研究成果、技术趋势和行业动态。通过阅读学术文献、参加专业会议和培训课程，了解前沿知识，并将其应用到实际工作中。

2. 技能提升

通用技能：依据专业需求，掌握相关的通用技能，如数据分析能力、实验操作技能、项目管理能力等。这些技能是开展专业工作的基础，能够提高工作效率和质量。

专业软件与工具：熟练使用专业相关的软件和工具，是提升专业技能的重要环节。例如，设计师掌握图像处理软件（如Adobe Photoshop、Illustrator）；工程师能够运用CAD软件进行工程设计。

3. 个人素养

沟通能力：良好的沟通能力是个人素养的重要体现。无论身处何种岗位，都需要与上级、同事、下属以及客户进行有效的沟通。例如，销售岗位人员需要具备出色的口头表达能力，能够清晰、准确地向客户介绍产品特点和优势，倾听客户需求并及时反馈，从而促成交易。而在文职岗位，如行政助理，则需要具备优秀的书面沟通能力，撰写各类公文、邮件时，能够做到语言简洁明了、逻辑清晰，确保信息传达无误。

时间管理：合理安排时间，提高工作效率是个人素养的关键。比如，项目管理人员面对多个任务和截止日期，需要运用时间管理技巧，如制订详细的任务清单、设定优先级、采用番茄工作法等，确保各项任务按时完成。

团队协作：在当今的工作环境中，团队协作能力至关重要。以软件开发团队为例，开发人员、测试人员、产品经理等需要紧密合作，共同完成项目开发。团队成员之间要相互尊重、信任，能够有效地分工合作，发挥各自的优势，并在遇到问题时共同协商解决。

学习能力：随着时代的发展和科技的进步，持续学习新知识、新技能成为个人成长的必要条件。例如，互联网行业的从业者需要不断学习最新的编程语言、算法和技术框架，以适应快速变化的行业需求。个人的学习能力体现在对新知识的快速吸收、理解和应用能力上，能够通过阅读专业书籍、参加培训课程、在线学习等方式不断提升自己的综合素质，保持竞争力。

抗压能力：在高压的工作环境中，具备良好的抗压能力是个人素养的体现。如金融行业的交易员，在市场波动较大时，需要承受巨大的工作压力，做出快速而准确的决策。个人的抗压能力包括情绪管理能力、心理调适能力等，能够在面对压力和挑战时保持冷静、乐观的心态，积极寻找解决问题的方法，而不是被压力击垮。

4. 实习实践

课程作业与项目：认真完成专业课程的作业和项目，将所学知识应用到实际问题的解决中。通过这些实践活动，不仅能加深对知识的理解，还能锻炼解决实际问题的能力。

实习与实践活动：参与实习、实训和社会实践活动，积累实际工作经验。在实践中，了解行业的工作流程和规范，提高自己的职业素养和综合能力。

5. 最具含金量的荣誉和奖项

专业证书：考取与专业相关的证书，是对自己专业技能的一种认可。例如，会计专业人员获得注册会计师（CPA）证书；人力资源专业人员取得人力资源管理师证书。

竞赛与奖项：参加专业领域的竞赛和评选活动，获得的奖项和荣誉也是阶段性成果的重要体现。这些奖项不仅能证明自己的专业能力，还能增加自己在就业市场上的竞争力。

典型案例

第二届职规赛某国奖选手立志成为新能源汽车领域的技术推动者，为产业升级提供专业支撑。在导师指导下，他依托学校某方程式车队平台，围绕零部件技术评审、供应链管理与成本优化等方向，完成数十项实践计划；参与全国大学生机械类创新设计赛事，系统提升三维建模与项目管理能力并斩获全国奖项。为强化团队协作与创新能力，他以负责人身份带领团队征战某国际级大学生创新大赛，最终荣获全国总决赛金奖。

三、用成果总结能力

在激烈的竞争环境下，如何让评委一眼看出你的材料亮点？以下几点呈现技巧会对你有所帮助。

（一）实践成果撰写技巧

1. 搭建清晰的逻辑架构

推荐采用以下的材料结构，形成“目标—行动—成果”闭环。首先，用精炼准确的语言阐明职业目标；其次，详细阐述为实现该目标所开展的学习与实践行动，比如采取了哪些具体措施；最后，借助实际成果来强化逻辑闭环，证明自己在达成目标方面取得的进展。

2. 运用具有可信度和说服力的数据与案例

在材料里，尽可能使用确切的数据和真实的案例。如实习期间完成了5个数据分析项目、参加3次校外行业调研、荣获全国性大赛二等奖等。具体的数据能让材料更具可信度和说服力。此外，还可以增添一个典型案例，讲述某次实践活动中遭遇的难题、解决办法以及自身的成长感悟，使材料更鲜活、有温度。

典型案例1

首届职规赛某国奖选手这样表述，“我曾夺下第九届田家炳杯、全国师范生教学技能竞赛一等奖、我省科学教育创新竞赛金奖，共获荣誉30余项。其中国家级3项，省市级10项。”

典型案例2

首届职规赛某国奖选手说道，“我深耕专业核心课程，专业成绩排名始终保持第一，连续两个学期荣获校一等奖学金，为了增加自己的实践技能，我考取了失智老人中级照护职业技能证书及计算机国家二级证书，同时也参与了全国儿童康复职业技能大赛感统赛道，并获得了全国二等奖。”

3. 借助图表和时间轴等视觉工具

把学习实践行动的流程和成果，通过时间轴、成果展示表等方式呈现出来，能让材料更直观、条理更清晰，以提升材料吸引力。例如，用时间轴展示学习实践中的关键节点，如参与的项目、完成的课程、取得的成果等，同时搭配图片、证书等实物展示。这种可视化的呈现方式既能吸引评委的目光，又有助于他们快速把握重点。

4. 突出行动的社会价值

在阐述行动意义时，不能只聚焦个人成长，还应结合国家政策和行业发展趋势，凸显职业规划的社会价值。比如可以表述为：“参与职业技能培训，我在提升自身能力的同时，也为推动职业教育高质量发展略尽绵力。”

典型案例 1

首届职规赛某国奖选手说道，“不积跬步，无以至千里，未来我将通过扩大知识储备、积累真实课堂经验、考取教师资格证，努力成为更多乡村孩子成长路上的那一束光。从前我从大山深处启航，未来我也将乘着化学的翅膀，飞回那片生养我的土地，唯愿以我的反哺，让大山深处生机无限。”

典型案例 2

第二届职规赛某国奖选手说道，“从怀揣机械梦想的少年，到军营中守护军械的战士，再到扎根智能制造领域的学子，这段职业规划大赛的旅程让我更加坚定了匠心守护‘工业母机’的信念。”

这样的表达展现了个人职业理想与社会价值的深度联结，这种将个人成长嵌入国家战略的叙事方式，也无疑在大学生职业规划大赛获奖选手中形成了示范效应。

（二）实践成果撰写的关键点

1. 成果具有标志性

实践成果是实践行动取得的阶段性、标志性成果，材料中要体现自己接近职业目标的具体证明。列出获得的专业证书、荣誉称号和奖学金等；展示完成的项目、研究报告、发表的论文等具体成果；量化描述技能的提升，如语言水平测试成绩提高。

典型案例 1

首届职规赛某国奖选手谈道，“参加了中华人民共和国第二届职业技能大赛轨道车辆技术赛项，与来自上海申通地铁公司等53家企业及高校的代表队同台竞技，在300余名选手中获得全国第五名的成绩。我的职业技能等级也被人社部认定为技师。”

典型案例 2

第二届职规赛某国奖选手的职业目标是成为一名智能装备研发助理工程师，

他不断关注生活中的痛点问题，为的就是将创新科技飞入寻常百姓家，于是便自主设计了多款家用智慧产品，并获得了九项国金奖项。

2. 成果要与职业目标强相关

一定要罗列和职业目标相关度高的成果，分析这些成果如何增强了你实现职业目标的能力和信心等。呈现成果时多用图片、数据、动图等佐证，以提升内容的可信度。建议采用“做了什么、取得了什么成果、对职业目标有何促进”这样的描述方式。

典型案例 1

首届职规赛某国奖选手在答辩稿中写道，“普通话并不标准流利，进入大学以后，我以教师必备的良好语言表达能力为目标，进入学校最大的语言艺术社团。坚持周期性训练，通过努力考取了二甲普通话证书，并于第六届中华诗词吟诵大会上，获得了全国一等奖的成绩。”

典型案例 2

某选手提到，“我利用假期去各级康复医院学习和实践，在老师的指导下为病患进行诊疗服务，为患者进行运动、言语、作业、传统医学等多方面的康复治疗操作手法，获得了院里老师和病患及家属的一致好评。从此我也收获了一种感悟，康复工作不是流水线，而是带给病人希望的原动力。”

典型案例 3

某选手提到，“在 × × 文化传播有限公司的实习经历无疑是一块重要的基石。在这里，我担任创新设计总监，设计各类文创产品，致力于青绣文化的传承与创新。同时，我加入青海青年志愿者协会，积极参与公益活动，运营抖音账号，为青绣文化的推广贡献力量。在 × × 公司，我作为技术总监，参与非遗义捐义卖与展览活动。这些经历不仅深化了我的专业知识，更锻炼了我的实践与创新能力，让我对非物质文化遗产传承有了更深刻的理解与感悟。在无锡××教育科技有限公司担任非遗讲师，深入参与非遗研学项目。我不仅设计了多套富有教育意义的研学教具，还精心策划了10次研学路线，带领学生们领略非物质文化遗产的独特魅力。”

四、体现学校特色和专业优势

在第二届职业规划大赛的评分细则中明确指出“围绕目标职业要求，结合学校育人特色和所学专业，利用学校及社会资源开展学习实践”。但是，很多同学往往忽略了学校与专业这一重要环节。部分同学对职业规划与学校专业之间的紧密联系缺乏清晰的认识。他们可能简单地认为职业规划只关乎个人兴趣和未来职业目标，而没有意识到学校所提供的资源、专业课程设置以及专业在行业内的地位等因素，对职业发展有着深远的影响。

一些同学希望在职业规划中快速突出个人亮点和独特优势，将更多的精力放在了职业技能、个人成就等方面，而忽视了从学校专业这个基础层面去挖掘自身的潜力和竞争力。他们急于展示自己能够胜任未来的职业，却忽略了学校专业是他们职业起步的重要支撑。

学校专业相关信息往往较为繁杂，包括专业培养方案、师资力量、校友职业发展轨迹等。同学们可能由于不知道如何获取这些信息，或者觉得获取信息的过程过于烦琐，从而选择放弃对学校专业环节的深入研究。

进一步而言，学校的育人特色与专业课程优势将成为我们在求职过程中的重要支撑，也是我们展现专业能力的重要依据。那么，如何有效地呈现我们的学校与专业优势呢？

（一）学校的硬件设施、实习基地以及校企合作平台等

比较快速地了解学校这些资源的方式是关注学校的官方宣传材料或者各二级学院的宣传材料，一般比较重要的平台和设施等会在其中有所提及。当然参赛选手还可以联系专业任课老师等进一步了解。

典型案例

第二届职规赛某国奖选手提到，“2022年，我成功考入西北地区唯一具有军工背景的‘双高’院校——陕西国防工业职业技术学院”。首届职规赛就业赛道金奖选手谈道，“怀揣着对高铁智能制造的无限憧憬，我果断报考了唐山工业职业技术学院国家高水平专业群核心专业动车组检修技术。”

（二）学校的师资力量

可以着重罗列学校里的知名教师和专家，尤其是与自身专业关联紧密的师资。介绍他们在学术研究上的杰出成果，以及在行业内的深远影响力。这些优质的教师资源对我们的专业学习和职业发展起着至关重要的指导作用。

具体来说，专业课程通常由专业知识扎实的教师授课。我们可以先了解这些授课教师的背景，比如，他们毕业的院校、所获学位、主要研究方向等。在他们的课程学习中，我们不仅能取得优异的学业成绩，还能积累丰富的实践成果。例如，在［教师姓名］的［课程名称］课上，我们运用所学知识完成了［具体项目或作业］，得到了［成果描述，如高分、被选为优秀案例等］。这不仅是对课程知识的有效掌握，更是自身能力的体现。

除了课堂学习，跟随专业教师参与研究项目或方案设计等活动，也是提升能力的重要途径。比如，我们参与了［教师主持的项目名称］，在项目中承担了［具体任务］，通过这次经历，我们学会了［具体技能或方法］，还积累了宝贵的实践经验。这些经历和成果都是我们能力的有力证明，能为未来的职业发展增添竞争力。

典型案例

首届职规赛某国奖选手谈道，“我们专业采用校企双导师的人才培养模式，学校为我安排的校内导师是全国技术能手、××省五一劳动奖章获得者×××老师。企业导师是优秀校友、全国技术能手、××公司高级技师××学长。”

（三）突出展示专业支持

如果就读专业具有一定的知名度，如A+ 或“双一流”学科或“双高计划”重点建设专业，将极大提升个人专业素养的认可度。就读于“双一流”学科或重点专业群中的专业通常在教学质量、科研成果、师资力量等方面都有显著优势。这种高水平的学科或专业能够为学生提供更优质的教育资源和更广阔的发展空间，从而提升学生的专业素养和竞争力。

例如，就读“双一流”学科的学生，可以突出院士工作站、国家重点实验室等科研平台对学术能力的培养，如材料科学与工程专业学生依托超导材料制备实验室，在导师指导下发表SCI论文的经历。就读重点专业群的相关参赛选手可以适当重点阐述专业群与产业链对接的特色课程体系，如智能焊接技术专业通过引入航空航天领域真实案例的“模块化课程包”，使学生掌握火箭燃料箱体焊接等尖端工艺。

在职业规划相关材料中，则可采用“专业赋能—实践验证—成果转化”的递进式叙述。首先，说明专业在QS学科排名中的位次、教育部学科评估等级等权威评价体系中有背书；其次，列举参与的省级现代学徒制试点项目、产业学院共建课程等特色培养经历；最后，展示依托专业资源取得的标志性成果，如参与编制行业标准、获得华为HCIE专家级认证等。

典型案例

首届职规赛某国金选手谈道，“借助学校和学院的研发平台带领团队开展海上石油领域工业装备智能设计系统开发工作，在此期间参加国际频道会议、校友企业家大会，进一步明确机动工程和职业发展需求并培养核心能力。”

第四节　成长赛道的动态调整

在职业规划大赛成长赛道中，动态调整是参赛者展现自我成长与适应变化能力的重要环节。动态调整的核心在于根据学习实践行动的效果进行自我评估。在实践过程中，参赛者需保持敏锐的自我觉察，定期对学习实践的行动成效进行实时评估。通过总结经验和教训，分析收获与不足及其原因，及时调整职业目标和学习实践路径。调整时，要体现灵活性，根据实际情况进行适时、适度的调整，而不是频繁更改计划或目标。同时，保持主动性，主动寻求反馈，不断优化职业规划策略。与此同时，备选目标应基于个人现有能力资源的合理迁移，且与原目标所属行业不宜相差过大，以增强规划的韧性。

一、相关性

动态调整在职业规划中的相关性不言而喻。它要求参赛者紧密围绕职业目标，根据实践反馈进行适时调整。这种调整不是盲目的，而是基于对个人兴趣、能力、市场需求及行业趋势的深入分析。参赛者需要定期回顾自己的职业规划，确保每一个调整都与职业目标紧密相连，既不过于超前，也不滞后于实际发展。通过保持这种相关性，参赛者能够确保自己的职业规划始终与市场需求和个人发展相契合，从而在比赛中展现出更高的竞争力和适应性。

在实践中，参赛者可以通过参加行业论坛、与业界专家交流等方式，不断获取最新的行业信息，确保自己的职业规划与行业发展保持同步。同时，他们还应定期对自己的职业规划进行复盘，检查是否偏离了初衷，或是否需要根据新的情况进行调整。这种持续的相关性调整，不仅有助于参赛者在比赛中取得好成绩，更能为他们的未来职业生涯奠定坚实的基础。

典型案例

下图展示了作为AI产品经理面对的一些风险及应对措施，其风险点的撰写就紧扣职业目标本身而展开。应对措施也比较落地，体现了较强的相关性。

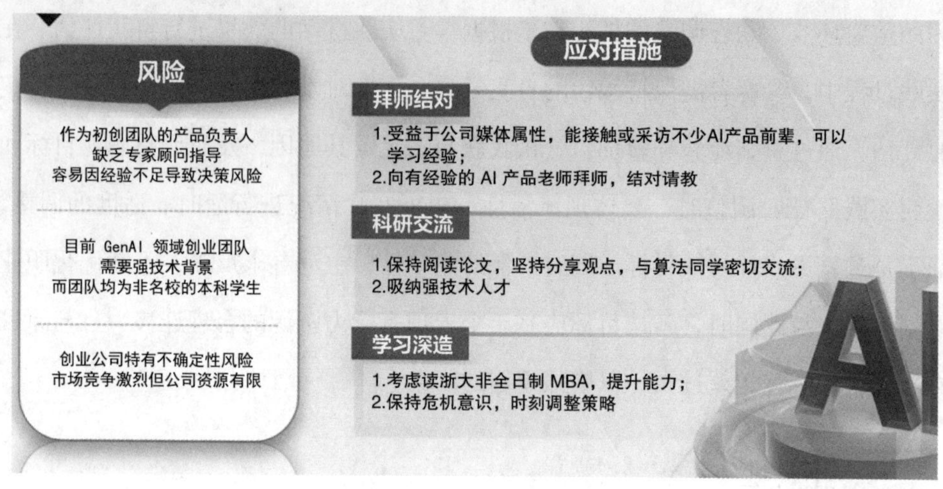

二、可行性

动态调整的可行性是职业规划大赛成长赛道中不可忽视的一环。它要求参赛者在调整职业规划时，必须充分考虑自身条件、资源限制以及外部环境因素，确保调整后的规划既具有挑战性又切实可行。参赛者需要对自己的能力有清晰的认识，明确自己的优势和不足，从而制订出既符合个人特点又符合市场需求的职业规划。

在实现可行性的过程中，参赛者可以采取小步快跑的策略，将大目标分解为一系列小目标，通过不断实现小目标来逐步接近大目标。同时，他们还应保持灵活性和开放性，随时准备根据实际情况对规划进行调整。这种灵活性和开放性的结合，使得参赛者能够在面对不确定性和挑战时，迅速做出反应，调整自己的职业规划，确保其在实践中具有可行性。

典型案例

下图采用了时间轴的方式对运载火箭算法工程师的成长之路进行了规划并设置了可落地的计划，这样的方式体现了较强的可行性。

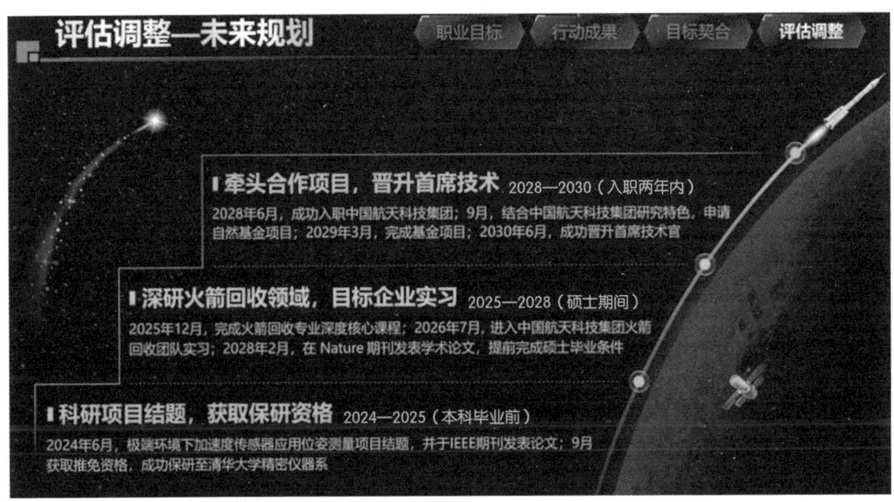

三、真实性

真实性是动态调整在职业规划大赛成长赛道中的核心要素。它要求参赛者在调整职业规划时，必须保持真诚和坦率，不回避自己的问题和不足，勇于面对挑战和困难。参赛者需要对自己的职业规划进行深入的反思和评估，确保每一个调整都是基于真实的自我认知和市场需求。

在追求真实性的过程中，参赛者可以寻求他人的反馈和建议，以便更全面地了解自己的职业规划是否切实可行。他们可以与导师、同学或业界专家进行交流，听取他们的意见和建议，从而对自己的职业规划进行更加客观和全面的评估。同时，参赛者还应保持积极的心态和行动，勇于尝试新的方法和路径，不断探索适合自己的职业规划之路。这种真实性的追求，不仅有助于参赛者在比赛中展现出真实的自我和成长轨迹，更能为他们的未来职业生涯注入源源不断的动力和活力。

第五节　生涯发展报告的撰写

在全国职业规划大赛成长赛道中，撰写一份出色的生涯发展报告是展现个人职业规划能力和未来发展潜力的重要环节。报告应紧密围绕大赛主题，结合个人实际情况，进行深入的自我认知与环境分析，明确职业目标，并制订切实可行的行动计划。在撰写过程中，需注重逻辑性与条理性，确保报告内容全面、客观、有说服力。

结合第二届全国职业规划大赛方案，我们可以看到对于成长赛道生涯发展报告的材料要求为：介绍设定职业目标的过程；实现职业目标的具体行动和成效；职业目标及行动的动态调整等（PDF格式，文字不超过2000字，图表不超过5张）。生涯发展展示（PPT格式，不超过50MB；可加入视频）。

因此，生涯发展报告是成长赛道中一个非常重要的材料。

一、生涯发展报告撰写的几个误区

生涯发展报告在撰写时常见误区包括沿用过时的规划书逻辑、内容组织混乱以及排版不规范等问题。传统规划书可能无法适应现代职业发展的多样性和动态性，导致报告缺乏针对性和实用性。内容上，许多报告信息堆砌，缺乏清晰的结构和逻辑，使得读者难以把握重点。此外，排版上的不规范，如字体不一致、段落间距不合理等，也会影响报告的可读性和专业性。因此，在撰写生涯发展报告时，应避免这些常见问题，采用现代规划理念，合理组织内容，并注重排版规范，以提升报告的质量和效果。

（一）沿用传统生涯规划书逻辑

在撰写生涯发展报告时，许多参赛者容易陷入沿用传统生涯规划书逻辑架构的误区。他们往往过于依赖既定的模板和框架，如“自我分析—环境分析—目标设定—行动计划”这一传统流程，而忽视了个人特色的挖掘与展现。这种千篇一律的逻辑架构不仅缺乏新意，还难以准确反映个人的独特性与职业发展潜力。因此，在撰写报告时，应勇于打破传统束缚，结合个人实际情况与大赛要求，创新逻辑架构，使报告更加贴近个人职业发展需求，更具针对性和实用性。

（二）生涯发展报告内容逻辑混乱

内容逻辑混乱是生涯发展报告撰写中的另一大误区。一些参赛者在撰写报告时，缺乏清晰的思路与条理，导致报告内容杂乱无章，让读者难以抓住重点。这主要体现在以下几个方面：一是缺乏明确的主题与核心观点，报告内容东拼西凑，缺乏连贯性；二是各部分内容之间衔接不紧密，甚至出现自相矛盾的情况；三是缺乏必要的逻辑推理与论证，导致结论缺乏说服力。因此，在撰写报告时，应明确主题与核心观点，合理安排各部分内容的顺序与衔接，确保报告内容逻辑清晰、条理分明。

（三）文图等排版问题

文图等排版问题也是生涯发展报告撰写中不容忽视的误区。一些参赛者过于注重报告内容的撰写，而忽视了排版的重要性，导致报告在视觉上缺乏吸引力，甚至影响阅读体验。具体来说，排版问题主要表现在以下几个方面：一是字体大小、颜色、风格不统一，导致报告整体风格不协调；二是图片、表格等视觉元素使用不当，或过于冗杂，或缺乏必要的说明，影响信息的传递；三是段落划分不合理，缺乏必要的空行与缩进，导致阅读困难。因此，在撰写报告时，应注重排版设计，确保报告在内容上丰富、在形式上美观，从而提升报告的整体质量。

二、生涯发展报告的撰写逻辑

职规赛生涯发展报告的2000字到底要写些什么？到底要安排哪些部分？生涯发展报告和传统的职业生涯规划书有哪些不同？

在撰写生涯发展报告时，一个清晰而有力的逻辑架构能够帮助参赛者更好地展现自己的职业规划与发展潜力。

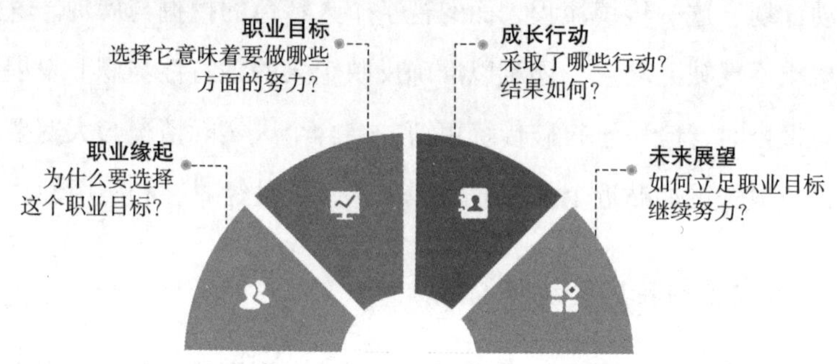

（一）职业缘起

职业缘起是生涯发展报告的起点，它描述了参赛者为何会对某个职业产生浓厚的兴趣，并决定将其作为自己的职业发展方向。这一部分可以回溯到个人的成长经历、家庭影响、教育背景或是某个启发性事件，阐述这些因素如何激发了参赛者对职业的探索与追求。例如，一个参赛者可能从小就对科技产品充满好奇，通过不断地学习和实践，逐渐明确了自己在人工智能领域的职业兴趣与潜力，从而决定了未来的职业方向。

（二）职业目标

在明确了职业缘起后，参赛者需要设定具体、可衡量的职业目标。这些目标应基于自我认知与环境分析，既具有挑战性又切实可行。职业目标可以分为短期、中期和长期，分别对应着参赛者在不同时间节点上希望达到的职业成就。例如，短期目标可能是掌握一门编程语言，中期目标可能是成为某个技术领域的专家，而长期目标则可能是成为该领域的领军人物或创业者。这些目标的设定，为参赛者的职业生涯提供了明确的方向和动力。

（三）成长行动

为了实现职业目标，参赛者需要制订详细的成长行动计划。这一计划应包括学习、实践、人脉拓展等多个方面，确保自己在技能、知识和经验上不断积累与提升。例如，参赛者可以规划参加相关的课程培训、参与实际项目、加入行业社群等，以逐步接近自己的职业目标。同时，他们还需保持敏锐的自我觉察，定期对学习实践的行动成效进行实时评估，以便及时调整计划，确保行动的有效性与高效性。

（四）未来展望

生涯发展报告的结尾部分，参赛者应展望自己的未来职业生涯，表达对未来充满期待与信心的态度。他们可以描述自己希望达到的职业高度，以及为实现这一目标所作出的持续努力与贡献。例如，参赛者可以展望自己在未来成为行业内的知名专家，通过不断地学习与实践，为行业的进步与发展贡献自己的力量。这种未来展望不仅为报告画上了圆满的句号，也为参赛者的职业生涯注入了无限的可能与希望。

当然，除了这样的逻辑线索，还可以采用“启航篇—前行篇—奋斗篇—展望篇”等形式，结合职业目标进行特色化设计。

那么，一份不减分甚至能加分的生涯发展报告大概是怎样的呢？

其内容需条理清晰、重点突出，且能全面展现个人素养与职业规划的契合。

首先，建议设计一个生涯发展报告的封面，在上面标注你的基本信息如参赛赛道、学校、专业、目标职业等；其次，可以选择放一张比较契合职业场景的个人照；最后，整体封面设计风格上要和职业目标比较贴合。

采用简洁、清晰的排版格式，合理运用标题、段落、列表等元素，使内容层次分明、易于阅读。注意字体、字号的选择和统一，避免使用过于花哨或难以辨认的字体；适当插入与内容相关的图表、图片等视觉元素，如职业发展路径图、项目成果展示图等，丰富报告的视觉效果，增强内容的直观性和吸引力，同时要确保图表和图片的质量和清晰度；选择与职业目标和整体风格相协调的色彩搭配，避免使用过于刺眼或突兀的颜色组合，可以参考目标行业的常见色彩运用，营造专业、稳重或富有活力的氛围。

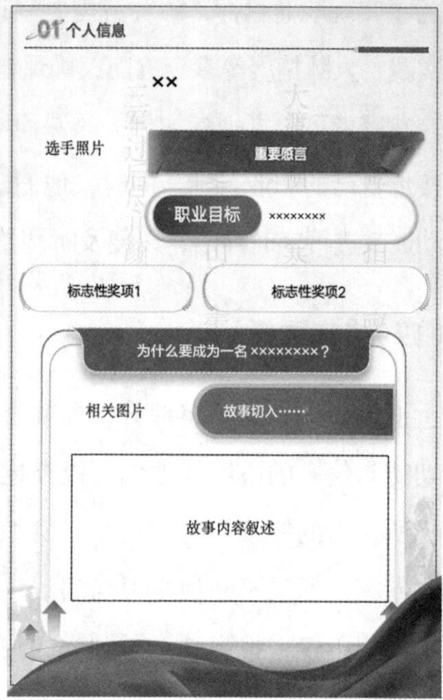

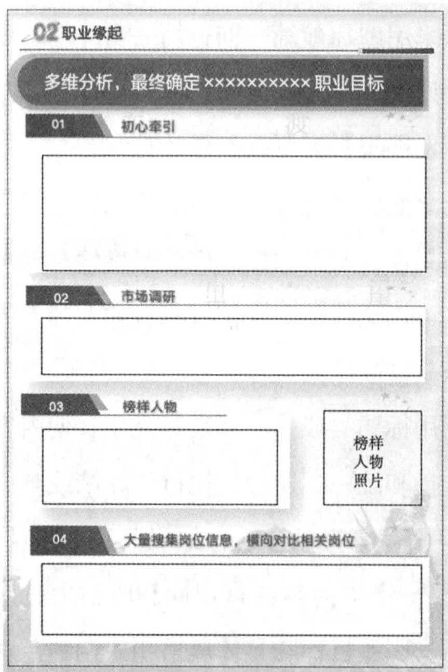

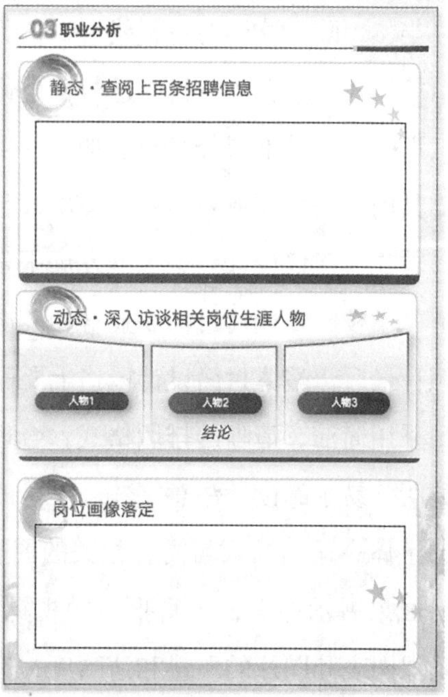

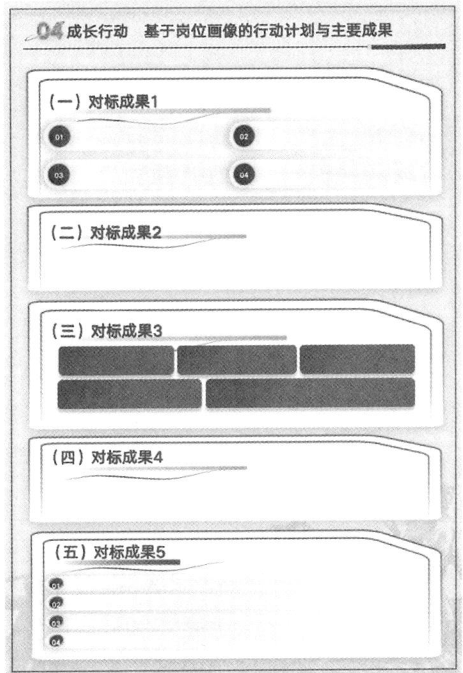
04 成长行动　基于岗位画像的行动计划与主要成果
（一）对标成果1
01
02
03
04
（二）对标成果2
（三）对标成果3
（四）对标成果4
（五）对标成果5
01
02
03
04

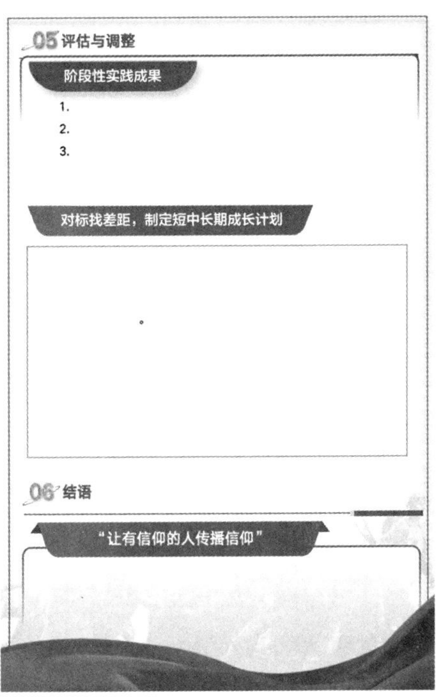
05 评估与调整
阶段性实践成果
1.
2.
3.
对标找差距，制定短中长期成长计划
06 结语
“让有信仰的人传播信仰”

生涯发展报告模板示意

第四章

征服就业赛道：构建雇主视角的竞争力矩阵

“求职如弈棋，谋定而后动；竞争力如矩阵，多维方能制胜。”

构建雇主视角的竞争力矩阵至关重要。就业赛道考验选手能否精准匹配个人能力与市场需求。选手需向评委和雇主展示职业规划的可行性，这基于对行业趋势的洞察、岗位需求的分析以及个人优势的清晰认知。同时，选手还需体现为社会创造价值的能力。归根结底，就是要全方位展示自己的目标明确性、岗位胜任力以及发展潜力，让自己成为雇主心目中的理想人选。这一过程，实际上就是构建并呈现雇主视角下的竞争力矩阵。

第一节　就业赛道有哪些考察内容

“锚定方向如航海，能力为帆，潜力为风”，就业赛道是职规赛中与职场需求紧密结合的关键环节，核心在于依据市场逻辑重塑个人价值。它全面考察学生的求职实战能力、就业能力与职业目标和岗位要求的契合度，以及个人发展路径与就业市场需求的适应度。通过这些考察内容，就业赛道旨在帮助学生精准定位职业方向，提升个人能力，实现从校园到职场的顺利过渡。

一、考察学生求职实战能力

就业赛道聚焦学生的求职实战能力，评估其是否具备真实的职场操作能力。学生需熟悉求职流程，能制作高质量简历、进行有效自我介绍和回答面试问题。同时，要展示对行业动态的敏锐洞察力，以及利用资源解决求职问题的技巧，确保从校园到职场的顺利过渡和对实际工作的适应。此外，掌握网络求职方法，利用职业社交平台拓展人脉、获取信息，以及应对视频面试等也是考察重点，以考察是否具备良好的职业形象和沟通能力。

二、考察就业能力与职业目标和岗位要求的契合度

就业能力与职业目标和岗位要求的契合度是就业赛道的关键考察点。学生需展示专业技能、沟通协作能力、问题解决技巧及职业素养如何满足目标岗位需求，精准匹配个人优势与岗位要求，通过学业成绩、实习经历和项目成果证明自身能力。例如，在实习项目中运用专业知识解决实际问题并取得成果。同时，学生应展现对行业趋势的洞察力和持续学习意愿，以适应职业发展的动态需求，在职场竞争中脱颖而出。

三、考察个人发展路径与就业市场需求的适应度

个人发展路径与就业市场需求的适应度同样是就业赛道的重要考察点。学生需展示职业目标与市场需求的契合度，深入分析行业趋势和政策导向，确保职业路径与市场动态同频共振。通过调研就业市场，明确职业发展方向，制订切实可行的发展计划，证明职业选择的合理性和可持续性。例如，结合国家鼓励发展的新兴产业规划职业发展路径，明确各阶段需掌握的技能和知识，积极参与相关培训和实践活动，提升适应能力。

第二节　如何确立就业赛道的职业目标

一、职业目标评审标准解读

根据第二届职规赛就业赛道职业目标的指标点，选手要结合自身与市场需求设定目标，同时要能准确把握职业要求和发展前景。分别从个人与市场需求的结合点，以及对目标职业的深入理解两个角度，全面评估学生职业目标的合理性和可行性。

指标	说明	分值
职业目标	能够结合就业市场需求和个人所学专业、能力及兴趣等特点，合理设定职业目标	5
	准确把握目标职业的任职要求、工作内容、基本流程和发展前景等	5

（一）结合自身与市场需求设定目标

1.个人专业与能力匹配

职业目标应紧密贴合个人所学专业、能力以及兴趣特点，这样的目标才能真正反映个人特质，成为个人职业发展的内在动力。例如，一名计算机专业的学生，若对数据分析感兴趣且具备良好的编程和逻辑思维能力，可将数据分析师作为职业目标，实现个人专长与职业方向的精准对接。

2.与市场需求结合

职业目标的设定必须结合就业市场的实际需求，确保其具有现实可行性和市场需求导向。学生需深入调研就业市场，了解不同职业的供需状况、薪资水平、晋升机会等信息。例如，通过行业报告、招聘平台数据分析以及企业实地走访，确认目标职业的发展空间和前景，从而确保所选目标既符合个人兴趣，又能满足社会需求，使职业规划更具现实基础和可操作性。

（二）准确把握职业要求和发展前景

1.明确任职要求

学生需要准确理解目标职业的具体任职要求，这包括但不限于所需的技能、专业知识和工作经验。例如，对于一名数据分析师，可能需要具备熟练的编程能力、统计学知识以及数据可视化技能。明确这些要求能够帮助学生在求职前有针对性地提升自身能力，弥补短板。

2.熟悉工作内容和流程

了解目标职业的日常工作内容和基本流程同样重要。这不仅涉及日常任务的执行，还包括对工作环境、团队结构和业务周期的认识。此外，对职业发展的潜在路径和前景的了解可以帮助学生规划长期职业发展。例如，了解从初级职位晋升到管理岗位的常见路径，或是该职业在行业内的转型可能性。

案例分析

电商数据分析师：人岗契合的职业目标设定

在第二届职规赛某校赛中，一名学生将电商数据分析师作为职业目标，这一选择紧密贴合个人专业与能力，同时充分考虑了市场需求，体现了个人与市场的深度融合。

一、个人专业与能力匹配

该学生在大学期间系统学习了《数据结构》《概率论与数理统计》《数据库原理》等专业课程，这些课程为其打下了坚实的理论基础，使其具备了成为一名优秀数据分析师所需的核心知识体系。该学生还积极参加全国大学生市场调查与分析大赛等校内外数据分析竞赛，在比赛中熟练运用Python、SQL等编程语言进行数据处理和算法优化，有效提升了数据挖掘和分析的实际操作能力。此外，学生还利用课余时间开展个人项目，如基于机器学习算法构建商品销售预测模型，深入理解了机器学习算法在数据分析中的应用，进一步锻炼了数据建模和解决复杂问题的能力。

二、与市场需求结合

该学生深入调研了就业市场，以确保职业目标具有现实可行性和市场需求导向。行业数据显示，2025年中国电子商务市场规模将达47.57万亿元，催生对数据分析师的爆发式需求。据中国商业联合会数据委《中国数据分析行业人才指数报告（2023）》，未来5年基础性数据分析人才缺口将达1400万，其中电商领域占比超30%。猎聘2025年Q1招聘数据表明，电商数据分析师本科学历平均月薪18~25K，1~3年经验者达25~35K，3~5年资深分析师可达40~60K，且具备AI工具（如LangChain）应用经验者薪资上浮20%。职友集平台统计显示，该岗位45.3%的招聘需求集中在20~50K/月区间，年薪24~60万元成为主流水平，显著高于传统行业岗位。

通过对个人专业与能力的精准把握以及对市场需求的深入调研，该学生将电商数据分析师定为自己的职业目标。这一职业目标不仅反映了个人特质，还充分考虑了就业市场的实际需求，为其未来的职业发展提供了明确的方向和动力。

二、就业赛道职业目标确立的四个维度

就业赛道职业目标的确立可从四个维度系统规划。先从个人特质出发，结合兴趣、优势与职业榜样；再审视外部环境，分析社会需求、行业趋势与地域差异；接着通过实践体验与技能提升深化认知；最后兼顾目标的灵活性与适应性，从而帮助选手科学锚定职业方向。

（一）从个人特质出发

1.兴趣爱好

兴趣是职业发展的强大动力。学生可以回忆自己在学习和生活中的兴趣点，例如，喜欢解决数学问题、热衷于设计创意作品、对商业活动感兴趣等，将这些兴趣与职业进行匹配，探索相关的专业领域和职业方向。例如，喜欢写作的学生可以考虑编辑、文案策划等职业；对计算机编程感兴趣的学生可以探索软件开发、数据分析等方向。

2.自身优势

每个人都有自己的优势，如学习能力强、沟通能力好、逻辑思维清晰等。学生需要识别自己的优势，并思考如何将这些优势转化为职业竞争力。例如，具有较强沟通能力的学生可以在市场营销、客户服务等需要与人打交道的领域寻找机会；学习能力强的学生可以考虑快速发展的新兴行业，如人工智能、新能源等，通过不断学习掌握新知识和技能。

3.职业榜样与成功案例

寻找职业榜样并研究他们的成功路径，从中汲取经验。例如，想从事服装设计的学生可以研究汉服设计师刘雯悦等优秀行业人物的从业经历，了解他们如何从起步到取得成功，借鉴其经验教训规划自己的职业道路。

（二）从外部环境出发

1.社会需求

关注社会热点和未来发展，了解社会对不同职业的需求。例如，随着人口老龄化的加剧，医疗保健、养老服务等领域的需求不断增加；在数字化转型的背景下，网络安全、大数据分析等专业人才供不应求。学生可以根据社会需求，结合自己的兴趣和能力，选择具有广阔发展前景的职业方向。

2.行业发展趋势

研究不同行业的发展趋势，选择有潜力的行业作为职业目标的切入点。例如，新能源汽车行业作为未来交通领域的重要发展方向，涉及电池技术研发、智能驾驶系统开发等多个专业领域。学生可以根据自己所学专业和兴趣，在这些新兴行业中寻找适合自己的职业定位。

3.地域发展差异

结合不同地区的发展优势和政策支持选择职业方向。例如，对海洋经济感兴趣的学生可以关注沿海城市如上海、深圳，这些地区在海洋运输、海洋旅游等产业方面有更多就业机会和政策扶持。

（三）从实践与能力提升出发

1.实践体验

积极参与实习、实践项目、社团活动等，通过实际体验来明确职业目标。例如，在企业实习中了解不同岗位的工作内容和要求，看看自己是否适合从事相关工作；在社团活动中担任组织者、策划者等角色，发现自己在团队协作和项目管理方面的潜力。

2.职业认证与技能培训

了解目标职业所需的认证和技能后，学生可制订学习计划以考取相关资格证书。例如，想选择人力资源岗位的学生，可以考取人力资源管理师证书、项目管理专业人士资格证书（PMP）、企业培训师证书等，从而提升在就业市场中的竞争力。

（四）从目标特性出发

在当今快速变化的职业环境中，学生需要考虑职业目标的灵活性和适应性。例如，选择云计算领域，其应用场景广泛，可在多个行业转换岗位，如云架构师、云安全专家等，这样可以更好地应对未来职业发展的不确定性和变化。

三、就业赛道职业目标确立的实操指南

在就业赛道中，选手们最关心的莫过于如何精准锚定职业方向，掌握科学规划方法论，通过“调研行业+能力验证”的立体化实践路径，可帮助选手突破职业选择困境。

（一）调研行业

职业目标的设定需通过“政策学习—数据收集—人员访谈”的三步调研实现精准锚定。

1.先看政策

先看政策是第一步，需精读与职业目标相关的重要文件并标注重点内容。

2.再查数据

再查数据是量化市场需求的关键。可以通过工具获取猎聘、智联等招聘平台上的目标岗位信息，收集足够数量的数据后，利用工具找出经常出现的技能关键词。若目标是“传统服饰设计师”，则需找出“手绘设计”“图案设计”“面料知识”等关键词，从而明确技能优先级与学习路径。

3.最后访谈

最后访谈需深入行业实践前沿，通过与目标岗位从业者的深度对话，系统性挖掘职业场景中的真实挑战。访谈对象应涵盖技术骨干、一线操作者及管理者等多种角色，重点关注技术瓶颈、流程短板与人才缺口等核心问题。在整理信息阶段，要采用结构化分析方法，将零散的行业经验转化为可操作的职业定位依据。

比如，把“技术‘卡脖子’”难题拆解为知识体系不完整、工具不匹配等具体方面。

（二）能力验证

能力得用事实证明。职业目标的靠谱性要靠“能力雷达图”和“成果档案”两个工具来验证。

1.能力雷达图

能力雷达图能直观展示职业能力。以岗位要求（如Python编程、跨部门协作、数据分析）为坐标轴，标注个人技能水平（如Python熟练度8/10、团队协作7/10）。比如，有学生通过雷达图发现“数据可视化”是短板，于是自学Tableau并做销售数据看板项目，还附上动态可视化报告，成功把弱项变强项。

2.成果档案

成果档案的要点在于把实习证明、项目文件、技术作品这些材料分门别类整理好，用模块化思维分级整理。企业盖章的实践报告能证明岗位匹配度，学科竞赛获奖证书能体现专业知识的竞争力，开源代码仓库里的项目则能展示技术能力。接下来，按时间顺序梳理出“课程学习—竞赛锻炼—实战应用”的能力成长路径，形成从知识学习到实际应用的完整证据链。这样，评委在审阅时，能透过文字看到学生实际解决问题的场景。

四、首届全国大学生职业规划大赛就业赛道金奖作品职业目标索引

首届全国职业规划大赛就业赛道共有金奖50个，其中高教组金奖数量为25个，职教组金奖数量为25个，我们一起来看看他们都是什么样的职业目标吧。

就业赛道 – 高教组

序号	选手姓名	学校	职业目标
1	纪宁	北京大学	集成电路研究员
2	林祉祎	北京大学	国际新闻记者
3	刘路正	清华大学	国防军工科研者

续表

序号	选手姓名	学校	职业目标
4	孙俊杰	北京航空航天大学	卓越工程师
5	孙聪玲	南开大学	历史教师
6	刘兆峰	天津科技大学	AIGC 算法工程师
7	陈弘凯	太原理工大学	芯片制造工程师
8	刘照松	东北大学	航空企业的系统工程师
9	张伟琦	哈尔滨工业大学	储能电气工程师
10	戴菽阳	复旦大学	儿科医生
11	石心然	复旦大学	联合国新闻与传播协理
12	朱军梦	南京大学	“双栖”肿瘤医学科学家
13	刘韶阳	南京航空航天大学	空天飞行器结构总体设计师
14	彭绍辉	南京理工大学	航天器机械结构设计师
15	张乐怡	江苏大学	肿瘤医学研究者
16	叶泓霆	南京中医药大学	公益组织助残项目经理
17	黄竟洋	浙江大学	电气自动化研发工程师
18	朱海明	江西师范大学	聚焦民生纪实的全媒体主持人
19	宋浦文	山东大学	弘扬优秀传统文化的一线考古人博士
20	陈亮宇	武汉大学	极地科研工作者
21	胡颖洁	华中科技大学	探索肿瘤治疗边界的医学科学家
22	张少将	湖南大学	ICT 行业的客户经理
23	万媛媛	西南大学	油菜现代育种科技服务工作者
24	魏楠	昆明医科大学	新时代健康卫士
25	刘一鸣	西安交通大学	量子芯片工程师

就业赛道 – 职教组

序号	选手姓名	学校	职业目标
1	孙畅	唐山工业职业技术学院	动车组检修师
2	一人	苏州市职业大学	“懂产业，有文化，会传播”会展策划人
3	孙帅帅	扬州工业职业技术学院	优秀机器人系统集成工程师
4	韩宇航	南京旅游职业学院	酒店菜品研发助理
5	王泽同	温州职业技术学院	智能制造现场工程师

续表

序号	选手姓名	学校	职业目标
6	沈艺	浙江工业职业技术学院	剪辑师
7	李泓熹	浙江纺织服装职业技术学院	男装制版师
8	李云龙	安徽职业技术学院	制冷工程师
9	邢瑞	合肥幼儿师范高等专科学校	乡村小学科学教师
10	林煌琴	闽江师范高等专科学校	软件测试工程师
11	王佳露	青岛酒店管理职业技术学院	酒店经理
12	隋松昊	山东商务职业学院	具有涉外服务能力的酒店前厅服务员
13	党浩浩	郑州铁路职业技术学院	电力机车司机
14	陈业朋	河南推拿职业学院	盲人医疗按摩师
15	鲁进	湖南司法警官职业学院	基层法律服务工作者
16	刘嘉杰	深圳职业技术大学	男护士
17	滕来仪	深圳职业技术大学	水质化验员
18	王桐	广东农工商职业技术学院	茶调饮师
19	廖梓余	南宁职业技术大学	信息安全技术员
20	陈鑫	重庆航天职业技术学院	3D 引擎开发工程师
21	陶桂月	重庆工商职业学院	博物馆讲解员
22	王苗又	重庆安全技术职业学院	儿童福利机构保育员
23	陈虎	贵州装备制造职业学院	电梯工程师
24	雪一凡	陕西财经职业技术学院	人工智能训练师
25	韩蕾	西宁城市职业技术学院	旅行社导游

五、第二届全国大学生职业规划大赛就业赛道金奖作品职业目标索引

第二届全国职业规划大赛就业赛道共有金奖72个，其中高教组金奖数量为本科生组24个，研究生组18个，职教组金奖数量为30个，我们一起来看看他们都是什么样的职业目标吧。

就业赛道－高教本科生组

序号	选手姓名	学校	职业目标
1	刘博非	清华大学	核聚变能源技术研究员

续表

序号	选手姓名	学校	职业目标
2	西娅	北京师范大学	涉外律师
3	曾芝程	天津师范大学	心理科研工作者
4	白宏宇	包头师范学院	中学化学教师
5	王可闻	长春大学	中国残疾人艺术团舞蹈演员
6	姚天亮	同济大学	医疗技术开发工程师
7	李辰	上海交通大学	电气工程师
8	唐宝·吐尔逊哈力	南京理工大学	传统服饰设计师
9	孙曦冉	徐州医科大学	院前急救医师
10	艾斯玛·艾力	南京中医药大学	“双语（汉语－维吾尔语）”针灸医师
11	黄恩浩	浙江大学	脑机接口医疗应用工程师（帕金森病治疗）
12	陈思凯	江西理工大学	助力绿色矿山建设的建筑工程师
13	朱頔	南昌工程学院	智慧水利工程师
14	刘冰怡	河南农业大学	植物工厂运营师
15	高静雅	郑州师范学院	特殊儿童舞蹈老师
16	马奇志	华中科技大学	国家突发急性传染病防控人员
17	余佳音	武汉体育学院	电竞解说员
18	徐幸	中南大学	后端开发工程师
19	王浏清悦	中南林业科技大学	古建筑设计师
20	梁栋	暨南大学	深度报道记者
21	王晨	华南理工大学	人工智能领域的服务器硬件工程师
22	张博文	电子科技大学	前端开发工程师
23	王毅炜	贵州师范大学	新媒体运营人员
24	李立松	西安交通大学	软件开发工程师

就业赛道－高教研究生组

序号	选手姓名	学校	职业目标
1	刘童	清华大学	自动驾驶算法工程师
2	何欣恒	中国科学院大学	药物设计研究员
3	赫连乾则	天津大学	康复机器人工程师
4	朱明静	天津理工大学	残疾人工作者

续表

序号	选手姓名	学校	职业目标
5	丁成砚	东北大学	数字化轧制技术研发工程师
6	胡竣博	哈尔滨工业大学	航天总师
7	胡佳腾	上海交通大学	国产化主动脉领域的血管外科医生
8	章志健	南京航空航天大学	高校科研工作者
9	夏杨修	浙江大学	水下机器人领域研究员
10	刘田莉	浙江师范大学	非洲孔子学院中文教师
11	纪霖凯	山东大学	古籍编辑
12	黄绍祯	中南大学	固态电池研发工程师
13	黄晨	四川大学	肿瘤科专职科研岗工作者
14	王铁	四川农业大学	果树栽培育种研究人员
15	万冲	西北大学	中国人民解放军军事科学院科研文职
16	毕纪元	西安交通大学	能源动力领域工程师
17	王亦晨	西北工业大学	智慧交通领域 AI 产品研发工程师
18	李一唯	宁夏医科大学	扎根西部的高校科研工作者

就业赛道 – 职教组

序号	选手姓名	学校	职业目标
1	侯佳乐	包头职业技术学院	焊接高级技师
2	吴梓萌	南京工业职业技术大学	家具设计师
3	侯森耀	苏州工艺美术职业技术学院	中式礼服设计师
4	张彤	苏州卫生职业技术学院	临床检验技师
5	胡佳伟	江苏航运职业技术学院	远洋船舶驾驶员
6	海豫杭	浙江机电职业技术大学	智能装备研发助理工程师
7	陈璟熠	义乌工商职业技术学院	彝族儿童社会工作者
8	林立根	泉州轻工职业学院	国潮品牌电商运营人员
9	王荣浩	山东劳动职业技术学院	线束工艺技术员
10	熊松涛	山东畜牧兽医职业学院	智慧猪场技术员
11	李俊	临沂科技职业学院	新疆护林员
12	李村	淄博职业技术大学	信息安全渗透测试工程师

续表

序号	选手姓名	学校	职业目标
13	李根旭	郑州铁路职业技术学院	高铁客运机车驾驶员
14	孙丙炎	许昌职业技术学院	火箭发动机维修技师
15	贾永升	河南交通职业技术学院	宇通客车海外服务工程师
16	刘丁嘉	河南艺术职业学院	新时代豫剧演员
17	付乐文	武汉铁路职业技术学院	铁路客运值班员
18	车思湘	武汉民政职业学院	遗体整容师
19	刘洋	湖南信息职业技术学院	网络安全工程师
20	许小燕	湖南机电职业技术学院	电气装调工程师
21	朱宇鸿	湖南民族职业学院	残疾人 IT 技能培训师
22	蒋晨	重庆财经职业学院	非物质文化遗产直播电商运营专家
23	赵浩宇	四川交通职业技术学院	非遗活动组织者
24	马睿	成都工贸职业技术学院	核级焊工
25	刘桂足	贵州建设职业技术学院	陶瓷设计师
26	管彦丛	云南机电职业技术学院	水中兵器自动化调试员
27	杨蕊	杨凌职业技术学院	合成生物学实验员
28	马文杰	陕西国防工业职业技术学院	兵器装备微控车工
29	颜汝	武威职业学院	研学旅游指导师
30	赵国芸	西宁城市职业技术学院	高原基层幼师

第三节　就业赛道的岗位胜任力

“胜任力不是简历上的形容词，而是用代码回答质疑、用数据书写答案的行动史诗。”

职规赛评委最看重“真本事”，也就是岗位胜任力。光说“我会编程”“我能沟通”的选手常常落选，问题就在于缺少看得见的成果。真正管用的是这三样：能展示的作品（比如你做的App）、能证明的经历（比如带队完成的项目）、能解决企业难题的案例（比如帮公司省了多少钱）。用这些实实在在的东西说话，比写100句“我擅长学习”更有说服力。

一、岗位胜任力的重要性

就业赛道中，岗位胜任力是参赛选手展现目标岗位所需综合素质与专业能力的有机统一体，在职业发展中具有决定性作用。从企业用人角度看，绝大多数求职者被淘汰正是因为“能说不能做”，缺乏真实项目支撑的技能描述。就业赛道中，胜任力评分占比高达80分，是评分的核心维度。更重要的是，胜任力是职业潜力释放的前提基础，优秀的执行力能确保学习成果有效转化，扎实的专业能力为未来发展提供持续动力。这种综合素质与专业能力的有机结合，构成了职业长期发展的根基。

二、岗位胜任力评审标准解读

（一）综合素质

（1）思维认知：考察选手的思考方式与认知水平，如逻辑思维、系统思维等。例如，面对复杂项目，能否通过结构化思维拆解问题，制订合理的执行计划。

（2）沟通协作能力：评估选手与他人沟通交流及团队合作的能力，如团队中的沟通技巧、协作精神等。例如，在团队项目中，能否有效协调成员，促进团队合作，推动项目进展。

（3）执行力：关注选手完成任务的效率与效果，如能否在规定时间内高质量地完成任务。例如，面对紧急项目，能否迅速行动，合理安排时间，确保任务按时完成。

（4）职业精神：包括敬业奉献精神等。例如，是否愿意为团队和项目付出额外努力，对待工作是否认真负责。

（二）专业能力

（1）专业知识：考察选手对目标岗位所需专业知识的掌握程度，如专业知识的广度与深度。例如，对于财务岗位，是否熟悉会计准则、税务法规等知识。

（2）技能要求：评估选手是否具备岗位所需的关键技能，如数据处理能力、编程能力等。例如，对于设计岗位，是否熟练掌握设计软件。

（3）实习实践经验：关注选手是否有丰富的实习或实践经验，如实习时间的长短、实习岗位的相关性等。例如，是否在相关领域有过多次实习经历，积累了实际操作经验。

（4）解决问题能力：考察选手运用专业知识和技能解决实际问题的能力。例如，在实习或项目中，能否成功解决遇到的技术难题或业务挑战。

三、展示岗位胜任力的四大原则

打动评委的关键，不在于你有多优秀，而在于你有多“合适”。这不仅需要真实有力的证据支撑，更要学会用职场思维讲好你的能力故事——把“我能行”变成“我最匹配”。

（一）注重证据链

在职规赛中，评委更相信看得见的证据，而不是空洞的自我表扬。你需要用三类实实在在的材料拼图来证明能力：第一类是过程性材料，比如盖着企业公章的实习日报、项目会议记录，证明你真正参与过一线实践；第二类是专业性成果，实验报告、设计图纸或发表的论文就像“硬核成绩单”，展示你的专业能力不是纸上谈兵；第三类是效益性证明，比如用户好评截图、服务数据对比图（帮企业省了20%电费、效率提升35%），用数字说明你创造的价值。就像搭积木一样，把这三层证据垒起来——从“做过什么”到“会做什么”再到“改变了什么”，评委一眼就能看清你解决实际问题的能力。

典型案例

第二届职规赛某国赛选手，在深空探测技术遥感研究中，以主持国家级大创项目的经历为过程性材料，证明其实践能力；以发表的论文和制作的高质量数据集为专业性成果，展示扎实的专业知识；以发现未被探测记录的地貌单元及对深空探测任务的重要参考价值为效益性证明，体现研究的潜在应用价值。三者形成完整证据链，有力支撑其职业目标。

（二）注重精准匹配

在职规赛中，针对目标岗位的核心需求进行重点突破，往往比全面展示所有技能更能获得评委青睐。建议选手深入研究岗位职责描述，聚焦3~5项最关键的职业能力，并准备针对性的佐证材料。

典型案例

第二届职规赛某国赛选手，在大学攻读交互设计专业期间，深入了解目标岗位需求，聚焦专业技能提升、实践经验积累和创新能力培养。她通过完成华为项目和在阿里巴巴实习，积累了丰富经验，最终凭借与岗位匹配的能力展示，成功签约某头部互联网企业，赢得评委认可。

（三）注重逻辑闭环

优秀的胜任力展示不是材料的简单堆砌，而是需构建“需求—行动—成果—反馈”的递进逻辑链。第一步锚定岗位需求，精准提炼招聘JD中的技术痛点和能力要求；第二步拆解个人行动，用项目任务书、技术方案等材料展现问题解决的系统路径；第三步量化成果影响，通过对比实验数据、效率提升图表等可视化工具论证方案有效性；第四步闭环企业反馈，整合验收报告、采纳函等佐证成果落地价值。

典型案例

第二届职规赛某国赛选手，锁定智慧交通AI产品研发工程师岗位，精准提炼招聘要求。他研发的AI视频事件感知平台，将二次事故降幅达60%，以第一作者发表6篇高水平论文，公开15项知识产权。项目成果获浙江省科技进步奖提名，还入选杭州市创新技术人才，体现了从需求到行动、成果再到反馈的完整逻辑闭环。

（四）注重职业化表达

职业化表达的核心在于用精准的语言将个人经历转化为岗位价值的体现。参赛选手可遵循“动词+数据+影响”的表达公式—— 用“设计”“优化”“推动”等主动性动词替代“参与”“协助”等模糊表述，嵌入具体数值量化成果（如“完成200份数据分析报告，效率提升 25%”），明确说明对组织或社会的实际贡献（如“降低运营成本30万元”“提升服务覆盖率至 85%”）。

典型案例

第二届职规赛某国赛选手，在现场展示时分享了他的故事，他说：“我主导设计某软香米全产业链品控模型，整合种植端与加工端关键参数，建立质量追溯体系，使产品抽检合格率从85%提升至97%，推动品牌溢价率提高13%，年新增销售额超1500万元。”这种表述完全体现了职业化表达公式。

四、岗位胜任力的具体展示方法

想要让评委眼前一亮，光说自己“能力强”可不够。你需要把抽象的能力，变成看得见的成果证据；把宽泛的综合素质，转化为具体的岗位需求。

（一）综合素质的呈现技巧

就业赛道中，系统化地呈现综合素质需要掌握专业的展示方法。

1.思维认知

展示结构化思维时，用可视化工具如分层框架图呈现分析路径：第一层是核心问题，第二层是影响因素，第三层是解决方案。可用颜色和箭头标注关键要素和因果关系，让评委直观看到思维的系统性。比如，教育专业学生用树状图展示“家校协同育人”实施路径，医学专业学生用流程图拆解“慢性病管理”干预方案，这样的视觉化表达比纯文字更有说服力。

2.沟通协作能力

要论证团队沟通协作效能，不能仅靠简单分工描述。建议准备三类关键材料：任务分配表（含角色与责任）、协作过程记录（如标注时间、人员的会议记录）、跨领域沟通证明（如与市场部门的邮件）。比如，教育专业背景学生可展示与家长委员会的沟通记录，艺术设计专业背景学生可呈现跨专业创作团队的方案迭代注释。将这些材料按时间线串联，能完整呈现冲突解决、资源整合、达成共识的过程，清晰展现参赛选手在团队中的协调与领导潜力。

3.执行力

论证执行力需构建“目标—行动—结果”闭环，并用数据呈现。例如，文科生通过“设计200份问卷，推动社区改造方案采纳率提升25%”；工科生用“优化设备参数，使故障排查耗时降低50%”；艺术类学生展示“策展周期缩短30%，观众互动率增长3倍”；法学方向学生则以“建立法律文书标准化模板库，让合同审查效率提升50%”等具体行动，将目标拆解为可执行步骤，用实际行动提升工作效能，最终实现成果转化，直观呈现执行力闭环，形成通用的执行力评估标准。

4.职业精神

职业精神的论证需借助多类型过程材料。工作日志，如连续48小时的设备调试记录，展现投入态度；突发事件报告，附带问题诊断及解决方案，凸显危机应对能力；自主编写的操作规范、技术文档等，则彰显责任意识。例如，提交“系统应急方案”时，附上凌晨代码提交记录与主管推荐信，实现“专业能力+敬业态度”双重印证。这样的材料组合，从“被动执行”到“主动创造”，清晰勾勒出参赛选手的职业素养成长路径。

（二）专业能力的落地证明

就业赛道中，专业能力的证明需要系统化的展示策略。

1.硬技能

对于硬技能展示，技术类岗位的选手可以准备完整的代码仓库（GitHub链接需能运行），专利文件要突出创新点和技术方案，竞赛技术文档需包含详细的问

题分析和解决思路。工程类岗位的选手则可提供专业的设计图纸（符合行业标准）、完整的实验报告（含原始数据和验证结果）以及设备调试的现场视频。

2.实践经历

实践经历展示就像讲一个完整的故事。可分为三步：一是找准问题，如留守儿童缺辅导、慢性病管理不规范；二是展示行动，用方案、记录等体现过程；三是用数据证明成果，如成绩提高、随访率提升。团队项目要明确个人贡献，附上工作笔记等证据。

3.成果量化

成果量化是展示专业能力的关键。文科生可用“完成300户民生调研，推动5项政策优化”或“社区调解方案认可度达92%”等社会效益指标来呈现；理工科学生则聚焦技术参数，如“能耗降低35%”“故障率下降60%”，并以工程验收报告验证；艺术设计类学生可量化为参展人次、作品传播量等。利用折线图、热力图等工具，直观呈现“原始状态—干预过程—改善结果”的数据链条，帮助评委快速理解成果价值。

某国奖选手的半导体器件研发工程师成长之路

在半导体器件技术受制于人的产业背景下，某国奖选手以半导体器件研发工程师为目标，通过材料创新与架构突破，构建从实验室到产业的器件研发能力模型。

1.跨维度思维构建与协作实践

在剖析半导体器件性能瓶颈时，该选手构建了“国际标准—国内短板—创新方案”的逻辑框架：当国际先进器件已实现2纳米级制程精度与低功耗性能时，国内同类产品在电流控制精度、能耗比等指标上仍存在显著差距。这种差距被其类比为“精密仪器的精度差异——国际器件可精准控制电流波动在纳安级，而国内产品波动范围如同潮水涨落”。针对核心材料性能不足与架构设计局限，他提出从新型半导体材料研发、器件架构优化、制造工艺改良三方面突破的技术路

径，并依托国家重点实验室平台，深度参与国家级科研项目与某头部半导体企业的横向合作，联合开展新型晶体管器件的研发攻关。

在团队协作中，作为某纳米半导体材料研究项目的联合创始人，他带领团队完成七代器件产品迭代，相关成果获国家级创新创业大赛奖项，并入选部委级人才计划。在搭建器件性能测试平台过程中，他协调300余人次、耗时5000余小时，建成国内少数可对标国际顶尖科研机构的半导体器件检测实验平台。这条超30米的平台产品线配备40余箱核心测试配件，其搭建过程的分工表、跨团队技术沟通邮件等材料，成为协作能力的直观证明。

2.科研执行韧性与技术突破实践

该选手以“目标—行动—结果”闭环思维推进器件研发成果转化：其主导设计的新型沟道结构半导体器件，实现输出电流调控精度300%以上提升，相关成果发表于国际顶级期刊子刊，并直接应用于高速存储器芯片研发；在三维集成DRAM器件项目中，通过架构创新将28纳米制程器件的能耗比优化至国际7纳米水平，获业内资深院士认可并进入头部企业中试环节。他将传统器件“单一层级电路布局”创新为“数百层纵向堆叠”的三维架构，同步实现集成度提升40%与功耗降低35%的双重突破。

面对技术瓶颈，其展现出极强的攻坚韧性：为解决新型材料与器件结构的协同难题，自主设计搭建全球首台多场调控MBE器件制备装置，形成“材料特性—器件结构—性能测试”的复合研发能力体系。在器件调试阶段，历经上百次架构设计优化，面对无先例可循的挑战时始终保持“问题即创新机遇”的攻坚状态。例如，为攻克高频器件的功耗控制难题，他研发负电容晶体管结构，通过负值电容技术将功耗指标压至业界标准以下，形成从材料仿真、器件设计到工程验证的全链条研发证据链。

3.专业价值输出与产业贡献

在学术与专利成果方面，该选手以第一作者身份在国际核心期刊发表器件研发相关论文，申请多项发明专利，荣获知名企业冠名奖学金及海外高校器件研究课题组交换学习资格。担任研究会主席期间，他主讲半导体器件行业科普讲座

20余场，覆盖3000余人次，其中《纳米器件的微观世界》科普短片被国家级媒体提名转发，毕业实践短片获“教育部第七届网络文化节”优秀作品，实现科研价值与技术传播的双重输出。

在产业技术响应中，针对人工智能算力需求的高功耗痛点，他通过自建器件研发产品线实现关键突破：研发的全国首个铟镓锌氧化物掺杂新型晶体管，使单个器件的算力密度达到传统器件的3倍，技术指标处于国际领先水平。该成果已应用于国内头部企业的AI芯片研发，推动国内存储器器件技术首次实现与国际7纳米先进水平同步，相关技术更延伸应用于雷达、导弹等高端装备的核心器件，将缺陷检测效率从2分钟/张提升至1秒/张，相关器件性能测试报告附于工程验收文件中作为佐证。

4.未来规划与行业使命

该选手以半导体器件研发工程师为职业目标，提出“核心材料认知—器件架构设计—产业需求对接”的三步职业规划，强调传承学界前辈“十年磨一剑”的科创精神。目前已获行业顶尖器件研发团队邀约，未来将聚焦28纳米以下制程的器件替代技术研发，计划通过宽禁带半导体材料创新与异质结器件结构优化，在不依赖高端光刻机的前提下实现器件性能超越，以“材料为基、器件为器”的坚定信念践行科技强国使命。

五、评委视角与深度避坑指南

打动评委，先要读懂评委。他们手中的评分表不是冰冷的数字，而是对你职业规划逻辑的全面检验——从战略眼光到细节执行，每个环节都在传递你的专业度。

（一）评委评分逻辑

评委在评估参赛作品时主要关注三个核心维度。

能力匹配度维度，重点考察选手是否精准把握岗位JD中的关键技能要求。例如，某数据分析岗位明确要求“掌握Python数据处理”，选手若仅展示基础知识而未涉及实际项目应用，将在此项失分。

成果真实性维度，评委将通过多种方式验证材料真实性，包括检查企业盖章的实习证明、运行提交的代码、核对专利号等。

职业化程度维度，评委期待看到选手用职场专业术语替代学生式表达，如用“主导用户画像建模项目”替代“参与数据分析工作”。

（二）高频扣分点深度解析与实战应对

职规赛中，选手常因材料表述的逻辑漏洞与证据链断裂而遗憾出局。评委调研数据显示，近90%的淘汰案例并非源于能力不足，而是材料组织缺乏系统性思维。以下从四大核心维度剖析常见问题，并提供可落地的优化方向，帮助参赛者避开隐形陷阱。

1.资质认证与实战脱节

职业资格证书的价值在于佐证实际问题的解决能力，而非单纯的知识储备证明。许多选手误将证书数量等同于竞争力，导致材料中堆砌CFA、PMP等认证，却未展示其在真实场景中的应用。例如，金融专业学生考取投资顾问资格后，仅泛泛提及“参与过投资分析”，未附具体的估值模型或风险评估报告；师范生拥有心理咨询师资质，但缺乏校园心理疏导案例的细节描述。

破解的关键在于建立“证书—场景”的强关联：法律专业学生需将职业资格证与代理案件的调解书、判决书同步呈现；教育方向学生可将教师资格证与分层教学实践报告结合，说明如何针对学情差异优化教案设计。证书的含金量不在于数量累积，而在于其赋能真实问题解决的能力映射。

2.项目贡献表述模糊

团队项目本是展现协作能力的契机，但多数选手因表述不当反而弱化个人价值。常见问题包括使用“参与”“协助”等模糊动词，未界定独立承担的模块；过度强调团队成果，忽视个人技术突破。例如，技术类选手提及“负责机械设计”，却未说明具体优化的部件（如传动系统或控制模块），更未展示仿真数据或性能测试结果。

改进的核心在于“颗粒度细化”：理工科学生可标注独立开发的算法代码量

及准确率提升数据；文科生应量化设计的问卷规模与政策推动成效；艺术类学生需说明原创作品的核心创意占比。同时需辅以过程性材料佐证，如项目分工表、设计草图或代码提交记录，通过原始文件还原能力成长轨迹。

3.能力结构失衡

企业对复合型人才的需求日益迫切，单一维度的能力证明易引发岗位适配性质疑。技术型选手常陷入“专利证书+零协作证明”的极端，例如，提交15件专利却无团队管理案例；文科生则堆砌活动经历，忽视数据分析工具的应用证明。

平衡之道在于构建“三棱镜举证模型”：每个能力维度需匹配过程性、成果性、第三方评价三类证据。沟通能力可通过跨部门会议纪要、联合项目验收报告及合作方推荐信三重印证。比如，机械专业选手可补充撰写的标准化操作指南（被企业采纳为培训教材）；医学方向选手需展示患者随访数据分析报告（如用药依从性提升曲线）。这种多维举证策略既凸显专业深度，又展现职业素养的完整性。

4.政策响应虚化

政策引用若脱离具体应用场景，极易被判定为“纸上谈兵”。典型问题表现为大段摘录文件原文，却未分析行业真实痛点，更缺乏落地数据支撑。例如，乡村振兴方案机械引用政策条款，但对农产品物流成本高、数字化工具使用障碍等核心问题避而不谈。

破解需完成“四段式闭环”：首先，精准锚定政策目标（如《“十四五”信息化和工业化深度融合发展规划》中“关键工序数控化率”指标）；其次，通过行业白皮书量化痛点损失（如质检误差导致的年经济损失）；再次，展示技术攻坚的核心突破（如高精度视觉检测算法开发）；最后，以企业采纳函与效益数据（如缺陷识别率提升曲线）完成价值验证。这种从宏观战略到微观实践的贯通逻辑，能有效避免政策与实操的“两张皮”现象。

评委最想看的不是履历多完美，而是你能把“发现问题—创新方案—验证效果”这条逻辑链说清楚。做好三点最关键：一要懂政策风向（比如国家发展智能制造，就针对企业数控化率低的痛点开发控制系统）；二要拿出真本事（附上专利证书和试点企业验收报告，证明方案确实提升了效率）；三要说明成果能复制（比如改造后跟踪半年数据，证明其他工厂也能用）。例如，第二届职规赛就业赛道高教研究生组国银选手武新明研发的垂直堆叠DRAM存储器技术在华为中试后，可复刻至火炮、导弹等九大型号核心部件，证明成果能在不同场景复制应用。

第四节　就业赛道的发展潜力

就业赛道中，发展潜力就像职业成长的“未来说明书”。评委不仅看你现在会什么，更关注你能否持续学习新技能（如快速掌握AI工具）、解决行业难题（如优化设备提升效率），以及规划是否紧跟国家战略（如碳中和、智慧医疗）。想要胜出，需要用真实的成长案例（如三个月攻克技术难关）和清晰的进阶计划（如未来三年考取哪些证书、完成什么项目），证明自己能持续进化，成为企业值得投资的“潜力股”。

一、发展潜力的重要性

在当代职场环境中，发展潜力具有三重核心价值：首先，是个人职业生存的保障，技术迭代周期已缩短至2~3年，唯有持续学习者能保持竞争力；其次，是用人单位的核心关注点，87%的企业在招聘时更看重候选人未来3~5年的成长性而非现有技能；最后，是大赛评分的重要组成，根据第二届全国大学生职业规划大赛就业赛道方案，发展潜力占评审总分的10%。第二届职规赛就业赛道高教本科生组国金选手李辰，正是凭借清晰的学习规划和技术迭代案例，在该项获得满分。

二、发展潜力评审标准解读

（一）个人能力

1.持续学习能力

关注选手是否具备快速掌握新知识和技能的能力，能否适应技术迭代和市场变化，不断更新自己的知识体系和技能储备。

2.创新精神

考察选手是否有创新思维，能否提出新的想法和解决方案，推动工作和项目的创新性发展。

3.应对不确定性挑战的潜质

评估选手在面对复杂多变的环境和突发情况时，能否保持冷静，迅速做出反应，并采取有效的应对措施。

（二）市场需求

选手在职业规划中，需以行业趋势和岗位需求为导向，通过分阶段设定技能升级目标与知识更新计划，让各职业阶段的能力提升都能精准匹配企业用人需求，最终形成贯穿职业生涯的市场动态适应能力。

（三）实际成果

以选手是否能在现场获得用人单位的录用意向作为衡量其发展潜力的重要依据，这一指标能够直观反映选手的综合素质与竞争力已获得市场认可。

三、发展潜力展示的三个原则

在职业发展的竞技场上，真正能让学生脱颖而出的不是过往的成绩单，而是面向未来的成长蓝图。发展潜力的展示需要突破传统的“能力证明”思维，转而构建一套“进化论证”体系——用前瞻性的职业规划展现你的战略眼光，以动态适应的真实案例证明你的学习速度，通过价值创造的可行路径呈现你的成长天花板。

这绝非简单的自我包装，而是一门用商业逻辑论证人才投资价值的科学，你要让评委看到的不仅是你现在能做什么，更重要的是三到五年后你能进化成什么样子。记住，在人才竞争的赛道上，潜力永远比能力更稀缺，持续进化比当下完美更具价值。

（一）注重前瞻性规划

发展潜力的核心在于构建系统化、可验证的未来成长蓝图。选手需要制订详尽的3~5年职业发展计划，具体包括三个维度：技术进阶维度要求明确各阶段里程碑，如“2024Q1完成PyTorch深度学习课程，Q3发表首篇相关领域论文”；能力认证维度需规划专业资质获取路径，如CFA三级考试时间表附带备考方案；项目孵化维度则应设计具体的创新实践计划，如每半年完成一个行业痛点解决方案。

（二）注重动态适应力

在技术快速迭代的背景下，展现持续进化能力尤为关键。选手应当设计完整的适应机制：技术跟踪方面，需制订行业技术动态追踪计划，如每月研读3篇顶级期刊论文并撰写综述；跨界融合方面，要规划系统性知识迁移方案，如“机械工程+AI”双轨学习计划；危机应对方面，需提供模拟训练记录，如参与企业组织的技术变革压力测试。

（三）注重价值创造潜力

发展潜力的终极体现是未来的价值创造能力。选手可以构建完整的价值实现路径。社会价值维度，可制订可量化的服务计划，如“三年内开发覆盖100个基层医疗机构的AI辅助诊断工具”；商业价值维度，可设计成果转化方案，包括技术专利的商业化路径和潜在合作伙伴清单；行业价值维度，可规划标准贡献计划，如参与制定某项行业技术标准。

发展潜力展示原则案例

以第二届职规赛某国赛选手为例，她的职业目标是微组装工艺师，下面将从发展潜力展示的三个原则来分析她是如何展示发展潜力的：

一、前瞻性规划层面

该生制定了清晰的阶段化目标。硕士毕业前完成目标企业实习，同步在高水平期刊发表学术论文并申请项目发明专利，为职业发展筑牢基础；入职三年内，严格遵循企业职业路径规划，首年以见习身份跟随导师参与成熟产品的软件设计与调试，第二年深度参与新产品研发，第三年实现独立承担产品研制及客户现场交付任务，形成可量化的成长路线图。

二、动态适应力层面

该生计划通过2个月暑期实习，完成20+学时专项学习，熟练掌握微组装自动化设备操作软件，并在1个实际项目中应用优化，输出工具使用报告；入职首年，参与80学时技术培训，新增掌握2项进阶工具，参与1项技术改进项目，在实践中提升学习与适应能力，应对技术迭代挑战。

三、价值创造潜力层面

从实习阶段到正式入职后，该生准备以“参与—主导—创新”的递进模式推动价值落地：通过技术创新与成果转化，逐步从辅助角色成长为独立负责产品全周期的骨干成员，既为企业创造直接生产力，也通过可量化的职业进阶轨迹展现个人成长天花板。这种将个人发展与企业需求深度绑定的展示逻辑，清晰论证了人才投资的长期价值，让评委直观感知其当下能力与未来发展的双重潜力。

四、发展潜力展示的七个维度

在就业赛道中，选手要想脱颖而出，需要学会全方位展示自身的发展潜力。下面从七个核心维度深入剖析，助力选手精准且高效地进行潜力展现。

（一）构建个人成长体系

（1）制订进阶学习规划。依据职业目标，制订系统学习计划，涵盖专业技能与理论知识，并设定阶段性里程碑。如瞄准人工智能领域者，可规划在第一年掌握基础编程语言，第二年深入学习特定算法。

（2）建立能力认证体系。规划获取专业证书路径，提升职业竞争力。如欲从事数据分析师工作，可计划依次考取初级、中级和高级相关证书。

（3）实施创新发展计划。设定创新目标，探索新方法解决行业问题。如市场营销人员可尝试创新营销策略，开发新渠道。

（二）参与多元实践活动

（1）投身跨领域项目。参与不同领域项目，锻炼跨学科知识整合能力。如计算机专业学生参与生物信息学项目。

（2）加入行业交流活动。积极参加行业研讨会和协会活动，与专业人士建立联系，洞察行业趋势。如加入当地商会或专业协会。

（三）拓宽跨行业视野

（1）研究多行业动态。关注多个行业的发展趋势和创新案例，拓宽商业思维。如分析成功企业的商业模式。

（2）进行跨领域实习。在不同领域的企业进行实习，体验多样的工作环境。如学计算机的学生去金融和医疗企业实习。

（3）参与国际交流项目。参加国际交流和合作项目，了解全球市场和文化差异。如参与国际赛事或论坛。

（四）展示持续学习能力

（1）定期参与学术交流。例如，参加行业研讨会、学术会议等，及时了解最新的行业动态和技术趋势，拓宽自己的知识面。

（2）不断学习新工具和技术。主动学习和掌握新的工具和技术，提升自己的专业技能。比如，学习新的数据分析软件、编程语言等，以适应不断变化的工作需求。

（五）体现创新精神

（1）参与项目实践。积极参加各种项目实践，将所学知识应用于实际项目中，培养自己的创新思维和解决问题的能力。

（2）完成论文发表。通过撰写和发表学术论文，展示自己的研究能力和创新成果，为行业贡献新的知识和见解。

（六）应对不确定性挑战的能力

（1）提升跨学科知识融合能力。在面对复杂问题时，能够综合运用不同学科的知识进行分析和解决。

（2）强化数据分析及处理能力。在面对不确定性和复杂数据时，能够运用数据分析工具和方法，快速准确地处理和分析数据，为决策提供支持。

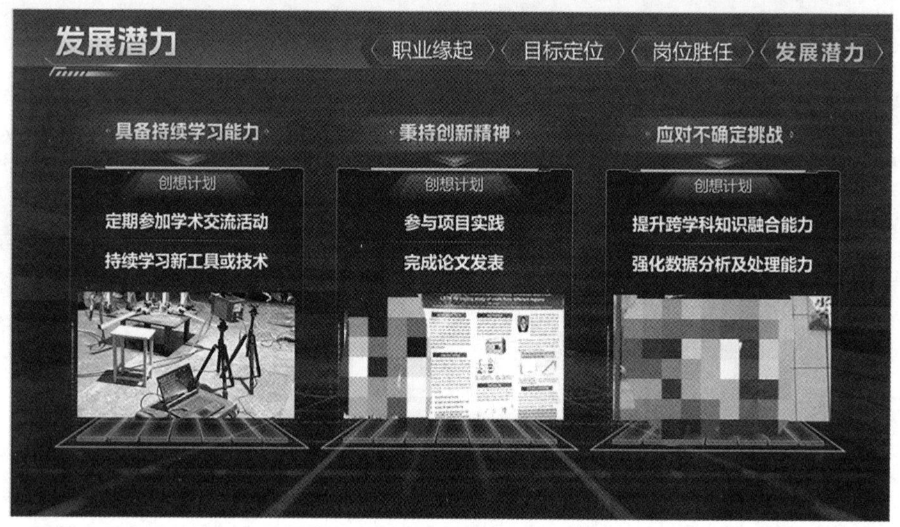

（七）清晰的未来规划

（1）制订详细的职业发展计划。制订3~5年的职业发展计划，明确每个阶段的目标和任务。例如，计划在毕业前进入目标企业实习，发表高水平论文；入职后逐步掌握关键技术，参与产品开发等。

（2）设定具体的项目和成果目标。如在入职后的第一年完成特定的项目任务；第二年参与新产品的研发；第三年掌握1~2个系列成熟产品的局部变动，能够独立进行产品研制和客户现场交付。

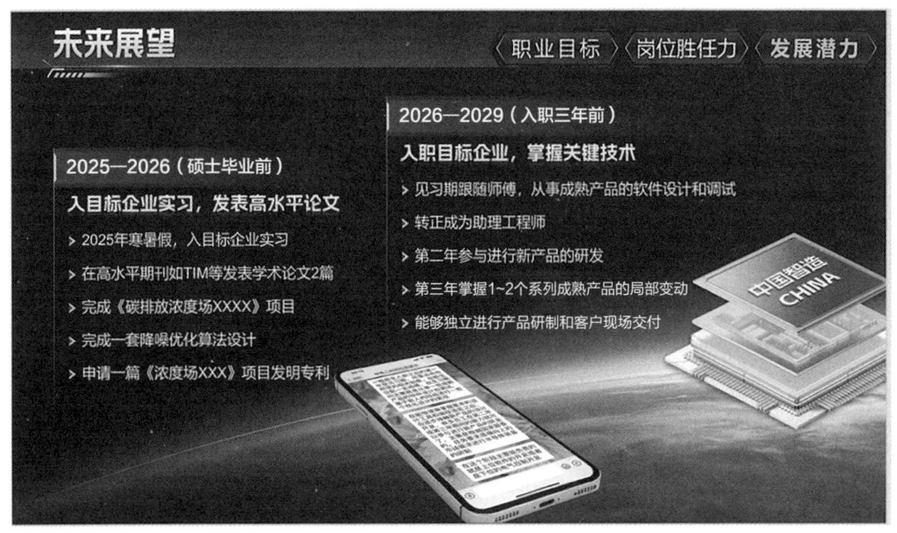

第五节　就业赛道的求职简历制作

一页简历的精髓在于找到理性与感性的完美平衡点——既要通过客观数据展现专业能力，又要借助生动故事传递个人潜力。在职规赛就业赛道中，优秀的简历本质上是一次精准的个人品牌营销，需要将碎片化的经历编织成有力的竞争力证明。

制作高质量简历需要把握几个关键要点。首先，要用结构化思维整合经历，将看似分散的项目串联成逻辑严密的职业发展线索；其次，要善用量化表达，用“用户留存率提升25%”这样的数据替代模糊的自我评价；最后，要注重视觉呈现，通过合理的排版设计让评委快速抓住重点。

特别值得注意的是，即便是实习经验有限的学生，也可以通过深度挖掘课程项目、校园活动的商业价值来展现潜力；跨专业学生更需要巧妙转化过往经历，突出可迁移的核心能力。掌握这些方法，就能将薄薄一页纸转化为强有力的说服工具，让评委在字里行间发现你的独特价值。

一、简历内容结构与要点

简历是你在求职战场上的“名片”，是评委了解你的第一扇窗口。一份优秀的简历，不仅能清晰地展示你的专业能力和综合素质，还能在众多竞争者中脱颖而出，赢得评委的关注。因此，掌握简历的结构与要点至关重要。

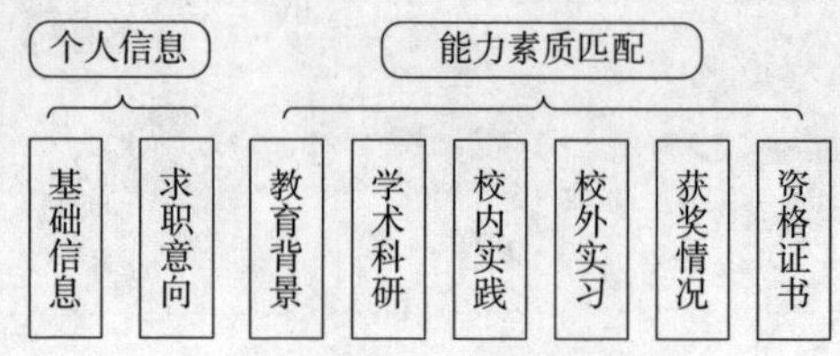

简历内容结构

（一）个人信息：简洁明了，留下良好的第一印象

个人信息是简历的“门面”，它能让评委快速了解你的基本背景。以下是一些关键要素：

1.姓名：清晰、准确

正确地写上你的全名，确保与身份证一致。

2.联系方式

提供一个常用的电话号码和电子邮箱，确保招聘者能够随时联系到你。避免使用过于随意或不专业的邮箱地址，如“love123@××.com”。

3.求职意向

明确写出你的求职岗位，让评委一眼就能确定你的求职目标。例如，“求职岗位：数据分析师”。

小贴士

个人信息部分要简洁明了，避免出现过多的个人隐私信息，如身份证号、家庭住址等，以免造成麻烦。

绘小智

目标企业：中国电子科技集团第二研究所

目标岗位：微组装工艺师

电话：184××××××××　邮箱：202306××@st. nuc. edu. cn　政治面貌：中共党员

个人信息示例

（二）教育背景：系统展示你的学术成就

教育背景是简历的重要组成部分，它能展示你的学术基础和专业素养。以下是一些要点：

1.学历信息

按时间顺序（从近到远）列出你的学历，包括学校名称、专业、学历以及时间。例如，“××大学 计算机科学与技术专业 本科 2020—2024”。

2.相关课程

列出与求职岗位相关的专业课程，突出你的专业知识储备。例如，“核心课程：数据结构、算法设计、数据库原理、数据分析等”。

3.成绩

如果你的成绩优异，不要忘记展示。例如，“平均绩点：3.8/4.0”。

小贴士

教育背景部分要突出重点，避免出现过多无关信息。如果你有海外交换或进修经历，也可以一并提及，增加简历的亮点。

教育经历

2023.09—2026.06	中北大学	仪器科学与技术（A⁻）	硕士
2019.09—2023.06	中北大学	测控技术与仪器（A⁻）	本科

教育背景示例

（三）实践经历：用成果说话，展现你的实战能力

实践经历是简历的核心部分，它能直观地展示你的实际工作能力和经验。

1.实习经历

按时间顺序（从远到近）列出你的实习经历，包括公司名称、岗位名称、实习时间以及主要职责和成果。例如：

公司名称：××科技有限公司

岗位名称：数据分析师实习生

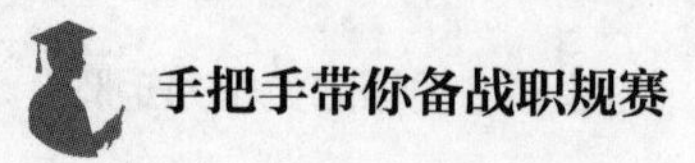

实习时间：2023年6月—2023年8月

主要职责：负责收集和整理市场调研数据，通过Excel进行数据清洗和预处理。使用Python进行数据分析，构建数据模型，为市场决策提供数据支持。协助团队完成数据分析报告，通过可视化工具展示分析结果。

成果：通过优化数据处理流程，将数据处理时间缩短了30%。为公司提供了精准的市场分析报告，帮助公司提升了产品推广效果。

实习经历

■意启创电子科技有限公司　研发助理岗　实习生　2023.07

内容：编写、优化和维护机器人程序，设计开发Arduino编程探物机器人，参与团队人工智能实验室AI教学。

成果：熟练运用C++，Altium Designer等软件，掌握芯片电路焊接工艺，提高团队协作能力和岗位胜任力。

■中北测控科技有限公司　研发助理岗　实习生　2024.07

内容：研制快速响应、高可靠性且可精确定位的紫外红外复合火焰探测组件及系统，负责DAC模块绘制工作。

成果：设计出DAC及配套外围电路，绘制出电路原理图和PCB版图，熟练运用阻抗匹配技术。

实习经历示例

2.项目经历

如果你参与过相关的项目实践，也可以在简历中展示。项目经历可以是学校科研项目、社团活动项目或个人项目。例如：

项目名称：校园数据分析平台

项目时间：2022年9月—2023年3月

主要职责：负责平台的数据采集模块，通过爬虫技术获取校园相关数据。

使用SQL进行数据存储和管理，确保数据的准确性和完整性。参与平台的前端设计，使用HTML、CSS和JavaScript实现数据可视化展示。

成果：平台上线后，日均访问量达到1000+，为师生提供了便捷的数据查询服务。通过数据分析，为学校管理部门提供了决策支持，优化了校园资源配置。

小贴士

实践经历部分要突出你的具体职责和成果，避免空洞的描述。使用量化的数据和具体的成果来展示你的能力，例如“提升了30%的效率”“节省了20%的成本”等。

实践经历

2021.09—2025.06 **测控 1 班 班长**

组织策划学风建设及实践活动，协调解决 30+项班级事务，带领班级获评校级最高奖项"校长奖章"称号。

2024.09—2025.06 **本科生第一党支部 纪检委员**

负责党支部纪律监督与考核，规范党员发展流程，参与策划主题党日活动 5 次，支部党员参与率提升 40%。

项目经历示例

（四）学术科研：点亮你的“求职智慧灯塔”

在求职的舞台上，学术科研能力如同一座闪耀的灯塔，不仅能照亮你的专业深度，还能彰显你的创新思维和探索精神。对于许多岗位，尤其是技术类、研究类或需要专业知识深度的岗位，学术科研经历是你脱颖而出的“秘密武器”。以下是如何在简历中展示学术科研能力的方法：

1.学术成果

学术成果是展示你专业能力和研究深度的有力证据。无论是发表的论文、参与的科研项目，还是学术竞赛的奖项，都能为你的简历增添光彩。

（1）发表论文

如果你有在学术期刊或会议上发表的论文，务必在简历中列出。这不仅证明了你的研究能力，还展示了你在学术领域的影响力。例如：

论文标题：《基于深度学习的图像识别技术研究》

发表期刊：《计算机科学与技术》

发表时间：2023年3月

作者排名：第一作者

论文简介：通过深度学习算法，优化图像识别的准确率，提出了一种新的模型架构，显著提升了识别效率。

（2）科研项目

参与的科研项目能展示你的实践能力和团队协作能力。详细描述你在项目中的角色和贡献，突出你的专业技能。例如：

项目名称：智能交通系统中的数据分析与优化

项目时间：2022年9月—2023年6月

项目角色：核心成员

项目成果：通过数据分析和机器学习算法，优化交通流量预测模型，将预测准确率提高了25%，为城市交通管理提供了有效的决策支持。

项目经历

项目一：碳排放浓度场超分成像与预测诊断关键技术研究和应用示范　（山西省重点研发计划）在研

内容：搭建碳排放场CO_2气体浓度面阵高灵敏度探测系统，提出STFT-CEEMD降噪方法，开展超分成像重建与浓度场预测算法的调试工作。

成果：掌握光学传感系统搭建能力，熟练运用Python完成代码算法处理。实现指标CO_2浓度场超分辨率重建精度≥95%，CO_2浓度场时空分布预测不确定度<10%(K=2)。

项目二：激光击穿诱导技术定性与定量方法研究　（国家自然基金面上项目）已结题

内容：结合腔体约束LIBS技术，优化增强击穿光谱强度基础研究方法，提出PCA-PSO-BP等不同分类算法，基于不同物质光谱数据进行物质类别划分。

成果：掌握MATLAB、Python技术，熟悉数据分析和处理技能，测试集分类准确率达到99.8698%。

项目三：测控技术与仪器无人车实践训练　2022.03

内容：设计抗干扰能力强稳定性好的压力传感器调理电路，完成基于图像处理、pid控制、labiew技术交通模型。

成果：掌握芯片电路焊接工艺，实现输出信号的误差控制在±0.1%~±1%以内。

学术成果示例

2.学术竞赛

学术竞赛是展示你专业能力和创新能力的绝佳平台。在竞赛中获得的奖项不仅能证明你的专业水平，还能体现你的竞争意识和团队合作精神。

竞赛名称：全国大学生数学建模竞赛

获奖等级：一等奖

参赛时间：2022年

竞赛内容：通过数学建模和数据分析，解决实际问题，提出创新性的解决方案，最终在众多参赛队伍中脱颖而出。

科技竞赛　（国家级奖项18项，省级奖项26项）

“挑战杯”课外学术科技作品竞赛	国家级特等奖	中国机器人及人工智能大赛	国家级二等奖
中国大学生机械工程创新创意大赛	国家级一等奖	中国智能机器人格斗及竞技大赛	国家级二等奖
全国大学生电子设计竞赛	国家级二等奖	中国大学生计算机设计竞赛	国家级三等奖

学术竞赛示例

3.学术交流

学术交流是科研的重要组成部分，它不仅能提升你的专业素养，还能拓展你的人脉资源。在简历中，可以通过以下方式展示你的学术交流经历：

学术会议：列出你参加的重要学术会议和研讨会，展示你在学术领域的活跃度。例如，“参加2023年国际人工智能大会，与全球顶尖学者交流最新研究成果”。

学术报告：如果你在学术会议上作过报告或展示，务必在简历中提及。这不仅能证明你的专业能力，还能展示你的表达和沟通能力。例如，“在2023年全国数据科学研讨会上，发表题为《大数据在智能交通中的应用》的报告，受到与会专家的高度评价”。

（五）技能证书与荣誉奖项：为你的简历加分

技能证书和荣誉奖项是你的“加分项”，它们能展示你的专业能力和综合素质。

1.技能证书

列出与求职岗位相关的技能证书，如数据分析证书、编程语言证书、行业认证等。例如，“Python编程证书（2022年）”“数据分析证书（2023年）”。

2.荣誉奖项

列出你在学习、实践或竞赛中获得的荣誉奖项，如奖学金、竞赛奖项、优秀学生干部等。例如，“国家奖学金（2021年）”“全国大学生数据分析竞赛一等奖（2022年）”“校级优秀学生干部（2020年）”。

获奖情况

2023.04：第八届中国国际“互联网+”大学生创新创业大赛金奖

2023.12：第十八届“挑战杯”全国大学生课外学术科技作品竞赛特等奖

获奖情况

• 2023年12月	山西省大学生篮球联赛二级组冠军
• 2022年10月	校级优秀党员
• 2022年05月	校级三好学生

获奖情况示例

小贴士

技能证书和荣誉奖项部分要突出与求职岗位相关的证书和奖项，避免出现过多无关内容。如果有较多证书和奖项，可以按重要性排序，突出重点。

（六）自我评价：描绘你的“职业肖像”

自我评价是简历中的个人秀场，是你向世界展示自己独特风采的舞台。它不仅反映了你的专业技能和个人特质，更是你职业抱负和价值观的体现。以下是教你如何撰写一个既真实又吸引人的自我评价，让你的简历在众多竞争者中脱颖而出。

1.专业技能

在这里，要像展示你的“职场利器”一样，自信地介绍你的专业技能。这些技能是你在职场上取得成功的基石。

示例：

（1）数据分析能手：擅长运用统计学原理和数据分析工具，将数据转化为有价值的商业洞察。

（2）编程巧匠：精通多种编程语言，能够灵活应对软件开发中的各种挑战。

（3）创意思维者：拥有丰富的想象力和创新能力，能够为团队带来新颖的解决方案。

2.个人特质

个人特质是你的“性格印记”，它揭示了你的内在品质和工作态度。这部分内容要像描绘一幅性格肖像那样，真实地展现你的特质。

示例：

（1）逻辑思维者：善于分析问题，能够在复杂情境中找到清晰的解决方案。

（2）完美主义者：对工作充满热情，追求卓越，确保每个细节都达到最高标准。

（3）团队合作者：擅长与他人协作，能够增强团队合作精神，共同实现目标。

3.个性展现

个性展现是你的“独特风采”，它反映了你的性格特点和人际交往风格。在这部分，我们要像展示你的个性签名那样，独特而具有辨识度地展现你的个性魅力。

示例：

（1）乐观进取者：面对挑战时总是保持积极态度，相信总有解决问题的方法。

（2）探索者：对新事物充满好奇，勇于尝试，不断寻求成长和进步。

（3）沟通达人：擅长与人交流，能够建立良好的人际关系，促进团队和谐。

4.生活爱好

生活爱好是你的“生活色彩”，它不仅能展现你的兴趣爱好，还能体现你的生活品质和生活态度。这部分内容要像展示你的生活画册那样，生动地呈现你的爱好世界。

示例：

（1）运动爱好者：热爱篮球和跑步，相信运动能够提升身心健康，增强团队合作精神。

（2）艺术追求者：喜欢绘画和音乐，通过艺术表达自我，丰富个人生活。

（3）旅行探险家：热衷于探索未知，通过旅行体验不同文化，开阔视野。

5.自我评价的撰写技巧

在撰写自我评价时，要注意以下几点，以确保你的表述既真实又吸引人：

（1）真实可信：确保你的自我评价真实可信，避免夸大其词。

（2）具体生动：使用具体生动的语言，让评委能够感受到你的个性和魅力。

（3）简洁有力：用简洁有力的语言，突出你的重点，避免冗长和啰嗦。

（4）积极正面：保持积极正面的语气，展现你的自信和乐观，给评委留下良好的印象。

自我评价是求职简历中展现个人品牌的重要部分，它需要你真诚地表达自己的个人特质、价值观和职业动机。通过精心构思自我评价，你可以向评委展示你的专业深度和探索精神。记住，自我评价的目的是让评委了解你是谁，你的价值所在，以及你将如何为未来的工作带来价值。

二、如何突出个人优势与亮点

在求职简历中，突出个人优势与亮点是吸引评委的关键。

（一）量化成果：用数据说话

量化成果是最有力的证明，它能让评委直观地看到你的能力和价值。

1.使用具体数据

在描述实践经历和项目成果时，尽量使用具体的数据来展示你的成果。例如，“通过优化数据处理流程，将数据处理时间缩短了30%”“为公司节省了20%的运营成本”“项目上线后，日均访问量达到1000+”。

2.突出关键指标

选择与求职岗位相关的关键指标来展示你的成果。例如，如果你的目标岗位是数据分析师，可以突出数据分析的准确性和效率；如果你的目标岗位是市场营销专员，可以突出市场推广的效果和转化率。

小贴士

量化成果时，要确保数据的真实性和准确性，避免夸大其词。

（二）关键词匹配：精准定位目标岗位

关键词匹配是简历优化的重要技巧，它能帮助评委快速找到你的简历与目标岗位的契合点。

1.提取关键词

仔细阅读目标岗位的描述，提取与岗位相关的关键词，如技能要求、职责描述等。例如，如果岗位描述中提到“数据分析”“Python”“SQL”等关键词，你可以在简历中适当嵌入这些关键词。

2.合理布局

将关键词合理布局在简历的各个部分，如实践经历、项目成果、技能证书等。例如，在实践经历中，你可以这样描述："使用Python进行数据分析，构建数据模型，为市场决策提供数据支持。"

3.避免堆砌

虽然关键词匹配很重要，但要避免过度堆砌关键词，影响简历的可读性。关键词的使用要自然、合理，与内容紧密结合。

小贴士

关键词匹配的目的是让评委快速找到你的简历与岗位的契合点，而不是通过堆砌关键词来欺骗系统。因此，关键词的使用要真实、合理。

（三）突出关键技能：展示你的核心竞争力

关键技能是你的核心竞争力，它能让你在众多竞争者中脱颖而出。

1.明确关键技能

根据目标岗位的要求，明确你的关键技能。例如，如果你的目标岗位是数据分析师，关键技能可能包括数据分析工具（如Excel、SQL、Python等）、数据可视化工具（如Tableau）等。

2.突出展示

在简历的技能证书部分，将关键技能放在显眼位置。例如，"关键技能：Python、SQL、Excel、Tableau"。

3.结合实践

在实践经历和项目成果中，通过具体案例展示你的关键技能。例如，"在数据分析项目中，我使用Python进行数据清洗和预处理，通过SQL进行数据存储和管理，最终通过Tableau进行数据可视化，为公司提供了精准的市场分析报告"。

小贴士

突出关键技能时，要确保技能的实用性和与岗位的契合度，避免列出过多无关技能。

（四）简洁明了：避免冗长，突出重点

简历的目的是让评委快速了解你的能力和优势，因此要尽量简洁明了，避免冗长的描述。

1.精简内容

避免过多的冗长句子和段落，用简洁的语言表达重点。例如，“负责项目的数据分析工作，通过Python和SQL完成数据处理和分析，为公司提供了决策支持”。

2.突出重点

使用加粗、下划线等方式突出关键信息，如关键词、量化成果等。例如，“通过优化数据处理流程，将数据处理时间缩短了30%”。

3.合理布局

使用清晰的标题和小标题，将内容分块展示，提高简历的可读性。例如，使用“实践经历”“技能证书”“个人评价”等小标题，让评委快速找到关键信息。

小贴士

简历的长度一般控制在一页以内，避免出现过多内容导致评委阅读疲劳。

（五）个性化定制：针对目标岗位，突出匹配度

个性化定制是简历优化的重要环节，它能帮助你在众多竞争者中脱颖而出。

1.针对岗位定制

根据目标岗位的要求，调整简历的内容和重点。例如，如果目标岗位强调数据分析能力，你可以在简历中突出你的数据分析项目和成果。

2.突出匹配度

在简历中，通过具体事例和成果，展示你与目标岗位的匹配度。例如，“在实习期间，我负责的数据分析项目与目标岗位的职责高度契合，通过优化数据处理流程，为公司节省了20%的运营成本”。

3.避免使用通用模板

制作简历尽量避免使用过于通用的模板，因为这类模板往往缺乏个性。根据自己的特点和目标岗位的要求，适当调整简历的格式和内容。

小贴士

个性化定制的目的是让评委看到你的简历与目标岗位的高度匹配，而不是通过模板来敷衍了事。因此，简历的定制要真实、具体。

三、简历制作的注意事项

在制作简历时，除了以上内容结构与要点外，还有一些细节需要注意，这些细节往往决定简历的成败。

（一）格式规范：整洁美观

1.字体选择

使用简洁、专业的字体，如宋体、黑体、楷体等。避免使用过于花哨的字体，影响简历的可读性。

2.字号大小

标题使用较大的字号（如14号），正文使用较小的字号（如12号）。保持字号一致，避免大小不一。

3.行间距

设置合理的行间距（如1.5倍行距），避免内容过于拥挤，影响可读性。

4.对齐方式

保持内容的对齐，使用左对齐或两端对齐，避免内容杂乱无章。

5.页边距

设置合理的页边距（如上下2.54厘米，左右3.17厘米），避免内容过于靠近页面边缘，影响美观。

> **小贴士**
>
> 简历的格式要整洁美观，避免过多的装饰和花哨的设计，让评委能够快速阅读和理解内容。

（二）内容真实：诚信为本

1.真实信息

简历中的所有内容必须真实可靠，包括个人信息、教育背景、实践经历、技能证书等，避免夸大其词或编造虚假信息。

2.准确描述

在描述实践经历和项目成果时，要准确、客观地描述自己的职责和成果，避免使用过于模糊或夸张的语言。

3.可验证性

提供可验证的信息，如实习证明、项目报告、证书编号等，方便评委核实。

> **小贴士**
>
> 诚信是求职的基本原则，简历中的内容必须真实可靠。夸大其词或编造虚假信息可能会被评委发现，导致扣分。

（三）细节把控：规避低级错误

1.语法检查

仔细检查简历中的语法和拼写错误，确保语言表达准确无误。

2.格式一致

保持简历中格式的一致性，如字体、字号、行间距等。避免格式混乱，影响美观。

3.排版美观

合理安排内容的排版，避免过多的空白或拥挤。使用表格、列表等方式，让内容更加清晰易读。

小贴士

细节决定成败，避免低级错误，提升简历的整体质量。在提交简历前，多次检查和修改，确保简历完美无瑕。

（四）多轮打磨：精益求精

1.多次修改

简历制作完成后，不要急于提交，而是要多次修改和校对。每次修改都从不同的角度审视简历，发现并解决问题。

2.校对细节

仔细检查简历中的语法、拼写、格式等细节问题，确保简历完美无瑕。

3.寻求反馈

可以请老师、同学或职业咨询师帮忙审阅简历，提出修改意见。他们的建议可能会帮助你发现一些自己没有注意到的问题。

小贴士

多次修改与校对，精益求精，确保简历完美无瑕。在提交简历前，多次检查和修改，避免低级错误。

（五）使用优秀模板：借势优化

1.选择模板

选择一份简洁、专业的简历模板，作为参考。模板可以帮助你快速完成简历的框架，节省时间。

2.结合自身特点

在使用模板时，要结合自身特点和目标岗位的要求，适当调整模板的内容和格式。避免完全照搬模板，缺乏个性。

3.突出重点

在模板的基础上，突出你的个人优势和亮点，让简历更具竞争力。

> **小贴士**
>
> 模板是工具，而非束缚。务必根据自身经历调整模块与布局，将最匹配岗位的核心成果置于版面核心区域，让模板服务于内容，而非被模板限制。

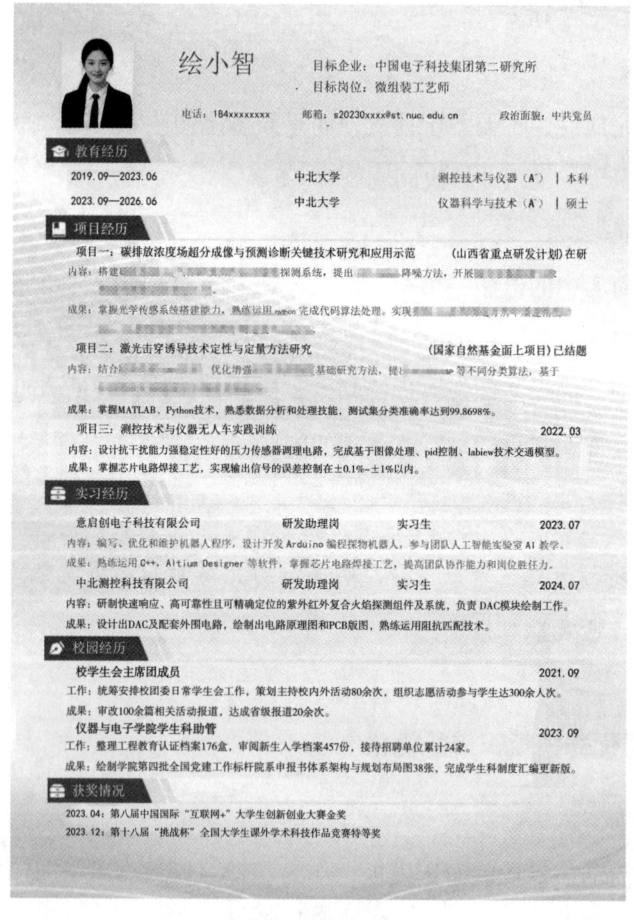

绘小智

目标企业：中国电子科技集团第二研究所

目标岗位：微组装工艺师

电话：184xxxxxxxx　邮箱：s20230xxxx@st.nuc.edu.cn　政治面貌：中共党员

教育经历

2019.09—2023.06　中北大学　测控技术与仪器（A+）｜本科

2023.09—2026.06　中北大学　仪器科学与技术（A+）｜硕士

项目经历

项目一：碳排放浓度场超分成像与预测诊断关键技术研究和应用示范　（山西省重点研发计划）在研

内容：搭建[illegible]探测系统，提出[illegible]降噪方法，开展[illegible]。

成果：掌握光学传感系统搭建能力，熟练运用python完成代码算法处理。实现[illegible]。

项目二：激光击穿诱导技术定性与定量方法研究　（国家自然基金面上项目）已结题

内容：结合[illegible]优化增强[illegible]基础研究方法，提[illegible]等不同分类算法，基于[illegible]

成果：掌握MATLAB、Python技术，熟悉数据分析和处理技能，测试集分类准确率达到99.8698%。

项目三：测控技术与仪器无人车实践训练　2022.03

内容：设计抗干扰能力强稳定性好的压力传感器调理电路，完成基于图像处理、pid控制、labiew技术交通模型。

成果：掌握芯片电路焊接工艺，实现输出信号的误差控制在±0.1%~±1%以内。

实习经历

意启创电子科技有限公司　研发助理岗　实习生　2023.07

内容：编写、优化和维护机器人程序，设计开发Arduino编程探物机器人，参与团队人工智能实验室AI教学。

成果：熟练运用C++，Altium Designer等软件，掌握芯片电路焊接工艺，提高团队协作能力和岗位胜任力。

中北测控科技有限公司　研发助理岗　实习生　2024.07

内容：研制快速响应、高可靠性且可精确定位的紫外红外复合火焰探测组件及系统，负责DAC模块绘制工作。

成果：设计出DAC及配套外围电路，绘制出电路原理图和PCB版图，熟练运用阻抗匹配技术。

校园经历

校学生会主席团成员　2021.09

工作：统筹安排校团委日常学生会工作，策划主持校内外活动80余次，组织志愿活动参与学生达300余人次。

成果：审改100余篇相关活动报道，达成省级报道20余次。

仪器与电子学院学生科助管　2023.09

工作：整理工程教育认证档案176盒，审阅新生入学档案457份，接待招聘单位累计24家。

成果：绘制学院第四批全国党建工作标杆院系申报书体系架构与规划布局图38张，完成学生科制度汇编更新版。

获奖情况

2023.04：第八届中国国际“互联网+”大学生创新创业大赛金奖

2023.12：第十八届“挑战杯”全国大学生课外学术科技作品竞赛特等奖

案例模板示例

简历是求职的重要“名片”，它能帮助评委快速了解你的专业能力和综合素质。通过掌握简历的内容结构与要点，突出个人优势与亮点，避免常见错误，优化简历内容，你可以制作出一份高质量的简历，提升在大赛中的竞争力。记住，简历的目的是让评委快速了解你的能力和优势，因此要尽量简洁明了，突出重点。同时，简历的内容必须真实可靠，避免夸大其词。通过多次修改与校对，确保简历完美无瑕，提升你的求职成功率。

第六节 就业赛道的辅助证明材料

“证明材料不是简单的文件堆砌，而是用证据链编织的职业可信度。”

在就业赛道的竞争中，辅助材料是无声的“职业代言人”——它需要同时回应市场逻辑的理性诉求与个人特质的感性共鸣。能力背书是材料的根基：一张盖有企业公章的实习证明，远比“我擅长数据分析”的自述更有说服力；一份标注赛事级别的全国工业机器人竞赛获奖证书，不仅是技能的证明，更是对“解决问题能力”的权威认证。

但材料的价值远不止于此，成果可视化是让评委“看见”能力的关键，比如某电商用户画像建模项目中，附上GMV提升20%的数据看板截图，或GitHub仓库中Star数超50的开源代码，这些具象化的证据，能将抽象的能力转化为可触摸的成果。

一、辅助材料的本质

就业赛道提交的辅助材料不是简单的附件，而是构建职业可信度的关键证据链。优秀的候选人懂得用三类核心材料打造立体证明体系：权威机构的能力背书消除质疑，可视化的成果展示让能力具象化，职业素养的细节证据展现职场成熟度。这就像在法庭上提交证据一样，每个材料都在为你的专业形象做证——当别人还在用形容词描述自己时，你已经用这套证据体系让评委“看得见、摸得着、记得住”你的核心竞争力。记住，在人才评估的天平上，一份精心设计的作品集往往比十句自我评价更有分量。

（一）能力背书

辅助材料的核心价值在于通过第三方权威机构出具的证明，为个人能力提供客观背书。企业盖章的实习鉴定、官方认证的技能证书、竞赛主办方颁发的获奖证明等，都能显著增强陈述的可信度。对于一名职业目标为数据分析师的选手而言，在比赛中提交一份由知名互联网公司出具的实习证明，证明其在实习期间“独立完成了3个数据分析项目”，并附上人力资源部的正式评语，就是一种能有效展示其专业能力的方式，也更容易获得评委的一致认可。

（二）成果可视化

将抽象的能力描述转化为具象的工作成果是关键策略。完整的项目报告应包含技术方案、实施过程和数据结果；数据截图需标注关键指标和分析结论；代码仓库要保证可运行、可验证。职业目标为数据分析师的选手，可通过展示智能推荐系统开发成果来彰显技术实力。在展示时，除了提交算法代码，还应附上A/B测试的性能对比图和用户反馈统计。这种全面的成果呈现方式，能够让评委直观地评估其技术能力。

（三）职业素养体现

材料的专业呈现方式本身就能传递职业素养。规范的排版要求统一的字体、合理的行距和清晰的层级；技术文档需有标准的目录结构和页码标注；重点内容应通过高亮、批注等方式突出显示。例如，一名金融分析岗位的选手提交的行业研究报告，若采用学术论文的格式规范，且数据图表均注明来源，即可获得评委“专业严谨”的评价。

所有证明材料都需遵循“真实、相关、可验证”三原则，避免过度包装。评委特别关注材料之间的逻辑关联性，以及细节处体现的职业态度。

二、材料清单

辅助证明材料的整理如同拼图游戏，每一份材料都需精准归位，方能构建完整的竞争力版图。科学分类的核心在于将零散的证明材料转化为逻辑严密的能力证据链。

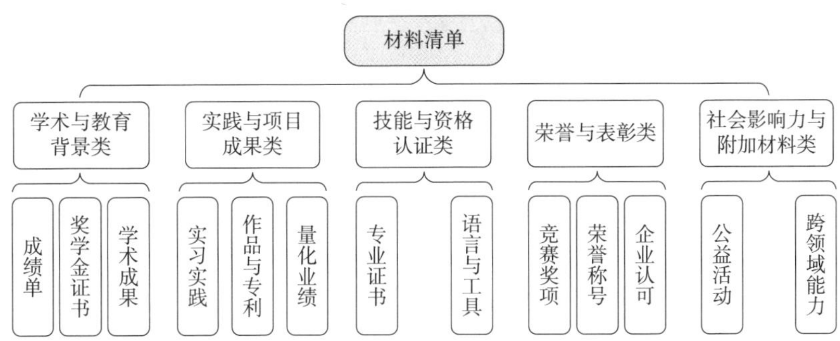

通过系统化分类与策略性呈现，材料将不再是零散的碎片，而是串联成职业竞争力的“证据链”。

（一）学术与教育背景类

此类材料是职业发展的根基，需通过官方文件展现学术能力。

学术与教育背景类

序号	证书类别	认证内容
1	成绩单	需加盖学校公章，标注 GPA 及排名（如“3.8/4.0，前 10%”）
2	奖学金证书	区分等级（如国家奖学金、校级一等奖学金），注明评选标准
3	学术成果	（1）发表论文：附期刊封面、检索证明及摘要（SCI/EI 需标注分区）； （2）科研课题：提供结题报告或立项书，标注个人贡献（如“负责算法设计”）

（二）实践与项目成果类

此为核心竞争力展示区，需通过可验证的成果证明实操能力。

实践与项目成果类

序号	证书类别	认证内容
1	实习实践	（1）企业鉴定表：需含公章、实习时间、具体职责（如“完成 3 项用户画像建模”）、主管评语； （2）项目成果文档：脱敏后保留核心内容（如需求文档、代码片段、测试报告）
2	作品与专利	（1）技术类作品：附设计图、代码仓库（GitHub 链接可运行）、用户使用反馈； （2）发明专利：需提供授权号或受理通知书，标注技术应用场景。如实用新型专利证书（专利号：ZL2023××××××，智能仓储机器人路径规划）
3	量化业绩	如“优化算法使服务器成本降低 30%”，附数据对比图

（三）技能与资格认证类

此类材料是专业能力的权威背书。

技能与资格认证类

序号	证书类别	认证内容
1	专业证书	（1）行业资质：如法律职业资格证、注册会计师证（标注通过时间及有效期）； （2）技能认证：如 AWS 云计算认证、华为 HCIA 网络工程师
2	语言与工具	（1）外语：雅思 / 托福成绩单（需在有效期内），CET6 证书； （2）技术：Python/C++ 等级考试证书、Tableau 数据可视化认证

（四）荣誉与表彰类

此类材料构建个人品牌价值，需精选与岗位强相关的奖项。

荣誉与表彰类

序号	证书类别	认证内容
1	竞赛奖项	注明赛事级别（国家级 / 省级）、主办单位及排名（如“全国大学生数学建模竞赛一等奖，Top 3%”）
2	荣誉称号	如“省级优秀毕业生”“校级十佳志愿者”，需附评选文件
3	企业认可	（1）感谢信：含企业公章、具体贡献描述（如“完成某系统核心模块开发”）； （2）媒体报道：提供原文链接或扫描件（如地方新闻对创业项目的报道）

示例：
（1）全国“互联网 +”创新创业大赛金奖证书（教育部主办）；
（2）阿里巴巴“最佳实习生”表彰信（附 CEO 签名）；
（3）《中国青年报》对校园公益项目的专题报道

（五）社会影响力与附加材料类

此类材料展现职业素养的多维延伸。

社会影响力与附加材料类

序号	证书类别	认证内容
1	公益活动	（1）志愿服务：注明累计时长、服务内容（如“乡村支教200小时”）； （2）公益成果：如“策划环保活动覆盖5000人次”，附现场照片及反馈数据
2	跨领域能力	（1）非专业作品：如摄影获奖作品、文学创作（需说明与职业能力的关联）； （2）领导力证明：如学生会任职证明、大型活动策划书
示例： （1）红十字会“抗疫先锋”志愿者证书（服务时长300小时）； （2）校园电影节“最佳导演”奖（附作品链接及评委评语）； （3）学生会主席任职证明（策划10+校级活动）； （4）《中国青年报》对校园公益项目的专题报道		

三、材料打磨

在职规赛中，材料呈现的质量直接影响评委的第一印象。优秀的材料打磨能让你的核心竞争力得到充分展现，就像精心设计的展品能让观众驻足欣赏。记住：每一页PPT与PDF都是你职业能力的放大器，细节之处见真章。

（一）框架结构化

在材料组织层面，科学的结构设计能让评委快速捕捉到你的核心竞争力。不同于简单的文件堆砌，优秀的材料框架应当像一部精心编排的纪录片——既有清晰的叙事主线，又能通过多维度佐证增强说服力。就业赛道的辅助证明材料建议采用模块化索引式和主题聚焦式两种简单常用的结构化呈现方式。

（二）格式统一化

专业统一的格式能显著提升材料可信度。成长赛道的生涯发展报告、就业赛道的辅助证明材料和简历，扫描件建议使用“扫描全能王”等专业工具处理，确保无阴影、无歪斜；重点内容采用荧光黄高亮标注，但单页高亮不宜超过3处；技术文档需保持字体、页眉页脚格式一致。

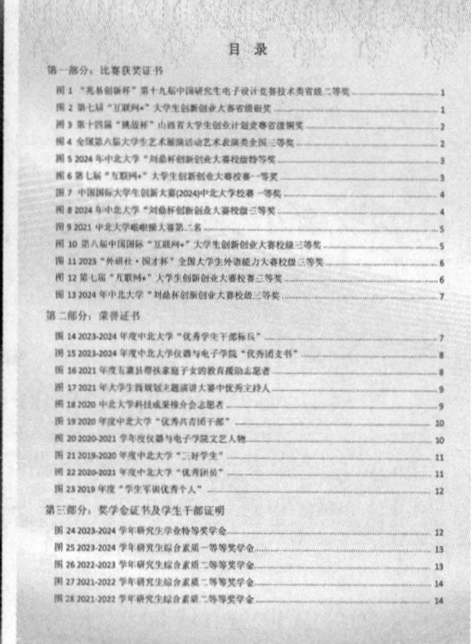

目 录

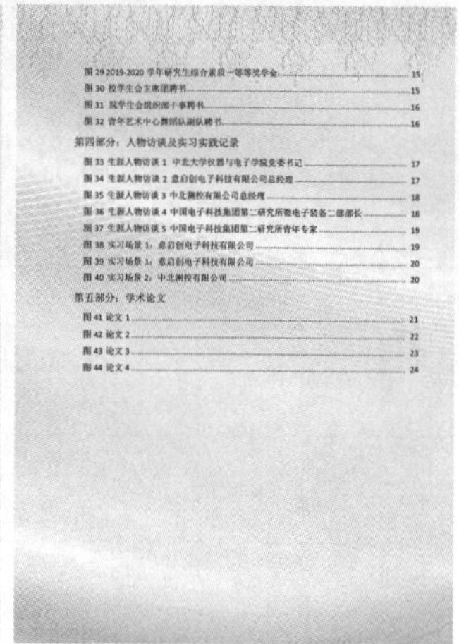

模块化索引式

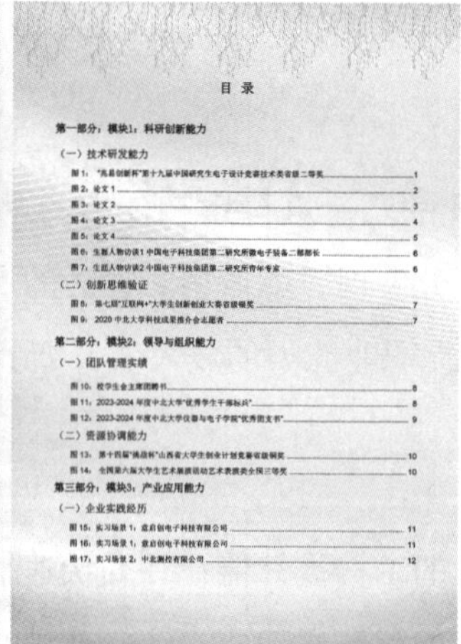

目 录

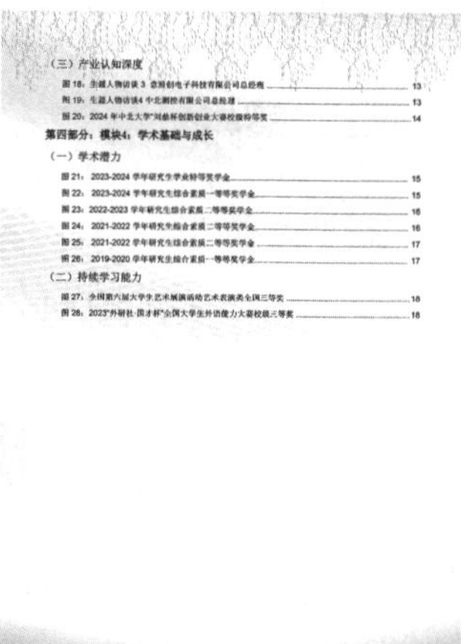

主题聚焦式

（三）命名规范化

《关于举办第二届全国大学生职业规划大赛全国总决赛的通知》中要求，PPT用“赛道+组别+选手姓名+所在学校”命名，同时须适配WPS Office播放软件，显示比例为16：9；大小不超过 50MB。除PPT外不接受其他任何材料（如字体、音视频文件等），提交以后不接受替换。PPT不符合要求或逾期未提交的视作放弃参赛。

第五章

打造记忆锚点：现场展示的准备要点

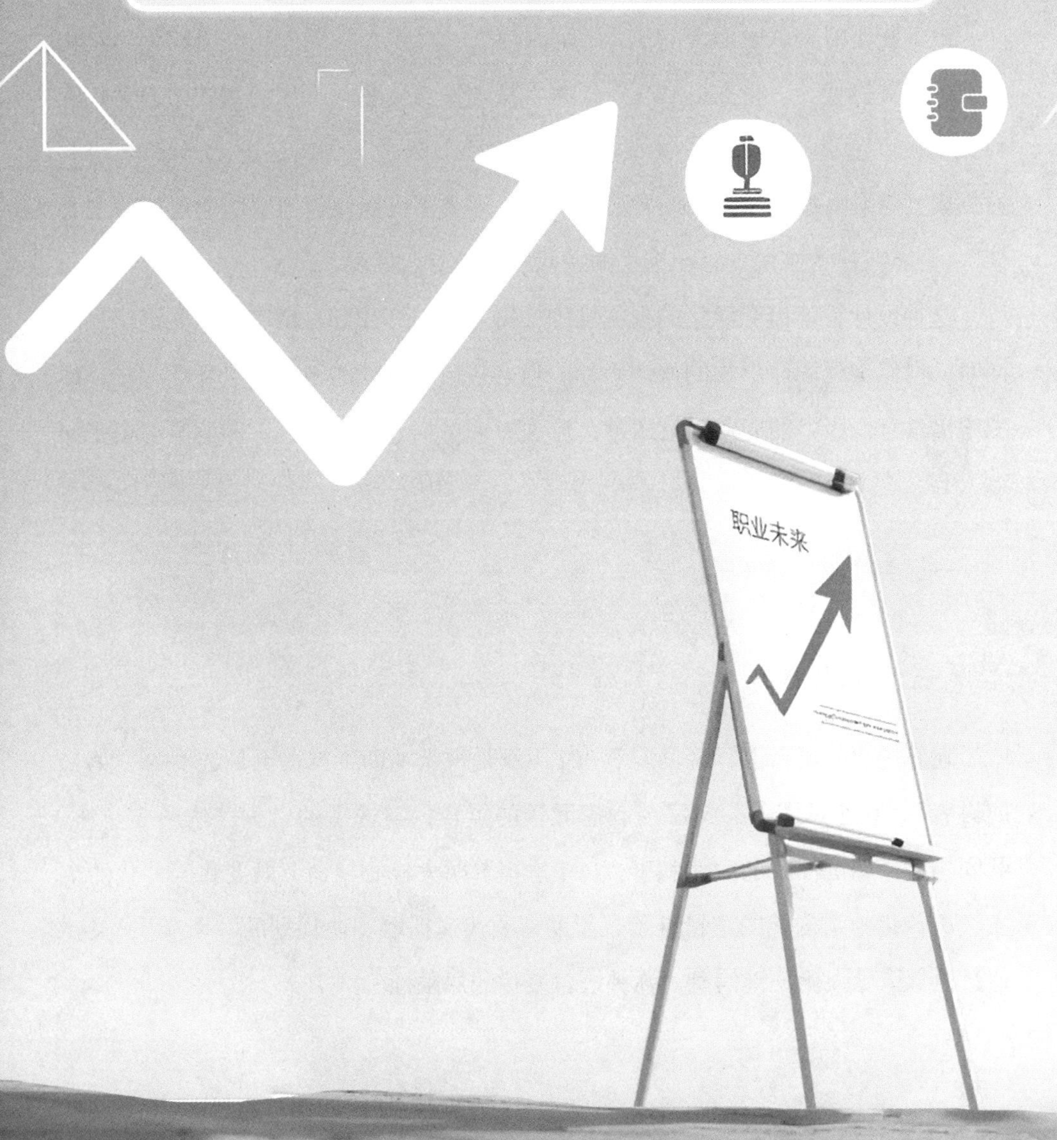

在赛场上，常出现两种典型情况：有些学生初赛成绩平平，却凭借精彩的现场展示成功逆袭，给评委留下深刻印象；另一些学生虽材料准备充分、内容扎实，却因展示时抓不住重点，未能清晰传达求职目标等关键信息，让评委感到困惑，影响了展示效果。那么，如何打造既符合要求又精彩的现场展示材料？这需要选手在准备材料时通过合理化设计，将个人优势与职业目标有效呈现。

第一节　现场展示中的PPT设计

PPT是现场展示中无声的“第二演讲者”，承载着将碎片化经历转化为结构化叙事的关键使命。优秀的PPT设计需平衡理性与美感——用简洁的图表替代冗长文字，以色彩与留白引导视觉焦点，借动态效果强化逻辑递进。当政策文件、数据模型与个人故事在页面间自然流淌时，评委不仅能快速抓取职业规划的“骨架”，更能在视觉愉悦中感知选手的系统思维与专业审美。

这种设计哲学摒弃浮华的视觉堆砌，每一页幻灯片都在精准传递关键信息的同时，悄然构建职业形象的认知坐标。当这些精心设计的视觉节点环环相扣，便编织出具有说服力的职业价值图谱，让“专业可信、不可替代”的竞争力主张深入人心。

一、PPT的三个作用

（一）串联故事线

在职规赛的舞台上，现场展示PPT不仅是视觉辅助工具，更是选手的“第二演讲者”。它通过图像、文字与动态元素的组合，与选手的口头表达形成互补，共同构建一场沉浸式的职业叙事。PPT承担着两大核心使命，既要将碎片化的个人经历转化为结构化的逻辑链条，帮助评委快速抓取职业规划的“骨架”，又要通过视觉引导强化关键信息，弥补语言表达的局限性。

典型案例

以第二届职规赛就业赛道高教组国铜选手马俊杰“微组装工艺师”的材料为例，她的PPT通过时间轴串联“行业痛点认知—专业能力构建–职业目标落地”：首屏以芯片技术封锁数据呼应《“十四五”智能制造发展规划》政策要点，中段用时间轴串联行业启发、技术项目与实习实践，末段展示岗位晋升路径并高亮“掌握关键技术”等里程碑。视觉上采用科技蓝主色调与芯片元件图标，动态效果聚焦核心数据，结尾以书法标题与“中国芯”背景呼应，让理性规划与科技报国情怀自然衔接，在数据图表与视觉符号中传递专业温度与使命厚度。

PPT串联故事线示例

（二）打造记忆锚点

在现场展示中，“记忆锚点理论”通过视觉符号、逻辑框架与情感共鸣的融合，助力评委高效记忆核心信息。视觉符号是记忆的触发器，例如，马俊杰PPT封面以科技字体、芯片图标与电路板背景形成专属标识，中电二所LOGO及岗位名称贯穿内页图表页眉，强化“芯片技术攻坚”的视觉连贯性；逻辑框架则是记忆的骨架，其目录页以“职业缘起→目标定位→岗位胜任→发展潜力”的总分总结构搭建认知地图，内容页通过“行业痛点—榜样启发—自我觉醒”的因果链及“能力—实践—成果”的递进逻辑，帮助评委建立清晰的认知地图；情感共鸣是记忆的黏合剂，例如，封面“小芯片铸大业”金句与结尾“家国情怀”页援引黄令仪事迹，结合实验室实操照片与“良品率提升”数据，将个人规划与“科技报国”使命绑定，触发评委对职业价值的情感认同。这三者结合，使PPT从信息传递工具转变为记忆坐标，让评委在展示结束后仍能快速回想起选手“技术攻坚+家国担当”的核心竞争力。

PPT封面示例

（三）清晰表达职业信息

在职规赛中，PPT是选手的关键展示工具。对于成长赛道，PPT应聚焦于个人成长经历与职业目标的联系，可通过时间轴展示学业与实践经历，清晰呈现这些经历如何塑造了选手的职业方向。而对于就业赛道，PPT重点在于展现选手对就业市场的深入调研和岗位匹配度。选手需在PPT首页明确阐述职业目标，如

“致力于成为博物馆讲解员，传播历史文化”，并以简洁明了的方式概括职业追求。同时，通过表格、图表和数据展示课程成绩、实习经历及项目成果，让评委全面了解选手素养与能力，认定其职业选择合理可行。

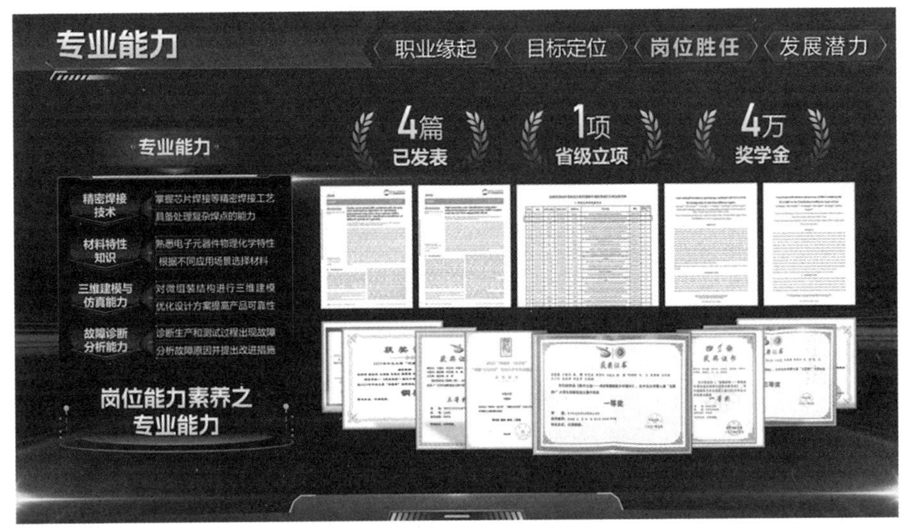

PPT专业能力展示示例

二、PPT设计的四大核心维度

（一）高效传递选手核心竞争力

职规赛现场展示环节，评委需快速把握选手核心竞争力。此时，PPT 的简洁性不仅关乎视觉美观，更直接影响信息传递效率。而减少视觉干扰，正是实现高效信息传递的关键一步。

1.字体与配色的统一性

字体与配色的统一性是构建专业感的基础。主色建议控制在3种以内，例如选择深蓝（象征专业）、浅灰（平衡视觉）与金色（突出价值），避免高饱和色块带来的视觉压迫。字体选择同样需克制——标题采用思源黑体加粗以增强权威性，正文使用思源宋体保证阅读流畅性。第二届职规赛就业赛道国铜选手马俊杰以科技风为定位，在PPT设计上，主色选用蓝色系，以深蓝展现专业深邃，浅蓝营造科技氛围，搭配少量银色凸显未来感，三色搭配和谐，规避视觉杂乱。字体方面，标题运用思源黑体，以硬朗的笔画强化醒目度与科技感；正文采用思源宋体，凭借清晰易读的字形保证信息传达流畅；小标题点缀思源柔黑体，以圆润边角增添设计层次。辅以科技感电路、芯片元素整体通过视觉元素的高度统一，有效提升了专业性，增强了信息传递效能。

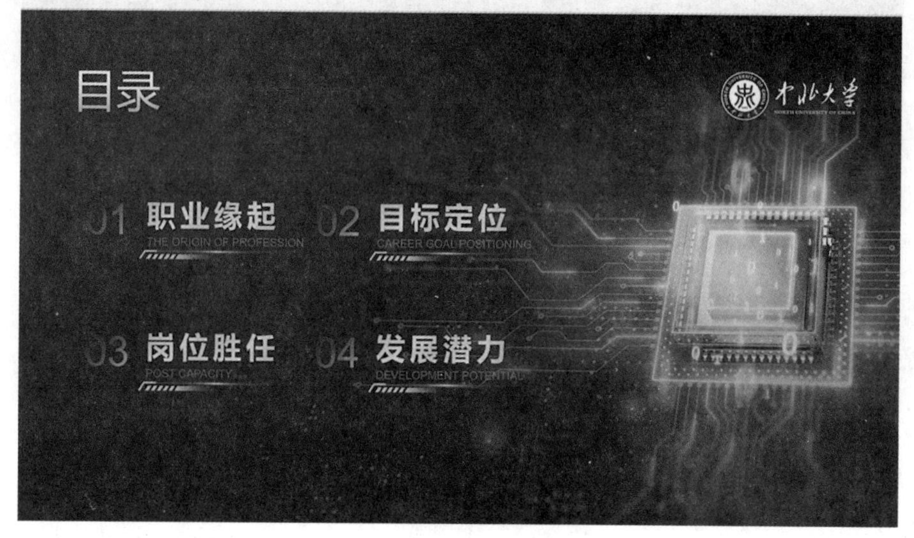

PPT目录示例

2.图表设计的直观性

图表设计的直观性对信息传递至关重要。以马俊杰同学关于“微组装工艺师”的职业规划为例：马俊杰在展示“微组装工艺师”职业规划时，以流程图拆解中电二所职业路径，用“助理设计师→设计师→高级设计师→专家”阶梯箭头清晰呈现成长脉络，替代冗长文字；呈现“芯片缺陷检测”项目成果时，用对比柱状图直观展现技术应用前后缺陷率从5%降至1.2%的变化，并用热力图标注关键技术突破点，采用红色高亮标准核心数据。图表设计简洁聚焦，剔除冗余装饰，确保“技术优化→性能提升”的逻辑一目了然。

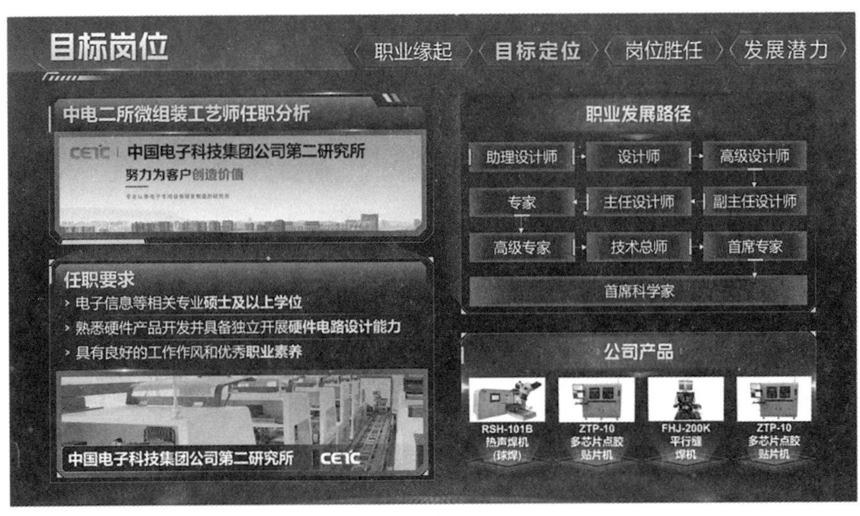

PPT图表设计示例

3.留白艺术的运用

留白艺术是引导视觉焦点的隐形指挥棒。通过调整行间距（1.5倍为佳）、模块分区（如左图右文布局）以及页边距（上下左右各保留2厘米），让页面呼吸感与信息密度达到平衡。建议采用“三三制”布局原则，即每个页面保留30%的呼吸空间，通过模块化分区构建视觉节奏。

PPT留白示例

（二）清晰展示选手答辩故事线

在职规赛现场展示中，PPT需通过结构化设计，把碎片化经历串联成可信的“证据链”。内容结构化模型是构建这一逻辑的关键。

1.内容结构化模型

总—分—总框架是最经典的叙事结构。目录页需用关键词总揽全局（如“政策锚点 · 技术路径 · 社会价值”），分模块则按“背景—目标—实践—规划”递进展开，总结页需强化记忆点。

典型案例

首届职规赛某国奖选手，设计了一条以梦为主题的发展脉络，在目录页总体讲述追梦的历程，分模块则以梦展开，总结页以想要成为“南丁格尔”这样的人物进行主题的升华，清晰展现了青少年心理科研工作者职业规划与国家发展战略的深度契合。

2.过渡页设计

实操技巧中，过渡页设计是衔接逻辑的关键。例如，在“个人能力”模块与“行业需求”模块之间，插入提问式过渡页——“要不要讲下去，用什么方式讲下去？”既引发评委思考，又自然引出下一部分内容。

PPT过渡页设计示例

3.政策与数据融合

技术与岗位的结合要杜绝机械罗列——当下在进行职业规划与岗位认知阐述时，可借鉴这样的思路：聚焦AIGC浪潮，像AIGC领域热招岗位TOP10里的AI产品经理等岗位备受青睐，同时信息技术人才存在短缺情况，且AIGC对IT领域影响最深、需求最大，在此背景下，同步结合自身参与数字化项目实践、学习AIGC相关技术课程等经历，并用取得的成果（如课程优秀作业、项目阶段性成效等）标注个人成长关键节点，让技术发展的行业趋势性与个人实践的具体性紧密相连。

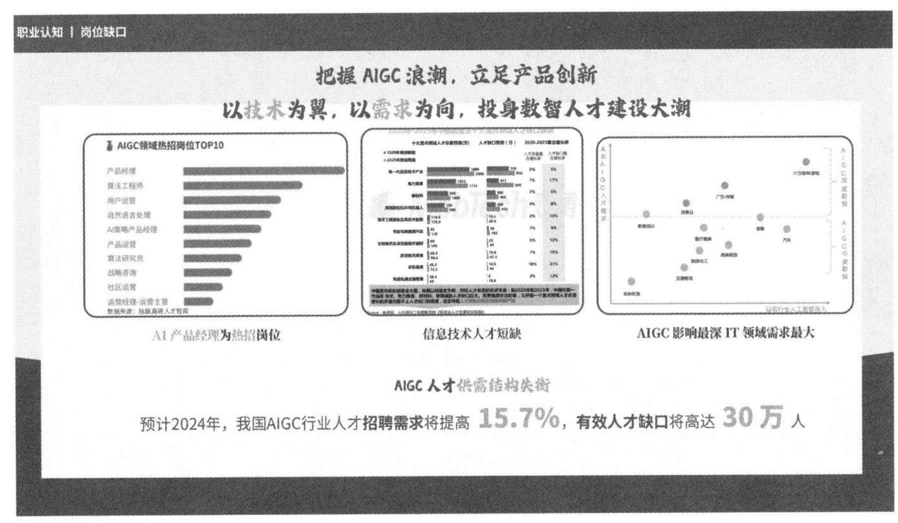

PPT中政策与数据融合页示例

（三）精准呈现作品亮点

评委的注意力资源有限，信息分层策略是确保核心竞争力被“看见”的核心手段。

1.信息层级焦点化

F型阅读规律揭示了人类视觉焦点分布的秘密——观众会优先关注页面左上方区域。因此，核心内容需布局于此。

典型案例

首届职规赛某国金选手将本人科研经历置于就业准备板块首要位置，列举参与的12项国家重点国防军工项目。右侧详细阐述在各项目中的成果，下方补充参与科研项目所锻炼的能力。这种布局让评委一眼抓住重点，快速了解其科研实力，具体项目成果和能力则为其科研水平提供有力支撑。

PPT信息层级焦点化示例

2.视觉要素显性化

对比强化通过视觉冲击放大差异点。加粗、色块与字号放大是最直接的技巧。

典型案例

首届职规赛成长赛道高教组国铜选手谢宏飞通过加粗、色块和字号放大等视觉技巧，有效地强化了信息对比。“行动成果—专业知识（校内）”中，标题“行动成果—专业知识（校内）”采用加粗字体，形成视觉焦点，左侧浅蓝块区分课程区，关键数据与标题层级分明，既强化了“高绩点＋专业课程优势”的核心信息，又通过克制的色彩运用保持视觉平衡，避免信息过载，实现了数据对比与逻辑分层的高效传达。

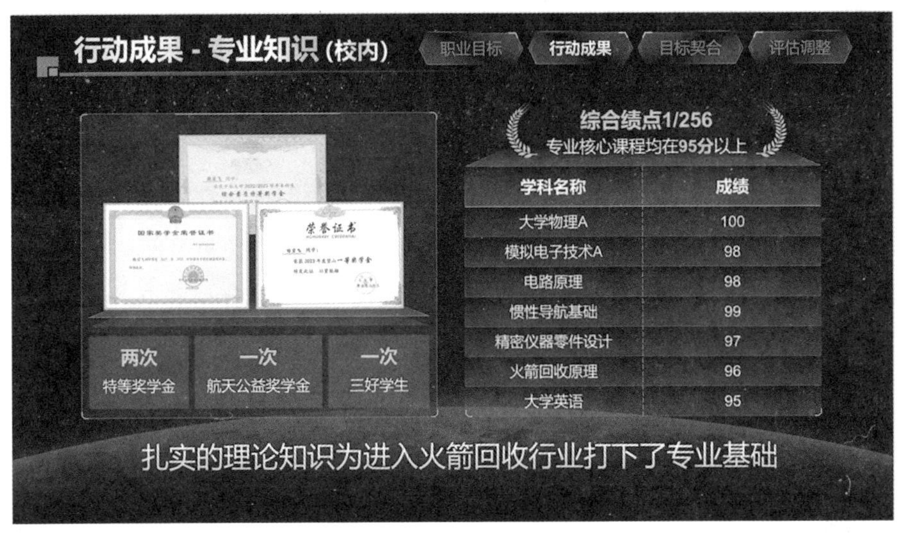

PPT视觉要素显性化示例

3.个人品牌符号化

个人品牌符号化是将抽象竞争力转化为具象记忆点的终极策略。定制图标（如为“碳资产管理师”设计绿叶与齿轮结合的LOGO）需贯穿PPT始终——页眉标注职业目标，页脚嵌入LOGO与联系方式，关键数据页用图标替代项目符号。金句锚点则需在总结页集中爆发。

典型案例

首届职规赛某国奖选手以“吃得苦、留得住、用得上”收尾，搭配象征江河湖水的蓝色背景与个人身着水电工作服的照片，评委反馈“口号与视觉符号完美呼应，三天后仍能复述其核心观点”。

（四）运用动画动态引导评委注意力

动画与切换效果是PPT的“节奏控制器”，用得好能强化逻辑，用不好则成干扰源。动画设计三准则是避免踩雷的关键。

1.少而精原则

现场展示PPT中动画设计的精髓在于“少而精”，只为核心结论服务。在政策关联性验证、核心技术突破等关键环节，可通过分步浮现、动态箭头等效果强化逻辑推导，例如，用流程图分阶段展示技术路径演变，让评委直观看到重点突破方向。而时间轴、背景资料等基础内容需保持静态，避免过度使用旋转、缩放等花哨特效——这些设计就像喧宾夺主的“特效秀”，反而会让评委质疑你的专业性。简言之，动画要像隐形的导航仪，精准引导评委视线聚焦核心价值点，而不是让他们在视觉花海中迷失方向。

2.跟着语速走原则

动画节奏必须与演讲语速深度绑定，形成“声画双轨驱动”。核心结论的动画时长严格控制在0.5~1秒，确保与语音中的关键词强调同步收尾，例如，讲解“市场占有率增长200%”时，柱状图恰好在话音结束时升至峰值。研究表明，当动画速率（≥24帧/秒）与语音停顿（每1.2秒一个关键点）形成黄金配比时，评委信息接收效率可提升40%，真正实现“用动画辅助思考，而非干扰判断”。

3.声画同步原则

动画与语音的配合要像双人舞般默契，构建视听认知的时空一致性。例如讲解“需求分析阶段”时，调研地图模块随语音分步展开；提到“用户参与率提升80%”时，数据图表同步高亮冲刺。这种声画误差≤0.5秒的精准咬合，能触发大脑多感官编码效应，使评委记忆留存率提升30%。需警惕“声画错位”陷阱：若动画比语音慢半拍，评委看完动画时演讲者已进入下一环节，这种认知断层会直接削弱展示说服力。

切换效果要保持简洁专业，统一使用“平滑”“推入”等基础模式，避免“随机线条”“溶解”等跳脱效果——这类设计如同让PPT跳广场舞，严重破坏专业感。优秀的切换效果应该像隐形桥梁，自然连接内容模块，而非成为评委注意力的黑洞。

三、现场展示PPT实战案例库

（一）成长赛道案例：航天青年的“陀螺人”成长图谱

在航天强国战略的时代背景下，首届职规赛成长赛道高教组国铜选手谢宏飞，以“陀螺人”精神为内核，构建了“国家使命—个人理想—技术路径”三位一体的职业规划方案，通过PPT视觉叙事与结构化表达，生动诠释了新时代航天青年的责任担当与专业追求。

1.战略定位：航天使命与个人理想的锚定

首页以中北大学军工底蕴为视觉基调，标题“做航天事业中永不停歇的陀螺人”突出职业愿景，副标题明确“运载火箭回收控制算法工程师”职业目标。背景采用航天科技蓝渐变，隐含对宇宙探索的隐喻。选手通过“飞行梦受阻→航天梦觉醒”的叙事引入（后续“梦想缘起”页展开招飞经历与班主任引路人角色），传递出了个人选择与国家需求的同频共振。

PPT首页示例

2.成长基因：飞行梦的延续与科研引路人的启蒙

在“职业目标·梦想缘起”页，选手通过招飞体检报告与有效申请截图（左链）直观呈现少年飞天梦想的起点，文字说明“因英语一分之差与飞行员失之交臂”，奠定理想受挫的叙事基调。右侧以新闻报道截图与文字叙述（右链）引出本科班主任冯凯强老师的关键作用——其作为科研引路人，带领选手参与实验室项目，使“飞行梦”升华为“航天梦”。页面通过线性时间轴（高中招飞→大学科研启蒙）串联起“个人理想受阻→国家使命觉醒”的逻辑链条，虽未采用双螺旋等视觉结构，但通过“梦想—转折—升华”的三段式叙事，清晰展现职业动机的深层驱动因素。

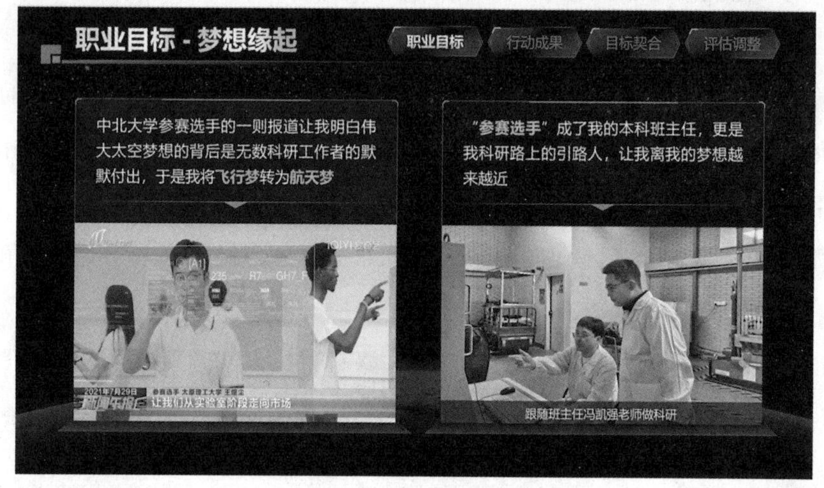

PPT展示成长基因示例

3.发展路径：线性叙事下的成长坐标构建

“职业目标·成长规划”页以文字时间轴清晰罗列本科阶段关键节点。

例如：2023 年担任实验室负责人、2024 年进入中国航天科技集团实习、2025 年计划保研深造，逻辑链条完整。“硕士学位”“动力学建模”等能力目标通过专业课程成绩（惯性导航基础99分）、科研项目参与记录（如箭载位姿测量系统研发）及企业实习证明静态呈现，形成“理论积累→实践验证→进阶规划”的递进结构。页面虽未采用可视化模型，但通过分阶段目标拆解与成果举证（如校长奖章、国家级竞赛奖项），直观展现与职业目标的匹配度，体现出选手对成长路径的清晰认知与务实规划。

职业目标 - 成长规划

职业目标　行动成果　目标契合　评估调整

2021年10月，参加一场生涯规划讲座后，当晚写出的大学四年的成长规划图

时间	成长计划
本科一年级	学分绩点专业排名前5%;进入实验室学习专业基础理论知识;跟随班主任参与科研项目学习
本科二年级	参与学科竞赛，获得国家级奖项
本科三年级	独立撰写软著，发明专利，获得科研成果;成为实验室负责人，担任新生班级班主任助理，担任中北大学双创讲师;进入中国航天科技集团实习。在各方面均有建树，全面发展自己，提高综合能力
本科四年级	获取保研资格，到保研学校进行毕业设计，跟随导师进行科研研究

科学分析个人现实情况与目标要求差距，制定合理可行的计划

PPT展示发展路径示例

4.价值升华：技术温度与家国情怀的共振

“行动成果 · 职业精神”页引用大国工匠周建民对选手团队科研成果的评价——“消防无人机的精巧程度超乎想象，一丝不苟的精神值得认可”，以行业权威背书强化专业可信度。“箭载位姿测量系统”等科研成果通过项目文字说明

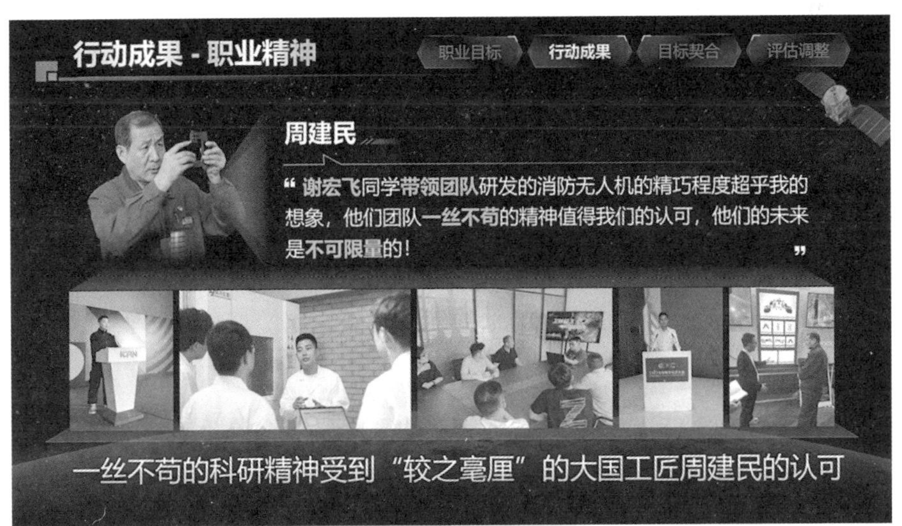

PPT展示价值升华示例

与原理示意图（标注“回收精度提升”）直观呈现，结合“航天国防安全”的背景论述，自然衔接个人技术突破与国家战略需求。首页标题“做航天事业中永不停歇的陀螺人”贯穿始终，以文字隐喻强化职业信念，虽无复杂视觉特效，但通过科研成果的社会价值阐述（如技术应用于火箭回收）与行业使命的文字呼应，实现从个体成长到航天强国的价值升维，展现新时代青年的责任担当。

谢宏飞的PPT以“陀螺人”为精神内核，锚定“运载火箭回收控制算法工程师”目标，通过“飞行梦受阻→航天梦觉醒”的叙事转折，结合专业课程、科研项目、竞赛成果的静态举证，构建了“理论积累—实践验证—价值升维”的逻辑链条。页面以线性时间轴梳理成长路径，用行业权威评价与技术成果可视化强化可信度，虽未依赖复杂交互设计，但通过“个人理想与航天强国战略的共振”“技术精度与家国情怀的融合”，清晰展现了新时代青年的职业担当与务实规划，符合大赛对“战略视野与实践深度”的评审要求。

（二）就业赛道案例：军队文职宣传干事的“星火燎原”叙事

在军队文职宣传岗位的激烈竞争中，第二届职规赛就业赛道高教组国银选手张馨月以“政策解码为锚点、能力矩阵为内核、军政融合为底色”的设计逻辑，打造了一份兼具战略高度与情感温度的求职方案，生动诠释了新时代军事传播者的职业价值。

1.初心牵引

PPT首页以郑州洪水救灾影像触发“军人精神”共鸣，后续通过《中国人民解放军政治工作条例》（以下简称《条例》）文字引用、军队文职岗位属性分析，隐性传递“政治工作是军队生命线”的政策逻辑。岗位计划表与专业对口数据（如“中国语言文学类干事岗位缺口大”），结合“政治忠诚+军事素质”的能力举证，自然衔接个人职业选择与军队宣传需求，虽未采用可视化政策截图，但通过“使命叙事→政策关联→能力匹配”的逻辑链，实现军政融合的底层建构。

PPT初心牵引首页模板示例

2.能力铸剑

在岗位胜任力模块，选手以文字分点构建逻辑清晰的能力矩阵：政治素养聚焦政治忠诚，任省大学生理论宣讲团团长，接待省市级单位50余次，践行《条例》要求；媒体技能聚焦宣传实效，借调期间编发推文28篇，浏览量增长27.2%，运营公众号连续两年获得教育部“校园新媒体互动百强”；创新实践聚

PPT岗位胜任力模板示例

焦形式突破，开发视频党课阅读量4600+，策划沉浸式展演覆盖5000+官兵，并获主流媒体报道；组织协调聚焦统筹执行，承办30余项省市级活动，协调多部门组织1.5万余人次，4天完成“一二·九”活动策划，覆盖3000+人次。整体以军队蓝为主，通过数据与场景还原构建能力闭环，贴合岗位需求。

3.使命熔铸

选手以线性叙事串联成长与使命：2021 年郑州洪水触发从军理想，服役及在校期间，历任政治教员、借调宣传处、承办省级活动等，不断强化多维度能力。其间呼应《条例》要求，以视频党课、沉浸式展演等创新思政形式践行职责，“红色基因传承”项目获主流媒体报道，逐步构建起“使命—能力—价值”逻辑链。虽未用双轨时间轴，却以“事件触发—能力匹配—价值升华”的结构，实现了个人职业选择与军队需求的紧密结合。

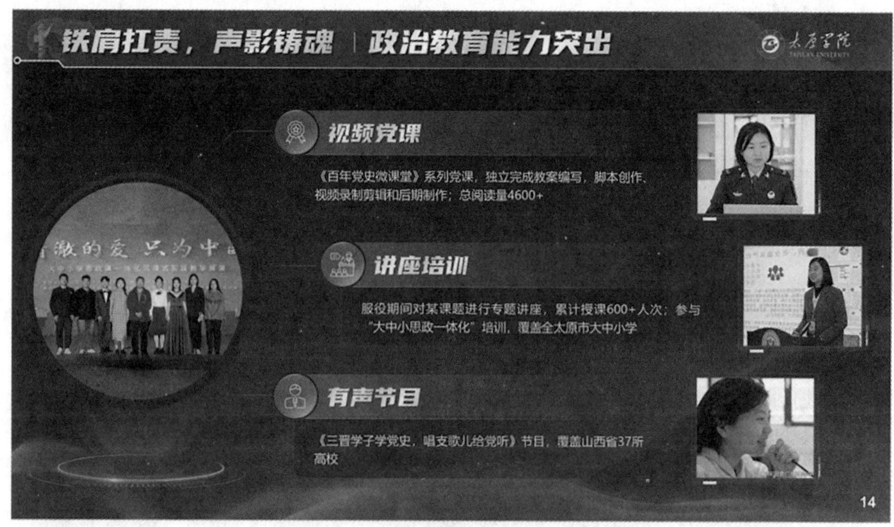

PPT显示成长与使命模板示例

4.战果燎原

社会价值页以文字列举传播成果：借调期间编发推文多篇、浏览量增长27.2%，《百年党史微课堂》阅读量近5000，组织活动获新华网等主流媒体报道，以“浏览量、覆盖人次、媒体背书”体现宣传影响力。

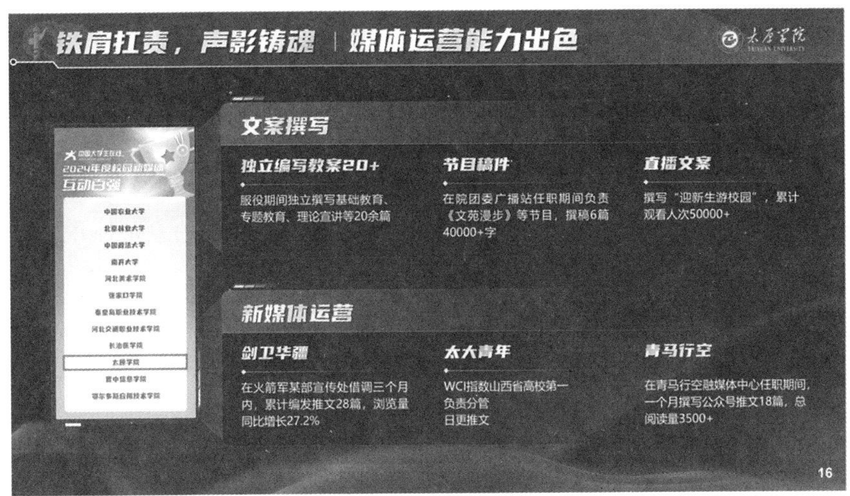

PPT传播效能举证模板示例

5. 军魂铸型

总结页以“四有”军人标准为纲领性表述，通过能力模块隐性映射：政治素养对应“有灵魂”，媒体技术对应“有本事”，军事训练（如带训零事故）对应“有血性”，志愿服务（如寒衣节志愿者）对应“有品德”，尾页以“‘孔雀蓝’青春闪耀强军征程”文字愿景收尾，传递家国使命。

PPT尾页模板示例

四、评委视角PPT设计的加分项与扣分项

（一）加分项

在职规赛中，PPT不仅是信息载体，更是选手职业素养的直观体现。评委对其专业度与竞争力的评估，具体围绕三个核心维度展开：政策引用的精准性、数据可视化的专业性与故事化呈现的感染力。

1.政策引用的精准性

政策引用精准是成长赛道的核心加分项。选手可直接引用政策文件原文并标注编号，例如“根据《‘十四五’数字经济发展规划》（国发〔2021〕29号）第15条”，而非泛泛而谈“国家支持数字化转型”。

典型案例

第二届职规赛就业赛道高教组国银选手张馨月在PPT中以文字形式引用《中国人民解放军政治工作条例》关于“政治工作是军队生命线”的论述，结合担任山西省重点马院宣讲团团长、接待省市级单位50余次等实践，实现了“政策逻辑隐性嵌入，彰显军政融合的职业深度”。

PPT中政策引用精准示例

2.数据可视化的专业性

数据可视化专业要求选手用图表工具将抽象数据转化为可理解的视觉语言。首届职规赛就业赛道高教组金奖选手，用“田野考古历程图”清晰梳理多次遗址发掘经历，标注时间、地点、成果等关键信息，让评委一目了然。

3.故事化呈现的感染力

以时间轴串联职业成长节点，结合成果可视化叙事，将规划转化为有温度的故事，让评委通过沉浸感认知职业逻辑闭环。将职业规划转化为“成长故事”，用时间轴叙事（如2020年发现AI教育痛点→2022年研发智能系统→2025年产品落地校园），搭配成果截图、用户反馈等关键节点影像，让评委直观理解规划的“前世今生”。这种叙事突破传统数据堆砌，以“问题—方案—价值”的故事逻辑增强情感穿透力。当时间轴节点对应具体场景时，评委既能把握规划合理性，又能通过故事共鸣记忆核心竞争力。

（二）扣分项

PPT设计的扣分项往往源于对评审标准的误判或细节疏忽，主要集中在信息过载、逻辑断层与风格脱节三大问题。

1.信息过载

信息过载是新手常见失误。部分选手试图通过单页PPT密集呈现多段文字、复杂图表与叠加动画来证明自身能力，反而导致关键信息被淹没，评委难以快速抓取核心竞争力。

案例拆解

以某选手校赛作品为例，在“芯梦源起”部分，页面大段文字线性叙述经历，未分段、提炼关键词或使用时间轴，无数据图表及图标；“参与项目情况”页纯文字分点描述工作内容，缺流程图、数据对比及图标符号，技术成果抽象。

扣分点解析：未区分“展示”与“讲解”功能，缺乏视觉分层（如标题加粗、数据变色），“量子检测技术突破”等核心信息被稀释，评委难以快速抓取要点。

芯梦源起

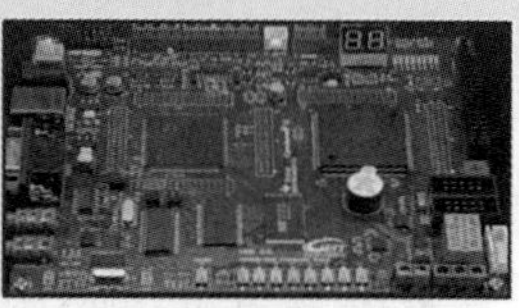

2018年09月
我从小就立志成为一名建筑工程师，报考志愿前，“中兴制裁”事件深深触动了我，让我深感到我国在半导体芯片技术领域的不足，燃起了我对半导体芯片研究的热情。因此我在高考志愿填报选择了测控技术与仪器专业。

2021年10月
由于对半导体芯片技术的执着，本科毕业设计课题时选择了“低噪声放大芯片设计”。毕设前期的EDA芯片仿真设计环节如预期一样，但是最终实物加工后进行工作时却频频出错，并且由于测试仪器限制难以进行溯源分析，因此这次毕设也成为我本科阶段的一个遗憾。

PPT信息过载示例

2.逻辑断层

逻辑断层则直接削弱职业规划的可信度。若选手在政策解读模块强调战略导向，却在实践论证环节缺失具体行动支撑，或提出核心数据却未说明计算口径与来源，都会导致专业可信度崩塌。

案例拆解

以某选手校赛作品为例，其“政策背景”页引用政策，未关联个人规划跳转企业调研，缺失“政策导向→行动”过渡；“企业调研”页罗列岗位需求，未说明技能匹配，缺乏“行业痛点→能力”衔接，未构建逻辑闭环，削弱规划可信度。

扣分点解析：符合“提出行业问题却无具体行动支撑”的逻辑缺陷，未构建“政策依据→技术路径→实证数据”的闭环（如“国家支持芯片检测→我的量子项目如何响应”），导致职业规划可信度削弱。

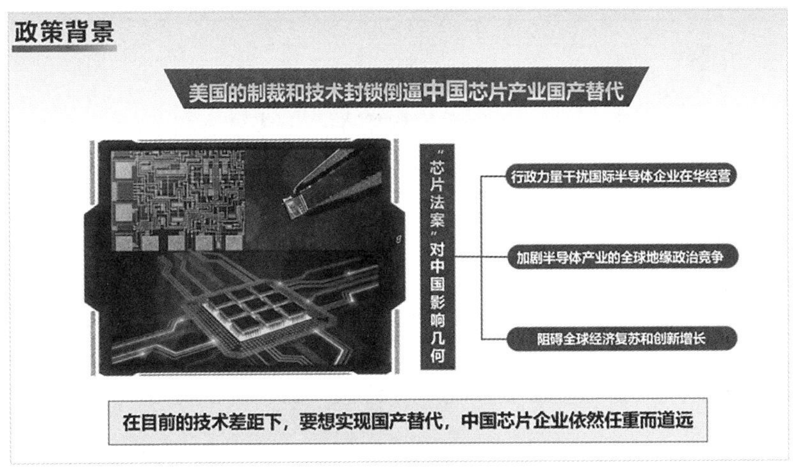

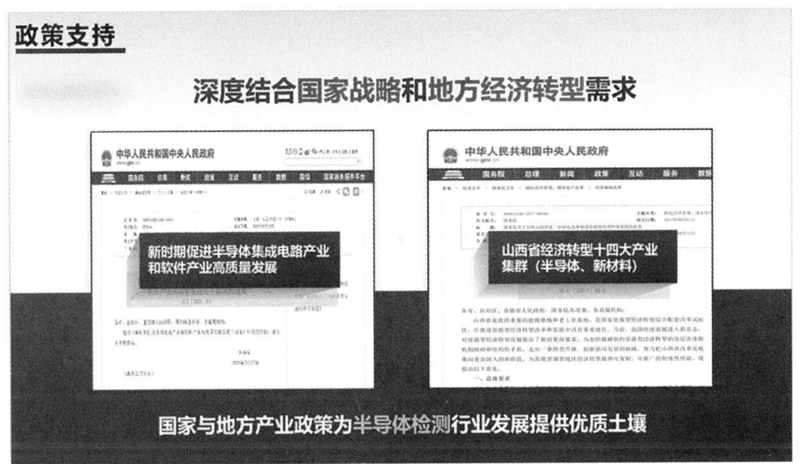

PPT逻辑断层示例

3.风格脱节

职业展示的视觉风格若与目标行业文化脱节，将直接暴露选手的认知偏差。传统行业（如金融、法律）需通过沉稳配色（深蓝/炭灰），对称式布局传递专业权威感，避免因低龄化视觉元素削弱可信度；新兴领域（如互联网、元宇宙）则可运用动态渐变、抽象图形等先锋美学符号呼应创新基因。

需以评委视角审视，让PPT细节与职业价值观咬合，成为无声的职业宣言。

案例拆解

以某选手校赛作品为例，问题页面表现在：全课件采用基础文字排版，未用芯片、量子等科技感图标或数据图表，视觉风格通用，与半导体芯片检测的“高精尖”属性脱节；“职业准备”页描述技能时缺仪器图示或成果截图，仅文字陈述，不符合新兴科技领域可视化要求。

扣分点解析：视觉语言停留在“通用模板”，缺波形图、科技蓝等前沿领域符号系统，暴露“风格与行业文化脱节”的认知偏差。

PPT风格脱节示例

第二节　现场展示中的视频运用

在现场展示中，多媒体材料的运用至关重要，其能显著提升信息传递效率并加深评委印象。其中，视频作为“立体名片”，以独特的媒介优势打破时空限制，将个人故事与职业价值浓缩为短暂却强烈的视觉冲击。通过高清画质、精准剪辑与个性化风格的结合，选手的成长轨迹与行业使命被转化为可感的职业图景；而作为PPT逻辑的延伸，视频以声光为媒介，在理性论证中融入人性温度，最终成为评委记忆中“专业深度与人文情怀并存”的深刻锚点。

一、内容精炼：让信息传递更加高效

视频等多媒体材料的核心在于精炼和高效地传递信息。一个精炼的视频能够在短时间内抓住评委的注意力，展示你的关键能力和成就。实操建议：

1	明确个人品牌	在制作视频之前，首先要明确你的个人品牌是什么。这包括你的专业领域、个人特质、价值观以及你希望在观众心中建立的形象。你的个人品牌应该反映在你的视频内容、风格和信息传递方式上
2	讲述个人故事	通过讲述个人故事来展示你的经历和成长过程，这可以帮助观众更好地了解你，并与你建立情感联系。故事可以是关于你的职业生涯、教育背景、挑战和成功经验等
3	展示专业技术	在视频中展示你的专业技能和知识，这不仅可以展现你的专业能力，还可以突出你在特定领域的专业性。例如，如果你是一名设计师，可以展示你的设计作品和创作过程
4	强调独特视角	每个人都有自己独特的视角和看法。在视频中分享你对行业趋势、技术发展或社会问题的独特见解，可以展现你的思想深度和创新思维
5	个性化视频风格	你可以通过视频的拍摄风格、剪辑方式、音乐选择和视觉元素来展现个性化的风格。例如，使用特定的色彩主题、字体风格或动画效果来增强视频的辨识度
6	使用个人标志或口号	如果你有个人标志或口号，可以在视频中使用它们来加强个人品牌的识别度。这可以是一句座右铭、一个标志性动作或一个独特的视觉符号
7	真实和透明	在视频中展现真实的自己，包括你的成功和失败、优点和缺点。这种真实性和透明度可以帮助建立信任，并让观众感受到你的真诚
8	利用多媒体元素	结合使用图片、图表、动画和视频剪辑等多媒体元素，可以使内容更加丰富和有趣，同时也能够更好地展现你的创意和技术能力
9	练习和反馈	在视频制作过程中，不断练习和改进是非常重要的。你可以向朋友、家人或同事展示你的视频，收集他们的反馈，并根据这些反馈进行调整

二、画质清晰：提升观看体验

高质量的视频能够提供更好的观看体验，使评委能够清晰地看到你的展示内容。实操建议：

1	高质量设备	使用高质量的摄像设备和麦克风来录制视频，确保画面和声音的清晰度
2	良好的照明	确保录制环境有良好的照明，避免阴影和过曝，使视频中的你看起来更加专业
3	安静的环境	选择一个安静的环境进行录制，避免背景噪声干扰评委的观看体验
4	后期编辑	在视频制作完成后，进行必要的剪辑和调整，确保画质和音质达到最佳效果
5	测试观看	在不同的设备上测试观看视频，确保在各种环境下都能提供良好的观看体验
6	字幕和说明	为视频添加字幕或说明，帮助观众更好地理解内容，特别是对于听力障碍者

三、与PPT内容相辅相成：构建完整的展示体系

多媒体材料应与PPT内容相互补充，形成一个完整的展示体系，共同讲述你的求职故事。实操建议：

1	视频与 PPT 的整合	在 PPT 中适当插入视频片段，如介绍个人背景、展示项目成果或分享职业愿景
2	内容的一致性	确保视频内容与 PPT 内容紧密相关，避免出现脱节或重复的情况
3	互动性增强	利用视频增强展示的互动性，如通过视频展示如何解决问题或展示成果
4	流畅地切换	在展示前，多次练习 PPT 和视频的切换，确保展示的流畅性和连贯性
5	备份计划	准备视频的备份文件和格式，以防在展示过程中遇到技术问题
6	观众反馈	在展示后，收集观众的反馈，了解多媒体材料的效果，并进行相应的调整
7	多媒体的多样性	除了视频，还可以考虑使用动图表等多种形式的多媒体材料

第三节　评委提问的核心逻辑与问题类型

职规赛评委提问的核心在于系统评估选手职业规划的科学性、逻辑性与赛道适配性。科学性是指选手要依据行业报告、政策文件等，说明职业目标如何符合国家战略和趋势；逻辑性要求选手从目标设定到行动路径，形成完整闭环，并能灵活调整；赛道适配性则分两种，成长赛道看重个人能力提升和社会价值，比如用技术创新解决行业问题；就业赛道看重技能匹配、企业文化和抗压能力，比如

三年内为企业创造价值的具体计划。评委通过这些问题，寻找有数据思维、规划能力和使命感的复合型人才。

一、成长赛道评委提问类型

（一）职业目标合理性

评委对职业目标合理性的提问，本质上是通过考察选手能否将个人规划融入国家战略与行业趋势，检验其是否具备宏观视野与科学决策能力。宏观视野要求选手突破个体局限，从政策导向（如“十四五”规划中的数字经济、绿色低碳）、技术革新（如AI与产业融合）及社会需求（如老龄化、乡村振兴）等维度锚定职业方向；科学决策能力则强调以数据驱动替代主观臆断，例如，通过行业白皮书分析目标岗位的供需关系，利用AI职业画像工具量化能力匹配度，并基于“双螺旋模型”动态调整路径。

典型问题如“你的职业目标与国家战略/行业趋势如何结合？”要求选手跳出个人视角，将职业规划置于国家发展框架内。

例如，若选手目标为“碳资产管理师”，可引用《“十四五”职业技能培训规划》中绿色职业的扶持政策，结合行业报告分析碳交易市场的增长趋势，证明目标的政策契合度与行业前景。

另一高频问题“如何验证目标的可行性？”则需选手构建数据化证据链：通过AI职业画像工具（如智联招聘岗位需求图谱）解析岗位核心能力要求，比对个人技能矩阵的匹配度，并说明如何通过“双螺旋模型”动态调整路径，例如，每季度复盘行业政策变化，利用大数据工具（如天眼查行业洞察）实时更新能力培养计划。回答时需避免空谈理想，需强调目标落地的技术路径与资源支撑，如“已加入某环保NGO的碳核算项目，累计完成3家企业碳排放评估，验证了实务操作能力”。

评委通过此类问题，既评估选手对国家发展大局的认知深度，也验证其职业规划是否具备可落地的技术逻辑与资源支撑，最终筛选出兼具战略眼光与务实思维的复合型人才。

（二）成长路径与实践行动

评委对成长路径的提问聚焦于选手的实践转化能力与成长性证明，旨在深度考察其如何将理论知识转化为解决实际问题的行动力，并通过可量化成果验证其持续进步的能力。

1. 实践转化能力

实践转化能力的核心在于展现选手在真实场景中的创新策略与执行效能，例如，乡村振兴项目中，针对村民老龄化与数字化工具使用障碍的痛点，选手需通过“STAR-PLUS模型”结构化呈现解决方案：从具体情境分析（如网络覆盖率低、年龄结构偏大）到明确任务目标（如两个月内完成200户培训），再到开发方言教学动画、设立驻村帮扶站等创新行动，最终以培训完成率92%、农产品线上销售额提升35%等数据量化成果，并延伸至个人成长（如掌握需求调研方法论）与社会价值贡献（如弥合城乡数字鸿沟）。

2. 成长性证明

成长性证明则要求选手构建能力跃迁的证据链，例如，通过慕课证书、项目结题报告、技能测评数据等，系统展示从“数据分析基础”到“Python商业建模”的进阶路径，同时关联目标岗位的胜任力模型（如咨询岗要求的“问题拆解—方案设计—客户沟通”三级能力）。评委通过此类提问，综合评估选手是否具备“学习—实践—反馈”的闭环思维、动态调整路径的灵活性，以及将个体成长与社会需求结合的全局视野，最终选拔出兼具行动力、进化潜力与使命感的复合型人才。

（三）社会价值与适配性

社会价值类问题的核心在于考察选手的职业使命感与行业贡献潜力，即其职业规划是否具备回应社会痛点的公共价值，以及能否在动态环境中保持目标与路径的适配性。

1.职业使命感

职业使命感要求选手超越个人利益，将职业目标嵌入国家战略与社会需求框架，例如，人工智能专业选手可结合《新一代人工智能伦理规范》，针对“我国青少年抑郁症患病率约为2%，而目前抑郁症就诊比例仅为9.5%左右”数据，佐证需求的紧迫性；同时需展示原型产品在校园试点中的有效性（如筛查准确率85%、用户满意度90%），以实证技术落地的社会价值。

2.行业贡献潜力

行业贡献潜力则强调选手对行业生态的洞察与应变能力，例如，面对突发问题“如果行业环境突变，你的规划如何调整？”教育行业选手可预设“‘双减’政策加码”场景，提出“三级应变策略”：短期利用现有教研资源转型素质教育课程研发（如STEAM教育），中期依托人力资源社会保障部“技能中国行动”政策拓宽企业培训赛道，长期结合5G与元宇宙技术趋势布局虚拟教育场景。

成长赛道的评委提问体系围绕“目标—路径—价值”三重维度展开，既要求选手以数据与模型构建理性框架，又需通过真实案例与敏捷思维展现实践智慧。选手需在回答中融合政策高度、行业深度与人性温度，将职业规划转化为一场“用科学方法论讲述的成长故事”，方能在激烈竞争中脱颖而出。

二、就业赛道评委提问类型

评委对就业赛道选手的提问聚焦于人岗匹配度、岗位胜任力与潜力、职业韧性三大维度，旨在全面评估其与企业需求的契合度及发展潜能。

（一）人岗匹配度类问题

人岗匹配度类问题要求选手以实证逻辑证明自身与岗位的契合，即通过可验证的数据、案例与行动证据，系统展现个人能力与企业需求的精准对接。实证逻辑的核心在于避免空泛自述，而是以岗位要求为标尺，构建“能力—需求”的强关联。例如，新闻学专业选手应聘新媒体运营岗时，可从技能适配与文化契合双维度回应。

1.技能适配

技能适配要求选手将抽象能力转化为具象证据。例如，以“全媒体编辑师”证书佐证专业资质，结合在校期间运营的公众号案例（如粉丝增长200%、爆款文章阅读量10万+），提炼“内容策划”“用户增长”等岗位关键词对应的核心能力，形成“证书+成果”的证据链。文科生尤其需突出跨学科优势，例如，汉语言文学专业选手应聘文案策划岗时，可展示省级征文比赛获奖证书，辅以为非遗品牌撰写的推广文案（如阅读量破50万、带动产品销量提升15%），证明文字功底与商业洞察力的融合。

2.文化契合

文化契合则需选手从企业价值观中提炼行为对标点。引用目标企业年报中“创新驱动”“年轻化传播”等价值观，通过“大学生职业发展沙龙”项目（如邀请企业HR分享品牌年轻化策略、设计校园Z世代用户调研方案），说明自身行为与企业文化的深度共鸣。历史学专业选手应聘文化IP运营岗时，可结合企业“传承与创新并重”的理念，展示参与的“老字号复兴计划”（如策划方言文化短视频，播放量超100万人次），既体现文化挖掘能力，又呼应企业对传统元素现代转化的需求。

评委通过此类问题，评估选手是否具备“需求解码—证据整合—价值传递”的系统化思维，以及将个人特质转化为企业价值的务实能力。文科生的竞争力恰恰在于将“软性”经历（如文化活动、学术研究）转化为硬核证据链，在数据与故事的交织中，证明“非标”专业与岗位的高度适配。

（二）岗位胜任力与潜力类问题

岗位胜任力与潜力类问题旨在深度考察选手的实战能力与成长空间，即通过具体场景下的问题解决逻辑，验证其能否将理论知识转化为实际成果，并展现适应未来挑战的潜力。

1.实战能力

实战能力要求选手以行动为导向，例如选手应聘市场策划岗时，若被问及

“如何短期内完成高难度任务？”可从“场景拆解—资源整合—效果验证”三个层面回应：假设需在一周内策划新品发布会，可提出“三步法”——快速对标（分析可口可乐春节营销案例，提炼爆点元素）、资源联动（协调校内设计团队制作物料，对接校外媒体扩大曝光）、动态优化（通过A/B测试调整活动流程，最终实现转化率提升30%），并以往期校园活动数据（如参与人数增长150%）佐证执行效能。

2.成长空间

成长空间则需要选手将个人潜力与企业长期战略绑定，例如，国际关系专业选手被问及“职业潜力如何支撑企业需求？”可引用DeepSeek对“一带一路”沿线跨文化人才缺口的预测数据，结合自身“中外青年文化交流论坛”项目经验（如设计文化冲突调解方案、促成3项跨国合作意向），说明其全球化视野与企业海外市场拓展的适配性。文科生的独特优势在于将人文素养转化为商业价值，例如，社会学专业选手可针对社区运营岗，提出“文化符号挖掘+用户情感联结”策略，用“老旧街区活化项目”（如居民参与率80%、本地文化传播量10万+）证明其需求洞察与资源盘活能力。评委通过此类问题，综合评估选手“目标拆解—行动设计—价值延伸”的逻辑闭环，以及立足当下、谋划长远的战略思维。

（三）职业韧性类问题

职业韧性类问题旨在深度考察选手的抗压能力与冲突解决逻辑，即通过压力情境下的行为选择与反思迭代，验证其面对挑战时的心理韧性、问题拆解能力及团队协作智慧。

1.抗压能力

抗压能力的核心并非单纯“承受压力”，而是展现“压力—复盘—进化”的闭环思维。例如，某选手在省级辩论赛失利后，通过系统性复盘建立“论点库+反应力训练模型”，优化备赛流程（如每日模拟辩论、实时反馈修正），最终带队获全国亚军，凸显“失败—迭代—突破”的韧性成长路径。

2.冲突解决逻辑

冲突解决逻辑则需选手平衡原则性与灵活性，例如，历史专业选手在课程设计中与组员就史料解读产生分歧时，运用“金字塔应答模型”分步化解：第一步倾听共情（理解对方基于文献考据的立场），第二步提出折中方案（融合文献与口述史双重证据链），第三步共识落地（分工撰写对比分析报告），最终课题获校级优秀作品并发表于学术期刊，展现沟通技巧与协作智慧。

此类问题要求选手将抽象“韧性”转化为具体行动证据，如市场营销专业选手遭遇产品推广失败后，通过用户画像修正、渠道重组与A/B测试，实现二次投放转化率提升120%，用数据验证逆境应对能力。评委借此评估选手是否具备“压力转化—策略优化—价值再生”的底层逻辑，以及将冲突转化为协作机遇的全局视野。

三、回答评委提问的通用技巧

评委提问环节是职规赛中考察选手逻辑思维、临场应变能力与职业素养的核心场景。选手需通过系统化的应答策略，将职业规划的深度与广度转化为具象的语言表达。

（一）结构化表达

结构化表达的核心在于通过清晰的逻辑框架，帮助评委快速抓取关键信息，同时展现选手的系统性思维。“总—分—总”模型是经典策略：先提炼核心观点，再分层论证，最后升华总结。这一框架不仅能提升回答的逻辑性，还能增强评委对选手专业能力的信任感。

1.总：提炼核心观点

在回答开始时，用一句话概括核心观点，明确回答的主旨。例如，若评委提问“你的职业目标如何兼顾个人发展与社会价值？”法律领域选手可回应：“我的目标是成为知识产权领域的公益律师，这一选择基于政策导向、行业痛点与个人能力的三重契合。”

拓展阅读

提炼核心观点的四步方法论

第一步：解码评委意图

◆ 分析问题本质：例如“职业目标如何兼顾个人与社会价值？”实则是考察选手的全局视野与价值观；

◆ 识别关键词：如“兼顾”“社会价值”提示需覆盖政策、伦理、实践等多维度。

第二步：构建关键词矩阵

◆ 政策关键词：如“数字经济”“乡村振兴”“‘双碳’目标”；

◆ 行业关键词：如“维权成本高”“技术壁垒”“人才缺口”；

◆ 个人关键词：如“跨学科背景”“项目成果”“认证资质”。

第三步：整合成一句话观点

将关键词矩阵转化为逻辑连贯的陈述。例如：

总：“我的目标是成为碳交易法律顾问，通过政策解读（国家层面）、合规方案设计（行业层面）与跨境资源整合（个人能力），助力企业实现绿色转型。”

第四步：预埋论证钩子

在核心观点中预设分论点方向，引导评委关注后续内容。例如：

总：“我选择老龄康养法律咨询师这一职业，源于人口老龄化趋势（政策）、银发经济法律盲区（行业）与我的医法复合背景（个人）的三重驱动。”

此处“人口老龄化”“银发经济”“医法复合背景”即为后续分论点的展开锚点。

2.分：分层论证逻辑

分论点需紧扣核心观点，从不同维度展开论证。每个分论点应包含理论依据、数据支撑或案例佐证。

评委提问的核心在于验证选手职业目标的政策契合度、行业需求紧迫性与个人能力支撑性。

在政策层面，选手需深度解读国家战略导向，例如，结合《知识产权强国建设纲要》中“加强知识产权公共服务体系建设”的要求，阐明公益法律服务对中小企业创新生态的推动作用——通过降低维权成本、提供标准化法律文书模板等举措，助力“专精特新”企业突破技术转化瓶颈。

在行业痛点方面，需以权威数据佐证需求的真实性与紧迫性，如引用某省高级人民法院发布的《知识产权司法保护白皮书》数据：“省内70%中小企业在遭遇商标侵权、专利纠纷时，因法律咨询成本过高或专业资源匮乏而被迫放弃维权”，直指市场服务缺口。

个人能力维度则要求选手构建“理论—实践—资质”三位一体的证据链：既需展示“法律援助中心”实习期间代理3起商标侵权案件并实现100%胜诉的实战成果，也要通过国家统一法律职业资格证书、知识产权管理师（中级）等专业认证，证明法律素养与岗位胜任力。三者环环相扣，共同构成职业目标合理性的铁三角论证体系。

3.总：升华总结价值

结尾需呼应开头，总结观点并升华价值。职业目标的最终论证应回归其社会意义与时代使命。

例如，以知识产权公益律师为例，结尾可如此升华：“因此，我的职业目标既是对《知识产权强国建设纲要》‘强化中小企业创新保护’政策的积极响应，也是以专业能力填补市场空白的务实选择——通过公益诉讼支持中小微企业维权，每年可降低其法律成本超百万元（数据引自某市司法局试点报告），直接助力‘中国制造’向‘中国智造’的转型。于个人，这是法律人专业价值的实现；于社会，这是对创新生态的守护。未来，我计划联合高校与行业协会，搭建‘知识产权公益服务联盟’，通过标准化服务流程与AI法律工具，将个案援助升级为系统性解决方案，让更多‘隐形冠军’企业敢于创新、无惧侵权。”

这一结尾不仅复现了开篇的“政策—行业—个人”三重逻辑闭环，更通过具体行动计划（如搭建联盟、引入AI工具）与量化社会价值（如降低企业成本、推动产业转型），将职业规划从“个人选择”升华为“时代责任”，在理性与情怀的交织中，为评委留下深刻的记忆锚点。

（二）主动引导

主动引导强调化被动应答为主动输出，通过问题关联个人优势，将评委提问转化为展示竞争力的机会。

1. 借题发挥，突出核心竞争力

若评委问及“人工智能对法律行业的影响”，选手可跳出常规回应，主动延伸：“您提到的AI技术，恰好与我参与的‘智能合同审查系统’项目相关。在该项目中，我们通过自然语言处理技术（NLP）提取合同关键条款，将审查效率提升60%，错误率降低至2%以下。这一经历让我深刻认识到，法律人需拥抱技术，但核心价值仍在于风险预判与伦理把关，例如在系统设计中，我们增设了‘合规性预警模块’，避免算法偏见导致的条款漏洞。”

2. 争议问题应答，彰显职业使命

当被问“如何看待律师为犯罪嫌疑人辩护？”可转为展示职业使命：“这恰是法律人守护程序正义的体现。我曾参与某刑事案件辩护，通过调取监控盲区证据、申请关键证人出庭，最终推翻‘有罪推定’。此案让我坚信，辩护权不仅是法律赋予的权利，更是社会公平的基石。”

3. 跨学科融合，凸显复合能力优势

例如，知识产权律师可借“专利侵权案”问题，引出“技术调查官”协作经验：“在某专利侵权案中，我联合技术专家解析涉案专利的创新点，并通过司法鉴定锁定侵权事实。这一过程不仅需要法律知识，还需要对技术细节的精准理解。”

（三）从容应对压力问题

压力问题旨在测试选手的心理素质与危机处理能力。关键在于平衡坦诚与策略——承认局限，同时展现解决问题的积极态度。

场景1：评委追问“你的方案是否过于理想化？”

低分回答：“我认为具备可行性。”（空洞无力）

高分回答：“目前的方案基于现有政策与技术条件设计（如某市已试点‘公益法律服务站’模式）。当然，规模化推广需进一步优化，例如，我正在调研‘法律科技众包平台’，拟通过律师资源共享降低服务成本，计划与司法局合作开展试点，后续将结合试点数据迭代模型。”

场景2：被质疑“缺乏相关经验如何胜任？”

策略回应：“确实，我的直接经验有限，但我在‘法律援助中心’的实习中，通过参与8起劳动争议案件，系统掌握了证据收集、庭审辩论的流程。此外，我完成了《劳动法实务案例精解》的定向学习，并模拟代理了3起虚拟案件（附导师评估报告）。下一步，我计划考取‘劳动关系管理师’认证，进一步夯实专业能力。”

（四）高阶策略

评委对选手的评估不仅关注逻辑与数据，更在意细节的专业性与价值观的感染力。通过权威工具引用、可视化辅助、价值观升华三大策略，选手可将回答从“技术性陈述”升级为“有温度的职业叙事”。

1.权威工具引用

权威工具引用是增强专业性的关键。例如，法律领域选手可援引《最高人民法院关于知识产权民事诉讼证据的若干规定》中“电子存证合法性认定标准”，佐证区块链技术的司法应用价值；或引用《中国知识产权保护年度报告》数据——“2023年专利侵权案件同比上升25%，维权成功率不足40%”，凸显公益诉讼对中小企业的必要性。进一步结合自身实践，如“联合某NGO设计‘一站式维权平台’，试运行阶段已协助5家企业胜诉”，既能呼应政策导向，又能以成果验证方案的可行性。

2.可视化辅助

可视化辅助通过具象化表达破解专业术语的抽象性。选手可在答辩中动态描述图表或产品原型，例如："(手势模拟)这是我设计的'社区法律需求热力图'，红色区域显示合同纠纷高发区，据此我们针对性开设'小微企业经营法律课'，参与企业合规率提升45%。"若条件允许，可展示简易原型，如法律咨询机器人的交互界面截图，或纠纷调解流程的动画演示，通过视觉冲击强化记忆点。文科生可活用文化符号，例如，历史专业选手展示"非遗保护热力图"，用图标标注濒危技艺分布区域，直观传递保护紧迫性。

3.价值观升华

价值观升华是触发情感共鸣的终极武器。选手需将职业目标升华为社会使命，例如，刑事辩护方向选手可讲述："我选择这份职业，是因为每一起冤案背后都是一个家庭的破碎。在实习中，我亲眼见到一位父亲因儿子无罪释放而跪地痛哭——那一刻我深刻理解，法律不仅是冷冰冰的条文，更是无数人的人生。"此类叙述既能展现职业信念，又能引发评委共情。进一步可关联社会议题，如知识产权律师提出："我的目标不仅是维权胜诉，更是守护中国制造的创新火种——让中小企业敢于研发，无惧抄袭。"通过"个人行动—社会价值"的强关联，塑造"有使命感的专业者"形象。

细节赋能与情感共鸣的终极目标，是让评委记住"一个既有专业深度又有人性温度"的选手形象。当权威数据、视觉化表达与价值观叙事三者交织时，职业规划便不再是冰冷的策略陈述，而是升华为一场理性与情怀共振的精彩演说。

回答评委提问的本质是一场"结构化叙事"，需融合逻辑的严密性、案例的实证性、价值观的感染力。选手需准备精准的问题解码、证据链构建与策略化表达。唯有如此，方能在职规赛中脱颖而出，赢得评委的认可与掌声。

四、评委高频问题清单

（一）成长赛道常见问题

成长赛道常见问题

序号	考察核心	常见问题
1	职业目标	你在未来10年想成为职场里的什么角色？比如行业专家还是团队“领头羊”等
2		未来5年、10年、15年，你分别期待达成哪些里程碑式的成果？比如带团队还是搞创新发展
3		你所选的职业赛道与自身优势匹配吗？能用三个关键词说明匹配度吗
4		在创新突破和职业规范之间，你觉得怎么平衡最合适
5		你有没有制定专属的职场升级攻略？你觉得自己需要培养哪些能力
6		行业风向变化会影响你的计划吗？需要提前准备什么计划
7		你的学历和专业能为你的职业目标提供什么帮助？请举例说明
8		最近三个月，你关注的行业在技术标准与行业规范方面有哪些重要更新
9		有没有向职场中的榜样人物取经？他们走过的路对你有什么启发
10		在职场发展中，你更倾向优先补充哪类核心要素？是构建高质量人脉网络以获取行业机会，还是深耕专业技能以增强不可替代性
11		你认为实现职业目标需要什么样的支持和资源
12		分析一下你已构建的专业能力体系及核心技能模块
13		结合职业目标，你认为自身竞争力的优势领域体现在哪些方面？哪些能力需要针对性提升以缩小与目标的差距
14		团队合作时，怎么做既能把事办好又能体现职业素养
15		你认为哪些小细节最能看出职业精神
16		你觉得职场人的道德底线是什么？打算怎么落实到日常工作中
17		你认为工作中哪些小事特别能彰显职业素养？比如同事的哪方面让你会觉得靠谱
18		介绍一下你目标职业的市场需求现状和行业现状
19		你是否做过生涯人物访谈？为什么
20		未来你打算去哪个行业哪个城市找工作
21		请阐述你对职业精神的看法
22		职业精神在你的发展规划里占多大分量？为什么这么看重
23		能分享一个你身边特别有职业精神的榜样故事吗？他哪些做法让你佩服

续表

序号	考察核心	常见问题
24	学习实践行动	针对目标职业的招聘要求，你的哪些学习实践行动能助力你实现职业目标
25		请阐述你的专业技能提升方案，说明学习路径与资源整合机制
26		请阐述你的职业发展路径设计框架及阶段划分依据
27		请结合你的专业知识，分析职业发展路径中的关键挑战节点及潜在风险因素
28		你如何利用自身专业能力应对多维度的挑战，应对策略及资源调配预案是什么
29		请说明你为理想职业所做的前期准备，并说明未来改进的阶段性实施方案
30		请分享一个你提升通用技能的成功案例
31		为培养目标岗位所需要的通用技能，你付出了哪些努力
32		你目标岗位的职业发展路径是什么
33		请分析说明自己的终身学习体系及职业能力迭代路径
34		你是否在第一职业外，准备了第二职业？如果跨度过大该怎么处理
35		请说明你的职业续航充电计划
36		请分析你的职业成长学习计划，列举三个关键挑战关卡并说明应对策略
37		能否分享三个提升自身文字表达能力的有效方法
38		有哪些科学高效的英语学习方法值得推荐？请举例说明
39		你大学课堂学的东西，有哪些可以直接转化为目标岗位需要的技能
40		之前有没有哪次打工 / 社团经历，让你突然觉得“这个感觉我熟，跟未来工作特像”？讲讲那次经历
41		面对一个新岗位，你如何从已经学到的知识中分析自己是否能够快速适应
42		当接手跨部门项目时如何根据实际情况制定风险预案？
43	动态调整	要是你想进的行业突然冒出个热门新岗位，比你原来瞄准的岗位更有前途，你是继续原来的计划，还是马上换目标？凭什么作这个决定
44		盘点你的成长行动，你有哪些不足？导致这些不足的原因是什么
45		你所在的行业因为政策变化，突然不好干了，你得分几步调整自己的职业规划，才能适应新情况
46		你的职业目标有可能被 AI 替代吗
47		请分析你当前的专业能力缺口及知识短板，你打算如何提升
48		如果发生意外，你的职业目标实现不了，你的备选职业目标是什么
49		你是如何对成长计划进行自我评估？发现你的不足后，你作了哪些动态调整
50		你实习后发现自己其实不适合这份工作，和之前以为的不一样，接下来你怎么重新了解自己，调整职业规划

（二）就业赛道常见问题

就业赛道常见问题

序号	考察核心	常见问题
1	职业目标	在诸多职业选择面前，你为何青睐此职业目标
2		在你锁定的目标行业内，所选岗位相较于其他岗位，最显著的区别是什么
3		你详述了诸多研究成果，那么基于此研究方向，就业单位有哪些？能否举例说明
4		你着重介绍了科研实践经历，在此过程中，是否有机会接触行业内企业？它们是否存在招聘需求
5		你的专业研究在领域内十分精细，然而未来工作岗位是否还能维持如此细致的分工
6		从你的汇报来看，其中未提及岗位需求相关信息。请问你未来是倾向于创业还是就业
7		你的职业目标指向西部基层，但你的研究性学习方向较为小众，在未来的工作中，能否找到施展才能的空间
8		能否介绍一下你预期的工作内容以及工作流程
9		基于行业生命周期理论，请预测你目标行业在未来 5 至 10 年的发展阶段及竞争格局演变
10		针对岗位认知深度的质疑，请通过具体案例佐证你对岗位需求与挑战的立体化分析能力
11		请解构你目标职业的商业模式，并说明关键价值创造环节
12		请用专业术语阐释你目标岗位的核心工作原理及其技术实现路径
13		请预判你目标职业在未来 10 年内的演进趋势及潜在变革因素
14		基于行业生命周期理论，请预测你目标行业在未来 5 至 10 年的发展阶段及竞争格局演变
15		针对岗位认知深度的质疑，请通过具体案例佐证你对岗位需求与挑战的立体化分析能力
16	岗位胜任力	请系统总结你在团队协作项目中发挥的具体作用及可验证的贡献成果
17		请运用 STAR 法则完整呈现一次跨文化团队沟通的成功案例
18		在团队中，你会采取什么措施去激发团队成员的行动力
19		请选取最具代表性的志愿者服务案例，解构其社会价值实现路径及你的核心参与方式
20		请阐述你构建的持续学习生态系统，说明知识更新机制与能力迭代路径
21		请通过关键事件法展示一个目标设定与达成的完整周期，突出方法论层面的创新性

续表

序号	考察核心	常见问题
22	岗位胜任力	请运用压力管理理论，论述你对工作强度与生活质量动态平衡的认知框架
23		你所学的专业和这个岗位有啥关联？哪些知识能直接派上用场
24		基于成就动机理论，请解析未达预期目标时的情绪管理策略及心理重建机制
25		请说明你专业技能的结构化积累过程
26		请选取典型工作场景，解构学术理论向实践转化的具体路径及效果验证方式
27		请运用项目管理框架，系统阐述你在创业项目中承担的技术领导职责
28		请运用问题树分析法，完整呈现一个复杂问题的解决案例，突出方法论创新与实施成效
29		请通过压力应对模型，解析实习经历中遭遇的典型挑战及其对职业能力塑造的长期影响
30		你之前的学习 / 工作中，哪些经历能证明你适合这个岗位
31		这个岗位需要哪些硬核技能？你觉得自己达标了吗
32		请阐述你对职业精神的核心内涵定义及评价维度
33		基于职业生涯发展理论，请阐释职业精神的战略价值定位
34		请完整阐述一个职业精神典范案例，并分析其核心示范要素
35		请解构你所在专业领域最具代表性的职业精神具象化表征及行为指标体系
36		哪些具体做法最能看出一个人的职业精神？请举个例子
37		在职业发展中，你觉得创新精神和职业精神怎么平衡比较好
38		在团队中，你会采取什么措施去激发团队成员的行动力
39		工作中遇到压力山大的情况时，你通常会怎么给自己“降压”
40		能举个你工作中“翻车”后又成功补救的真实例子吗？当时是怎么调整过来的
41		在制定职业规划时，你是怎么兼顾“长远大目标”和“眼前小目标”的？有什么诀窍吗
42		团队合作时遇到过沟通障碍吗？举个你巧妙化解矛盾的实际案例
43		你每天的工作日程通常怎么安排？有没有特别的效率提升小妙招
44		压力特别大的时候，你会通过哪些方式给自己“充电回血”？这些方法见效快吗
45		你平时会用什么方法来评估自己的思考能力？有什么自测小窍门吗
46		在规划职业发展时，你觉得思维能力在其中发挥了什么作用
47		你觉得职场上那些厉害的人，通常都有哪些特别的思考习惯
48		遇到过想破头都解决不了的难题吗？后来是怎么转换思路突破的

续表

序号	考察核心	常见问题
49	岗位胜任力	你觉得职场新人最容易掉进哪些思考陷阱？要怎么避免
50		和领导同事想法撞车时，你通常怎么处理？举个实际例子
51		你觉得职场沟通最怕遇到什么绊脚石？比如代沟还是性格差
52		和外国同事或客户打交道时，遇到过文化差异引发的沟通障碍吗？后来是怎么化解的
53		你工作中最拿得出手的执行力案例是哪次？具体是怎么推进的
54		接到特别复杂的任务时，你拆解问题的第一步通常会做什么
55		请系统阐述你对所申请岗位职责范围及核心工作内容的认知
56		基于组织架构视角，请分析该岗位在企业发展中的价值定位
57		你觉得这个岗位在公司里像什么样的存在？比如像球队里的哪个位置
58	发展潜力	如果用 10 年为期规划职业蓝图，你更期待阶梯式成长还是跨界跃迁
59		你所在领域国内外差异最明显的“分水岭”在哪儿？（技术应用 / 行业标准 / 人才培养）你最想填补哪些本土化空白
60		职场续航期间选择重返校园，是哪些契机让你决定重新背上书包？比如突破职业瓶颈还是应对知识迭代
61		针对行业当前的“顽疾”，你的团队正在尝试哪些破冰行动？能否举个具体破局案例
62		AI 在你工作中更像工具包还是参谋长？哪些环节特别需要智能分析 / 流程优化这样的左膀右臂
63		你如何看待目标职业与 AI 的共生关系？具有哪些核心竞争力是算法永远无法复制的“护城河”
64		你未来的长期发展路径是什么
65		工作后发现要用到很多没学过的技能，比如突然要求你用新软件做数据分析，可你完全没接触过，你打算怎么快速学会这些技能
66		进入公司后，发现团队工作节奏特别快，和你之前实习时慢悠悠的氛围完全不一样，你怎么调整自己，尽快融入新环境
67		要是领导的管理风格很强势，经常给你很大压力，和你期望的领导方式不一样，你会怎么和领导相处，保证工作顺利开展
68		入职后公司业务转型，你要从熟悉的领域转到全新领域，之前的经验都用不上了，你怎么保证自己能快速掌握新知识，不被落下
69		你说想在 5 年内当上部门经理，可公司晋升名额少、竞争特别激烈，你觉得自己靠什么比别人更有优势，能顺利升职
70		现在入职的岗位基础工作很琐碎，看起来没什么发展前景，你怎么从这些不起眼的工作里找到机会，实现职业发展和晋升

第四节　现场展示全维度策略

职规赛答辩是选手从“能力持有者”向“价值传递者”蜕变的关键。胜负不仅看知识储备，更在于技巧与形象协同，构建“理性可信、感性共鸣”的展演。答辩以“闭环逻辑”为脉络，分技巧、形象、反馈三维度：技巧为骨架，用结构化应答与危机处理搭建逻辑；形象为灵魂，借仪容与行业符号传递职业人格；反馈为燃料，经赛前设计、赛中调整、赛后复盘实现进化。数据与故事交织，让答辩升维为价值对话，选手以专业和情怀刻下双重烙印，完成赛场到行业的跃迁。

一、答辩前的系统准备

答辩前的系统准备是构建职业形象的基石。选手需在踏入赛场前，以精准设计塑造专业印象，从仪容细节到行业符号表达，完成从“参赛者”到“职业人”的视觉身份预演，为答辩成功奠定第一印象基础。

（一）仪容管理

选手的仪容是评委形成第一印象的核心载体，需通过细节设计传递整洁、干练与行业适配性。

男士应剃净胡须，保持面部清爽；女士建议采用淡妆修饰，如大地色眼影与自然唇色，避免浓妆或夸张妆容带来的视觉干扰。发型设计需简洁利落：男士以短发为宜，女士可选择马尾或者丸子头，避免碎发遮挡视线或过于前卫的造型分散评委注意力。细节把控同样关键——保持指甲修剪整齐，避免佩戴过多饰品（如手链、耳环），仅保留象征专业性的单品，例如简约腕表或珍珠耳钉。

典型案例

首届职规赛某国奖选手以“助力科技成果转化的技术经理人”为目标，身着杏色西装亮相，整体形象严谨而不失亲和力，通过着装细节巧妙呼应了技术经理人职业所需的专业感与沟通力，成为选手通过外在形象传递职业特质的生动写照。

（二）仪表适配

仪表设计需与目标行业文化深度绑定，通过视觉符号传递“圈内人”的身份认同。答辩时，不同行业需呈现差异化。

在金融或法律领域，男生可选择藏青或炭灰色双排扣西装套装，搭配白色或浅蓝纯色衬衫与深灰色格纹领带，脚踩深棕牛津鞋，以钢带简约款腕表点缀，尽显挺括干练；女生则可身着同色系收腰西装裙或直筒裤套装，内搭米白色真丝衬衫，佩戴珍珠耳钉或细链项链，搭配3~5cm黑色中跟皮鞋，以利落剪裁与精致细节传递专业权威感。

在互联网或创意行业中，男生可尝试浅灰或卡其色休闲西装外套，内搭撞色圆领针织衫与白色T恤，下身配深灰直筒休闲裤，脚穿麂皮乐福鞋，辅以几何图案领带或袖扣增添设计感；女生可选择格纹衬衫叠穿米色针织背心，搭配高腰阔腿裤或A字半裙，用金属质感几何胸针或彩色丝巾提亮造型，以小白鞋或穆勒鞋呼应行业的创新活力。

教育或公益行业更需传递亲和力，男生可身着米白或浅蓝色亚麻西装外套，内搭浅色系Polo衫，搭配卡其色休闲裤与棕色休闲皮鞋，以皮质表带手表增添温和气质；女生可选择柔粉或淡蓝色连衣裙或收腰套装，搭配同色系丝巾或布质胸针，脚踩浅口平底鞋，以柔和色系与柔软材质营造温暖近人的形象。

典型案例

首届职规赛某国奖选手以此策略亮相，评委反馈“形象与中学历史老师的职业目标高度契合”，印证了符号化表达的有效性。

（三）仪态训练

仪态是无声的职业语言，需通过系统性训练形成肌肉记忆。

站姿与坐姿是基础。男生站立时双脚与肩同宽、脚尖外展15°，重心均匀，腰背挺直，双臂垂于身侧或轻搭讲台；女生可选“V字步”或“丁步”，双手交叠腹前，重心交替。均忌晃动、倚靠或插兜，以显自信专注。就座时保持背部挺直，仅坐椅子前1/3，展现积极进取的状态。眼神交流是建立信任的关键，答辩使用“三角注视法”，在评委左眼、右眼与鼻梁间自然切换，每人停留3~5秒；线上答辩则需直视摄像头而非屏幕，营造“穿透屏幕”的对视感。某选手通过每日对镜练习15分钟，成功矫正频繁眨眼的习惯，并在模拟视频中标注肩部紧绷问题，逐步优化至自然松弛状态。

实操闭环建议：录制模拟答辩视频，逐帧分析仪态短板（如手势僵硬、眼神飘忽），制订针对性训练计划。

典型案例

山西省第二届职规赛就业赛道某省银选手在模拟答辩时发现自己陈述时频繁耸肩，遂在每日练习中增加肩颈放松动作，两周后仪态流畅度显著提升。这种“观察—诊断—矫正”的循环机制，能将仪态从“刻意表演”转化为“自然表达”，最终在答辩中展现举重若轻的职业风范。

二、答辩中的高光时刻

答辩中的高光时刻，源于形象与技巧的化学反应。选手需让仪态与应答同频共振，用动态表达强化逻辑说服力，在数据陈述、故事讲述与危机应对中，打造视听交融的职业魅力现场。

（一）第一印象管理

入场时的仪态细节是评委形成初始评价的关键窗口。选手需以步伐稳健、节奏适中的姿态步入会场，步速控制在每秒1步左右，入场后以微微鞠躬传递尊重与谦逊。开场问候的语言与表情需高度协同：保持自然微笑，声音清晰洪亮，以“各位评委好，我是×号选手李明，我的职业目标是碳资产管理师”等简洁表述锚定身份与目标。

典型案例

首届职规赛就业赛道高教组金奖选手戴菽阳在国赛现场展示中，以沉稳步伐搭配自信微笑入场，评委反馈“开场瞬间即感受到其职业化气质”。这一环节的本质是通过动作、语言、表情的黄金三角，在30秒内完成从“参赛者”到“职业人”的身份转化，为后续答辩奠定信任基础。

（二）动态仪态

答辩中的仪态需与内容逻辑深度共振，形成“语言—动作—情感”的复合说服力。数据展示时，单手前伸模拟“数据上升”趋势，指尖略微上扬，配合“年减排量提升30%”等结论性表述，可增强信息的可视化冲击；故事讲述时，身体微微前倾，语调放缓，如描述“乡村老人因数字化鸿沟无法申领补贴”时，眼神柔和、手势轻缓，能有效触发评委共情；遭遇质疑时，保持目光坚定，以“我的三级策略已预设资源限制”等结构化回应传递从容态度。

典型案例

山西省第二届职规赛就业赛道高教组省银奖选手解焱文在回答资源分配问题时，双手平展做“天平”手势，同步解释“平衡短期成本与长期收益”，评委评价“肢体语言与逻辑严谨性高度契合”。这种动态仪态设计，本质是将抽象的职业能力转化为可感知的肢体符号，使评委在视听双重维度中建立深度认同。

（三）危机场景的仪态救场

突发状况的处理能力是职业韧性的终极试金石。

设备故障时，需保持站立姿势，双手自然下垂，微笑说明“我将通过三个关键词继续我的讲述”，避免慌乱频繁点击设备；若PPT完全黑屏，可走向讲台中央，继续脱稿阐述，展现逻辑掌控力。

评委追问时，以点头回应“这是一个很好的问题”，同步调整呼吸节奏，为思考争取2~3秒缓冲时间。

典型案例

山西省首届职规赛成长赛道高教组省金选手郭锦源在答辩中突遇评委连续质疑数据来源，其以双手轻按演讲台桌面的稳定姿态回应：“您提到的数据时效性问题确实存在，我已同步跟踪最新行业报告，将在会后提交补充分析。”评委最终评价“应变从容、回应专业”。

此类场景中，仪态不仅是危机缓冲器，更是职业素养的显性表达——选手通过身体稳定性、表情管理、语言节奏的三重控制，将突发挑战转化为能力证明的契机。

三、答辩后的形象复盘

答辩后的形象复盘是职业成长的加速器。选手需透过影像回溯细节短板，从微表情矫正到空间站位优化，将赛场表现转化为可量化的改进坐标，最终实现从“比赛形象”到“职业品牌”的认知升维。

（一）影像化复盘

答辩后的复盘是职业形象优化的黄金机会。通过逐帧回放答辩录像，选手需系统分析仪态短板，聚焦两个核心维度：微表情管理与空间站位控制。

微表情管理要求精准识别紧张时的无意识动作。例如，某选手在答辩中频繁抿嘴，回放录像时标注出该动作出现的节点（如回答争议性问题时），随后通过每日对镜练习“微笑保持训练”，逐步消除这一习惯。类似地，摸鼻子、眨眼频率过高等细节也需标记，并针对性设计矫正策略（如深呼吸练习或视线固定训练）。

空间站位控制则需评估动态表达的合理性。选手需复盘自己在讲台上的移动轨迹，确保走动范围控制在1米半径内，避免过度徘徊或僵立不动。例如，某选手发现答辩时频繁侧身背对评委，遂在后续训练中设定“三角站位法”（以讲台为中心，左右各45° 转向），确保始终面向评委席传递信息。

（二）职业形象IP化

答辩形象不应止步于比赛场景，而需升维为个人职业品牌的核心资产。

职业形象IP化的关键在于一致性与延展性。社交媒体发布的观点需与答辩中传递的价值观吻合（如坚持“技术向善”）；延展性则需根据职业发展阶段动态调整。例如，从“参赛选手”进阶为“行业新人”后，可逐步增加实操案例分享（如项目成果、客户评价），弱化比赛荣誉占比，使品牌形象从“潜力新星”向“实战专家”自然过渡。

答辩后的形象复盘绝非简单纠错，而是职业品牌建设的起点。通过影像化分析，选手能将抽象的“表现力”转化为可量化的改进指标；通过IP化运营，则将赛场上的高光时刻升华为行业认知的敲门砖。当选手以系统性思维看待形象管理——从细节矫正到品牌塑造，从短期优化到长期经营——答辩便不再是孤立的事件，而是职业生态链中的关键节点。这种“以终为始”的复盘逻辑，不仅助力选手在比赛中脱颖而出，更为其职业发展注入可持续的竞争力。

第六章

AI 技术赋能：轻松掌握职规赛材料撰写

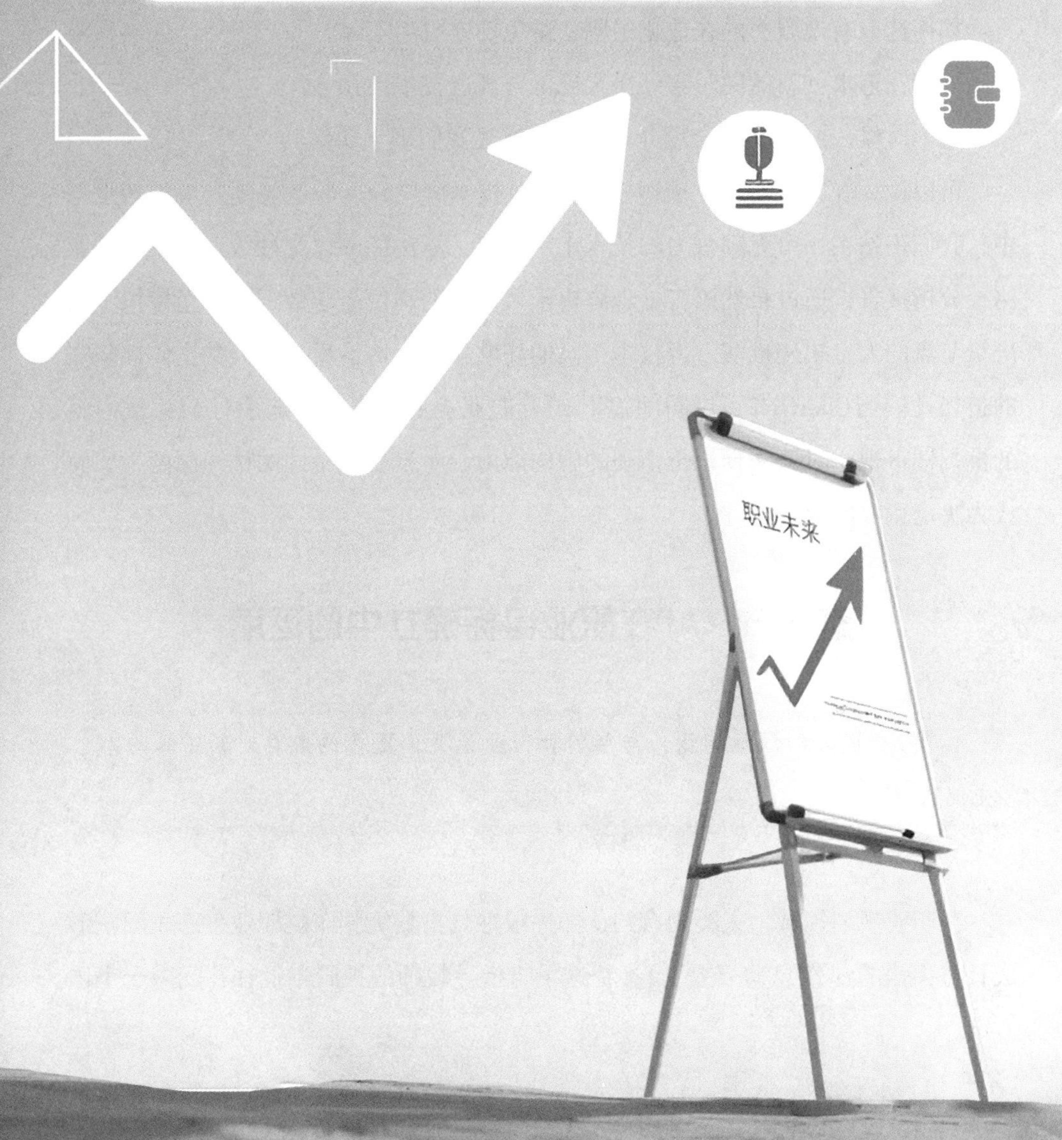

对于参赛的师生来说，大家都希望自己能够在大赛中胜出，但大家在备赛中也总是会遇到各种各样的问题，例如：

如何突破传统职业认知局限，发现新兴交叉领域职业目标？

如何动态更新材料中的行业数据，避免引用过时信息？

如何深度挖掘隐性特质，避免过度依赖测评工具？

如何打造有张力的个性化叙事？

如何实现材料逻辑自洽，避免模块割裂？

如何将复杂数据转化为直观视觉符号，提升信息传递效率？

如何选取有说服力的在地化案例，避免榜样脱离实际？

如何在追求创新的同时守好格式规范，规避技术性扣分？

这个时候，AI工具的合理介入往往能够让我们事半功倍。

可以说，在人工智能生成内容（AIGC）技术深度介入职业规划赛事的新生态中，我们正站在一个充满张力的技术十字路口。算法能够以毫秒级速度生成职业路径分析报告，通过自然语言处理解析千万量级的岗位需求数据，甚至模拟不同决策节点的人生轨迹推演。但技术工具的高歌猛进，恰恰反衬出人类主体性坚守的迫切性。当ChatGPT可以瞬间输出10套职业规划方案时，选手对AI生成内容的批判性审视、对算法预设价值观的解构能力、对自身独特性的认知深度，反而成为决定竞赛质量的关键。

第一节　AI 在职业目标确立中的运用

> “每一代人的代际淘汰，与年龄和行业无关，更多的来自对新工具的率先使用。”

在职业规划领域，人类固有的认知局限性与指数级膨胀的职业生态之间正形成日益尖锐的“信息剪刀差”。参赛选手与指导教师的视野半径往往受限于个体经验边界与区域产业格局，难以穿透行业壁垒洞察那些处于萌芽期的“未来职业形态”。

传统职业咨询模式仅能覆盖部分新兴岗位信息，而AIGC通过实时解析全球上亿条岗位数据、数千份行业白皮书及专利数据库，可充分拓展职业目标的新维度。当指导教师借助AI发现“银发经济”赛道中的“老年人数字生活教练”职业时，可引导学生结合智慧养老试点城市政策，进一步细化为“社区智能终端适老化改造顾问”方向；当选手锁定“人工智能训练师”基础目标后，系统通过产业链图谱分析，揭示出“大模型价值观对齐工程师”“多模态数据集质检师”等更具技术壁垒的细分方向。

这种由AI拓宽可能性空间、人类进行价值判断与本土化创新的协作机制，正在重塑职业规划教育的底层逻辑——我们不再是在已知地图上寻找路径，而是借助AI的战略望远镜，共同绘制未来职业生态的新大陆。

一、职业目标信息整合维度

想要在职规赛中取胜，职业目标的确立非常重要，要能够符合前面所提到的“新—红—特”的特点，很多选手都会选择“主标题+副标题”的形式，主标题清楚写明自己的职业目标是什么，而副标题则表达出岗位的前瞻性和家国情怀。

以首届全国职规赛金奖选手为例，他们的职业目标和职业宣言如下。

攻关固废难题　勇攀科研高峰——高校科研工作者

研精究微　矢志创芯——EDA产品工程师

智能强国　科研筑梦——智能制造高校研究员

照亮残疾人教育之路——残疾人高校教师

数智未来　交通前行——智能交通规划师

类脑智能　筑梦未来——人工智能类脑芯片设计师

以数为基　促思启智——重点高中数学教师

让世界没有长眠的梦——神经外科医生

乘时代创新之风　闯科技转化之路——技术经理人

用AI的力量　让国产汽车看见全世界——自动驾驶感知算法工程师

理解中国　沟通世界——全媒体国际新闻记者

禁毒没有旁观者　你我都是践行人——禁毒警察

以法为炬　音而布芒　以法为杖　律途启航——职业律师

以码为梦　赋能未来无线可能——大模型算法工程师

愿得此生长报国　戎装虽重心不改——军队网络安全工程师

深耕生物学基因研究　打破底层专利桎梏——基因编辑研发研究员

效法羲和驭天马　志在长空牧群星——无人机研发工程师

效笔做枪　奏响新时代强军之音——军事记者

逆境追光　青春“依”旧在线——针灸推拿专业教师

柑橘研发一展乾坤　秀出自我魅力无限——致力于“中国甜”的分子研发工程师

为者常成　行者常至——神经退行性疾病治疗研究员

E往无前　编码青春——电力数据分析师

那么，如何通过AI工作实现对职业目标的信息整合，并找到职业发展的突破点呢？

以当下流行的DeepSeek这一工具为例，借助这一AI工具可以实现的“信息整合”大致包括行业趋势、岗位要求、技能匹配等多个方面。

（一）行业趋势整合提示词

“作为AI行业分析师，请总结2025年全球算法工程师岗位的三大前沿技术分支，并列出中国在相关领域的政策支持文件及头部企业布局案例。”

“基于国务院《新一代人工智能发展规划》中期评估报告，分析算法工程师在‘东数西算’工程中的具体岗位需求场景，需区分数据中心运维算法岗与算力调度算法岗的差异。”

（二）岗位要求整合提示词

“用自然语言处理技术分析BOSS直聘、猎聘网上‘自动驾驶感知算法工程师’岗位描述（N=300条），提炼出现频次最高的10项硬技能（如CUDA并行优化）和5项软技能（如跨部门需求转化能力），并标注企业性质（车企/Tier1/初创）的差异化要求。”

“构建算法工程师薪资预测模型：输入参数包括城市（一线/新一线）、学历（本/硕/博）、细分领域（CV/NLP/强化学习），输出2025年25%、50%、75%分位值，并可视化长三角与珠三角地区的梯度差异。”

（三）技能匹配整合提示词

“将我的竞赛银牌经历（交通流量预测项目）转化为算法工程师岗位胜任力证据链，需匹配以下维度：数据处理（时空序列清洗）、模型创新、工程落地（阿里云PAI部署经验）。”

“基于算法工程师能力标准，对我的项目、论文、实习经历进行GAP分析，按优先级排序需强化的3项能力。”

二、职业目标创新生成维度

职业目标创新其本质是通过人机协同重新定义职业可能性的边界，将生涯规划从“被动适配”升维为“主动创造”。

在2025年人工智能与产业变革深度交织的时代背景下，职业目标创新已突破传统“兴趣+能力”的二维框架，演变为“技术前瞻性+社会价值性+个体独特性”的三维动态建构过程。参赛者需以AIGC为创新引擎，在算法生成的数百个选项中筛选出既符合个人特质又能回应时代命题的方向。

以首届和第二届全国职规赛金奖选手为例，我们来看看他们的职业目标如何体现一个“新”字。

典型案例 1

首届全国大学生职规赛就业赛道全国总决赛金奖获得者李泓熹，他的职业目标是：制版匠人——致力成为中国“红帮裁缝”制版技艺传承人。

“红帮裁缝”是历史悠久的技艺，以手工西装制版闻名，属于非物质文化遗产，选手希望在职业生涯中成为一名卓越的男装制版师。作为年轻人选择这个职业，可以结合现代技术或新的传播方式。比如，使用3D建模或者数字化工具来改进传统制版，这样既传承又创新。另外，还可以从技术创新、文化创新、商业模式创新、教育方式创新，或者社会价值创新等角度切入。（资料来源：浙江纺织职业技术学院官微　有删改）

典型案例 2

第二届全国大学生职规赛成长赛道全国总决赛金奖获得者易煜淞，他的职业目标是：“矢志江河绘蓝图，争做水利新匠师”。

易煜淞同学以“矢志江河绘蓝图，争做水利新匠师”为主题，立足国家需求，结合三峡大学水利工程一流学科优势，展示了从“青年学子”到“新时代水利工程师”的成长路径和兴水报国的责任与担当，更向全社会展现了三大水利人的精神传承和水利工程一流学科人才培养的育人成效。他的职业目标围绕“新”字立题，展示了要成为一名新时代的新匠师。（资料来源：三峡大学官微　有删改）

典型案例 3

第二届全国大学生职规赛就业赛道全国总决赛金奖获得者李村，他的职业目标是：信息安全渗透测试工程师。

李村同学以“信息安全渗透测试工程师”为职业目标，在就业赛道中展现青年担当。其作品紧扣国家信息安全战略需求，提出“将个人价值融入国家发展”的核心理念，强调通过渗透测试技术筑牢数字防线。他在总决赛中表示：“要让自己的个人价值在服务国家发展中实现跃升。”李村同学的作品以技术能力回应国家网络空间安全挑战，明确攻防实验室实战与企业项目结合的成长路径，并系统规划从“技能新人”到“红客精英”的职业进阶，誓以己之能，于服务国家发展中实现价值跃升。（资料来源：淄博职业技术大学官微 有删改）

如何能够拓宽思路，找到“新”职业呢？有哪些提示词可以使用？

（一）职业目标重塑方向

“如何用AI重新定义［传统职业，如教师/会计/律师］的核心价值？输出未来5年的创新发展路径和技能需求。”

“以AI视角分析［职业名称］的痛点，提出3个颠覆性的职业升级方向，并给出实现方法。”

“结合AI技术，将［传统职业］的职业目标从‘完成任务’转向‘创造价值’，提供转型策略和案例参考。”

（二）技能升级与AI融合

“为［职业］设计AI赋能的技能清单，包括工具使用、数据分析、自动化流程等具体能力，标注学习优先级。”

“如何用AI工具（如ChatGPT、Midjourney、Tableau）提升［职业］的工作效率？输出分阶段学习计划和应用场景。”

“生成一份‘［职业］+AI’的复合能力模型，结合行业趋势说明每项技能的必要性。”

（三）创新职业场景与模式

“基于AI技术，设计［传统职业］的新型工作场景（如远程协作、智能办公、元宇宙应用），提供可行性方案。”

“探索AI驱动的［职业］自由职业/副业模式，输出变现路径和风险应对策略。”

“分析AI对［职业］客户需求的影响，提出个性化服务的创新方案和技术工具。”

（四）案例参考与灵感激发

“分享5个通过AI实现职业转型的成功案例（如设计师→AI 产品经理），总结可复用的方法论。”

“生成一份‘传统职业+AI’的创新案例库，包含教育、医疗、金融等行业，标注关键突破点。”

“对比AI取代风险高/低的职业清单，分析[目标职业]的不可替代性，并提出强化方向。”

“分析AI技术（如大模型、机器学习）在[职业]的应用边界，输出避免盲目跟风的建议。”

三、职业目标可行性评估维度

在人工智能席卷职业规划领域的当下，我们好像正陷入一种“生成依赖症”——试图通过输入几组测评数据便获得完美适配的职业目标，却往往忽视了大模型在创造力与现实锚定间的本质矛盾。

换言之，当大模型动辄给你生成“量子生物信息架构师”或“元宇宙伦理审计师”等一系列听起来令人心潮澎湃的概念时，当大模型让文科生强行切入光子芯片算法赛道时，你可能要思考这一系列职业目标背后的可行性。

而这种思考和评估并不是对创新的扼杀，而是通过“技术罗盘”将天马行空的AI构想导入现实土壤，将超前概念转化为可落地的职业目标。这一过程需要我们结合自身实际情况、市场需求以及行业发展趋势，对AI生成的职业目标进行深入分析和筛选。我们应当将AI视为一个启发思路的工具，而不是盲目追随其给出的所有建议，只有这样才能在创新与现实之间找到平衡，使职业规划既有前瞻性又具备可行性。

下面是一些检验职业目标可行性的问句。

（一）自身能力与目标匹配度

（1）现有技能能否支撑目标达成？

（2）目标所需核心能力是否具备？

（3）能力短板能否在规定时间弥补？

（4）学习能力是否满足目标提升要求？

（5）过往经验对目标实现的助力程度？

……

（二）外部环境适应性

（1）目标职业的市场需求是否充足？

（2）行业发展趋势是否利于目标实现？

（3）目标企业或单位的招聘需求与标准是什么？

（4）地域因素对目标职业的影响如何？

（5）政策法规对目标职业的支持或限制？

（三）资源可获取性

（1）实现目标所需资金能否筹集？

（2）人脉资源是否有助于目标达成？

（3）学习资源是否满足技能提升需求？

（4）信息资源是否能支持决策制定？

（四）经济收益与成本考量

（1）目标职业的预期收入是否合理？

（2）实现目标的经济成本能否承受？

（3）投入产出比是否在可接受范围？

四、职业目标价值锚定维度

职业目标的价值锚定可理解为技术、人文与生态三者的有机交织。从业者需以国家战略需求为导向，精准定位社会痛点，将个人技能有效对接。例如，在技术攻关方面，着力突破“卡脖子”难题，如聚焦于芯片研发，提升芯片性能与制程精度；在民生领域，针对教育、医疗资源不均衡等问题，运用技术手段优化资源配置，如借助互联网技术开展远程教育、医疗会诊等。

35 项中国被“卡脖子”的关键技术

1	光刻机	19	高压柱塞泵
2	芯片	20	航空设计软件
3	操作系统	21	光刻胶
4	触觉传感器	22	高压共轨系统
5	真空蒸镀机	23	透射式电镜
6	手机射频器件	24	掘进机主轴承
7	航空发动机短舱	25	微球
8	iCLIP 技术	26	水下连接器
9	重型燃气轮机	27	高端焊接电源
10	激光雷达	28	钾电池隔膜
11	适航标准	29	燃料电池关键材料
12	高端电容电阻	30	医学影像设备元器件
13	核心工业软件	31	数据库管理系统
14	ITO 靶材	32	环氧树脂
15	核心算法	33	超精密抛光工艺
16	航空钢材	34	高强度不锈钢
17	铣刀	35	扫描电镜
18	高端轴承钢		

注：2018 年《科技日报》报道的制约我国工业发展的 35 项“卡脖子”技术。

（一）通用型职业目标的价值挖掘提示词

（1）以［具体职业］身份，挖掘该职业对［相关领域/行业］的独特价值点，输出简洁明确的价值锚点描述。

（2）针对职业目标［具体职业名称］，分析其在［行业趋势/社会需求］背景下的核心价值体现，给出对应的价值锚点表述。

（3）请结合［具体职业］的工作内容与职责，提炼出能够彰显其价值贡献的价值锚点，以简短语句呈现。

（4）若我的职业目标是［具体职业］，请从［技术应用/创新创造/服务对象等角度］出发，挖掘其关键价值锚点，用一句话概括。

（5）帮我找出职业目标［具体职业名称］在［产业链环节/群体受益面］方面的价值锚点，以精炼文字输出。

（二）不同维度的职业目标价值挖掘提示词

1.文化传承类

为［职业目标］找到能传承［相关地域/民族特色文化］技艺的价值锚点；

以［职业目标］为载体，挖掘传承［特定历史时期文化］的价值表述；

为［职业目标］探寻可成为［传统工艺文化］传承者的价值定位。

2.社会贡献类

为［职业目标］确定能改善［特定社会群体］生活品质的价值锚点；

以［职业目标］为方向，找出为［社会公共事业］作出贡献的价值表述；

为［职业目标］探寻可解决［社会热点问题］的价值定位。

3.行业发展类

为［职业目标］找到推动［所在行业］创新发展的价值锚点；

以［职业目标］为契机，挖掘引领［行业细分领域］变革的价值表述；

为［职业目标］探寻可提升［行业整体水平］的价值定位。

4.个人成长类

为［职业目标］确定能实现［个人核心能力］极致提升的价值锚点；

以［职业目标］为途径，找出达成［个人精神追求/人生理想］的价值表述；

为［职业目标］探寻可塑造独特［个人品牌形象］的价值定位。

5.生态环保类

为［职业目标］找到促进［生态环境改善］的价值锚点；

以［职业目标］为手段，挖掘助力［环保产业发展］的价值表述；

为［职业目标］探寻可推动［可持续发展理念］在行业应用的价值定位。

第二节　AI 在生涯发展报告中的运用

传统的生涯发展报告往往依赖于有限的数据和主观经验，难以精准把握个体的职业潜力与市场动态。而AI的出现，为生涯发展报告带来了全新的可能。它凭借强大的数据处理能力、精准的分析预测以及个性化的智能推荐，能够为报告注入更科学、更全面、更具前瞻性的内容。

一、AI助力生涯发展报告框架搭建

在当今数字化浪潮中，AI已成为助力生涯发展报告框架搭建的强大助手。它能快速收集海量职业信息、行业动态和个人数据，为报告搭建提供全面素材。利用自然语言处理技术，AI可分析优秀的生涯发展报告示例，提炼出通用结构和关键要素，生成包含自我评估、职业认知、目标设定、发展路径等模块的清晰框架。同时，AI能依据个人输入信息，定制符合其特质的框架，突出重点内容。不过，AI只是辅助工具，最终框架需个人根据实际情况调整完善，确保报告真实反映职业规划。

实战案例 1

第二届全国职规赛就业赛道高教组银奖作品

该作品的职业目标是军队文职，但是整个逻辑框架比较常规，仅仅从职业缘起、职业分析、岗位胜任和未来展望展开。因此，可以借助AI，重新进行作品逻辑的梳理，在AI生成的基础上重构逻辑线索。

职业缘起：梦想启航，投笔从戎

职业分析：文墨为刃，舆论为锋

岗位胜任：提笔能战，举镜能宣

未来展望：声浪传声，军魂永续

第二届全国职规赛成长赛道职教组金奖作品

该作品的职业目标是海洋工程机械制图员，但是整个逻辑框架仅从职业缘起、职业分析、岗位胜任和未来展望展开。因此，可以借助AI，重新进行作品逻辑的梳理，在AI生成的基础上重构逻辑线索。

职业缘起：蓝海绘梦，执尺向深

职业分析：数笔定乾坤，深海立脊梁

岗位胜任：尺规铸器魂，数字赋深蓝

未来展望：数字孪生拓疆，深蓝匠魂永续

当然，借助AI生成的结果需要进一步优化使用。由于当前生成式模型仍存在语义理解局限性和数据时效性边界，直接输出的内容可能存在逻辑断层、信息冗余或表述生硬等问题。具体而言，用户可结合专业经验进行二次加工，使生成内容更贴合实际应用场景。

二、AI助力生涯发展报告内容撰写

AI能够从多个方面助力生涯发展报告具体内容的撰写。AI可以通过分析大量相关文献和案例，为撰写生涯发展报告提供丰富的背景资料和参考素材。在撰写过程中，AI还能对已生成的内容进行语言润色和逻辑优化，提高报告的表达质量和可读性。同时，AI可以对报告进行格式调整和排版优化，使其在视觉上更加美观、规范。

不过，AI的辅助只是工具层面的支持，个人的思考、判断和创造力仍然是撰写生涯发展报告的核心要素，需要在使用AI的基础上，结合自身实际情况和独特见解，完成一份真正贴合自身需求的生涯发展报告。

（一）常用的AI生成文本工具和使用场景

工具名称	典型应用场景
文心一言	将"海洋工程制图员"目标自动匹配"海洋装备创新工程"政策条目，生成政岗契合度论证链
Kimi+	拆解《中国集成电路产业人才发展报告》，提炼"存算一体芯片架构师"核心技能树
DeepSeek-R1	对比"智能建造工程师"在雄安新区与粤港澳大湾区的薪资梯度差异
讯飞星火 V5	将支教经历转化为"边疆教育哨兵"AR场景化叙事（含少数民族学生访谈语音还原）
通义千问	将"跨境电商运营人员"升级为RCEP数字丝路拓疆者或东盟产业带云仓生态构建师
腾讯混元	为"星载AI芯片架构师"制作可操控卫星数字孪生模型，展示芯片耐辐射性能
字节跳动 Coze	预演"AI替代风险"类问题应答策略，同步矫正微表情与语音停顿
智谱清言－ChatGLM5	将"帮助乡村"优化为"落实乡村振兴战略'四类'人才培育工程"

（二）常用的AI生成生涯发展报告提示词

1.整体生成生涯发展报告提示词

生成一份生涯发展报告，主题为"[您的职业目标]"，要求包括：标题、职业缘起（以个人故事开头）、自我认知、成长计划（带时间线）、行动成果（数据支持）、目标契合分析（分专业知识、通用素质、就业能力）、动态调整（未来规划）和结语。报告长度控制在800~1500字，使用中文，结构清晰。

2.分段生成生涯发展报告提示词

步骤1：生成报告引言（标题和职业缘起）

输出生涯发展报告的引言部分：

标题：一个励志标题，如"做 [行业] 中永不停歇的追梦人"。

职业缘起：描述触发职业兴趣的关键事件（如儿时经历或媒体报道），并引出目标（模仿参考文本中"从飞行梦到航天梦"的转折）。语言中肯，情感真挚。

步骤2：生成主体部分（自我认知、成长计划、行动成果、目标契合）

输出报告的主体章节：

自我认知：分析个人兴趣、能力、价值观如何匹配职业目标（参考"从小拆卸玩具"的例子）。

成长计划：创建时间线规划图（如大学四年行动），包括访谈专家、项目参与。

行动成果：列出过去成就（如竞赛、实习），用数据支撑（如“专业课程95分以上”）。

目标契合：分小节论证专业知识、通用素质、就业能力（参考文本中的招聘要求对比）。

确保结构编号（如“二、行动成果”），字数每部分300~500字。

步骤3：生成动态调整和结语

输出报告的动态调整和结语：

动态调整：制订未来计划（分短中长期），包括备选方案（如“如果不能入职目标企业，选择备选公司”）。

结语：以激励性结尾重申决心（模仿“永不停歇的陀螺人”）。

融入报国价值观。

案例分析

在进行生涯发展报告的生成之前，可以通过给定多维度案例集训练大模型。建议精选包含学术背景、职业经历、技能证书等要素的参考文本案例，通过特征向量匹配和语义关联建模，使模型深度理解生涯发展规律。特别要注意输入案例与预期输出的对应关系建模，比如当参考案例包含现代化元素时，应同步标注这些可视化元素的语义锚点。训练时可结合注意力机制强化时间轴事件、能力成长曲线的关联分析，这样输出的报告在段落结构、数据关联性和建议可行性方面都会有显著提升，同时能自动生成个性化发展建议链接。

第三节　AI 在 PPT 制作中的运用

在职规赛PPT制作中，AI 作为得力助手可全方位赋能。它能帮助我们梳理逻辑架构，推荐合适的模板与风格，为各板块精准提炼要点，让自我认知、职业认知等模块条理明晰。在设计美化方面，AI既可智能选图、裁剪编辑，让版面图文并茂，又能提供配色与字体搭配建议，塑造和谐美观的视觉效果。数据可视化时，它可将复杂数据一键转化为直观图表，并优化样式。

但要注意，AI仅是辅助工具，最终PPT的灵魂还需创作者注入，要深度融合个人思考与创意，方能制作出既有深度又具感染力的职规赛PPT。

一、AI辅助PPT制作的具体方面

（一）内容规划与组织

结构设计与逻辑梳理：AI能够快速生成PPT的框架结构，根据职规赛的要求和规范，提供常见的PPT结构模板，如自我认知、职业认知、职业目标、发展计划、评估调整等模块。同时，可以帮助梳理各部分的逻辑关系，确保内容的连贯性和完整性。

内容提炼与建议：在整理文字材料时，AI可以对文本进行分析，提炼出关键信息和核心观点，将其简洁明了地呈现在PPT中。例如，可以将长篇的自我认知文字转化为简洁的思维导图或要点列表。

（二）页面设计与美化

模板选择与风格统一：AI可以根据职规赛的主题和行业特点，推荐合适的PPT模板和设计风格。它能够分析不同模板的优缺点，帮助用户选择最能突出内容和吸引观众的模板，确保整体风格与职业规划主题相契合。

配色方案与字体搭配：提供专业的配色建议和字体搭配方案。AI可以分析当前页面的内容和图片，推荐与之匹配的色彩组合，增强视觉效果。

（三）数据可视化呈现

图表生成与优化：AI可以将复杂的数据转化为直观的图表，如柱状图、折线图、饼图等，帮助观众更好地理解职业规划中的数据和趋势。同时，AI还可以对图表进行优化，调整颜色、样式和布局，使其更符合PPT的整体风格。

地图与流程图等特殊元素制作：对于涉及地域分布或职业发展路径的内容，AI可以生成地图或流程图等特殊元素。它可以自动识别文本中的地理位置信息，生成相应的地图，并在地图上标注关键点。

（四）图像与素材搜索与编辑

图片搜索与筛选：AI可以根据PPT内容的关键词，快速搜索相关的高质量图片和素材。它能够从大量图片中筛选出符合要求的图片，如与职业相关的场景图片、代表职业特点的图标等，丰富PPT的视觉效果。

图片编辑与处理：对搜索到的图片进行简单的编辑和处理，如裁剪、调整大小、改变色彩饱和度等。AI还可以根据PPT的整体风格，对图片进行风格化处理，使其更好地融入页面设计中。

（五）动画与视觉效果添加

动画效果建议与应用：AI可以提供合适的动画效果建议，根据内容的逻辑关系和展示需求，推荐相应的动画类型和顺序。它可以帮助用户避免过度使用动画而导致的视觉疲劳，同时确保动画效果能够增强内容的表达和展示效果。

转场效果优化：为PPT的页面转场提供优化建议，选择合适的转场效果和时长，使整个PPT的播放更加流畅。

（六）内容校对与优化

文本校对与纠错：AI可以对PPT中的文本内容进行校对，检查语法错误、拼写错误和标点符号错误，提高文本的准确性和专业性。

语言润色与表达优化：对文本进行润色，使其语言更加流畅、自然和生动。AI可以提供同义词替换、句式调整等建议，增强文本的表达效果。

（七）演示与互动设计

演示文稿预览与模拟：AI可以提供PPT的预览功能，让用户提前看到PPT在实际演示中的效果。同时，它可以模拟观众的视角，提供演示建议和改进意见，帮助用户更好地展示职业规划内容。

互动元素设计与建议：为了增加PPT的互动性，AI可以提供一些互动元素的设计建议，如超链接、按钮、问答环节等。它可以帮助用户设计互动流程，使观众能够更积极地参与到职业规划的展示中。

二、AI辅助PPT制作的实例

（一）初阶版：DeepSeek+Kimi

第一步：使用DeepSeek生成PPT大纲

使用腾讯元宝的满血DeepSeek或者直接进入DeepSeek页面。

进入后，记得将模型切换至 DeepSeek，同时点击开启［☑ R1· 深度思考］［☑ 联网搜索］。

第二步：使用Kimi生成 PPT

百度搜索“Kimi”，从标注红框的入口进入。进入后，点击侧边栏Kimi+，然后点击PPT助手。

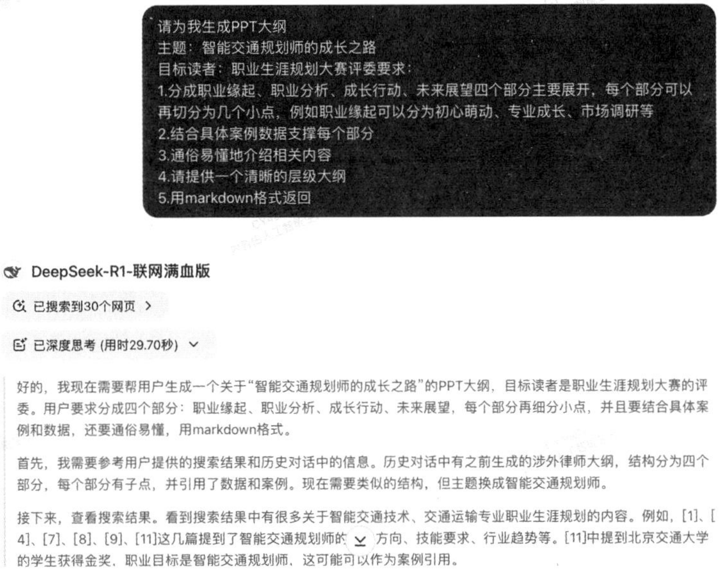

请为我生成PPT大纲
主题：智能交通规划师的成长之路
目标读者：职业生涯规划大赛评委要求：
1.分成职业缘起、职业分析、成长行动、未来展望四个部分主要展开，每个部分可以再切分为几个小点，例如职业缘起可以分为初心萌动、专业成长、市场调研等
2.结合具体案例数据支撑每个部分
3.通俗易懂地介绍相关内容
4.请提供一个清晰的层级大纲
5.用markdown格式返回

DeepSeek-R1-联网满血版

已搜索到30个网页 >

已深度思考（用时29.70秒）

好的，我现在需要帮用户生成一个关于“智能交通规划师的成长之路”的PPT大纲，目标读者是职业生涯规划大赛的评委。用户要求分成四个部分：职业缘起、职业分析、成长行动、未来展望，每个部分再细分小点，并且要结合具体案例和数据，还要通俗易懂，用markdown格式。

首先，我需要参考用户提供的搜索结果和历史对话中的信息。历史对话中有之前生成的涉外律师大纲，结构分为四个部分，每个部分有子点，并引用了数据和案例。现在需要类似的结构，但主题换成智能交通规划师。

接下来，查看搜索结果。看到搜索结果中有很多关于智能交通技术、交通运输专业职业生涯规划的内容。例如，[1]、[4]、[7]、[8]、[9]、[11]这几篇提到了智能交通规划师的方向、技能要求、行业趋势等。[11]中提到北京交通大学的学生获得金奖，职业目标是智能交通规划师，这可能可以作为案例引用。

DeepSeek-Kimi 生成 PPT 示例

第三步：复制刚刚 DeepSeek 生成的 PPT 大纲，输出内容如下（为了方便阅读以表格形式呈现）。

一级框架	二级框架	三级框架
1. 职业缘起	1.1 初心萌动	1.1.1 项目案例启发
		1.1.2 个人兴趣驱动
		1.1.3 行业发展趋势
	1.2 专业成长	1.2.1 复合学科背景
		1.2.2 实践案例积累
		1.2.3 专业技能提升
	1.3 市场调研	1.3.1 人才需求缺口
		1.3.2 行业发展趋势
		1.3.3 职业发展前景
2. 职业分析	2.1 行业现状	2.1.1 市场规模
		2.1.2 薪酬水平
		2.1.3 发展趋势
	2.2 能力三维度	2.2.1 技术能力
		2.2.2 跨学科思维
		2.2.3 政策解读力

续表

一级框架	二级框架	三级框架
2. 职业分析	2.3 核心挑战	2.3.1 数据复杂性
		2.3.2 迭代压力
		2.3.3 项目实施难度
3. 成长行动	3.1 里程碑计划	3.1.1 短期目标（1 年）
		3.1.2 中期目标（3 年）
		3.1.3 长期目标（5~8 年）
	3.2 能力跃迁路径	3.2.1 数据处理能力
		3.2.2 技术创新能力
		3.2.3 综合能力提升
	3.3 资源网络	3.3.1 学术圈
		3.3.2 产业端
		3.3.3 工具链
4. 未来展望	4.1 行业趋势	4.1.1 技术融合
		4.1.2 新兴领域
		4.1.3 政策支持
	4.2 发展愿景	4.2.1 职业目标
		4.2.2 社会价值
		4.2.3 行业贡献

第四步：选择合适模板一键生成PPT。由于是工科主题，我们选择了更加理性的蓝色，根据生成的PPT进行相关的数据和素材扩充以及修改。

（二）高阶版：借助AI工具生成PPT中的动画等

工具名称	核心功能	大赛场景适用点及操作
Gamma.app	AI 生成 PPT 框架 + 自动排版	（1）选择适合风格； （2）编辑修改 PPT 大纲内容
Canva	3000+ 免抠素材 + AI 生图	AI 生图，输入和 PPT 目标职业相关的关键词，生成各种贴纸插画、视频主图等
讯飞智作	AI 语音克隆 + 演讲训练	（1）点击形象 / 声音复刻功能，录制自己的一段音频； （2）点击 AIGC 工具箱，使用 Word 转视频、PPT 生成视频等功能 （部分功能为付费功能）

续表

工具名称	核心功能	大赛场景适用点及操作
 即梦	动态视觉生成 + 中文适配	（1）点击 AI 生成数字人功能 - 输入如目标职业涉外律师； （2）点击对口型，输入讯飞智作中的音频
 可灵 AI	3D 人物模型 + 虚拟场景	（1）点击 AI 模板，投放 AI 数字人； （2）点击创意特效，输入国际仲裁法庭等场景

以上几款素材制作的AI工具都具有各自的优势和特点，建议优先试用进行功能验证，必要时可组合使用2~3款互补型工具生成适合选手的PPT素材。

第四节　AI 辅助生成现场展示稿

AI 工具能够借助其强大的数据分析和自然语言处理能力，为答辩稿的创作提供全方位的辅助。它可以帮助快速收集和整理与答辩主题相关的海量信息，从复杂的数据资料中筛选出关键要点，为答辩内容提供坚实的事实依据。同时，还能依据预设的要求和格式，对答辩稿的结构进行合理规划，使其逻辑更加清晰、层次更加分明。

在语言表达方面，AI 工具可以优化文字表述，使语言更加流畅、准确和富有感染力，增强答辩稿的说服力和吸引力。此外，它还能及时发现并纠正语法错误、用词不当等问题，提升答辩稿的整体质量，从而让答辩者在答辩过程中能够更加自信地展示自己的研究成果和观点，提高答辩的成功率。

一、AI在现场展示稿中的运用

（一）撰写与完善阶段

1. 内容生成

AI 工具可以基于输入的关键信息（如职规赛的主题、个人的职业目标、主要成果等），快速生成答辩稿的初稿。例如，提供“我的职业目标是成为一名海洋工程装备设计师，曾参与 ××× 竞赛，发现国产化制图软件受制于欧美标准”等要点。AI 能够组织语言，生成一段逻辑连贯、内容完整的文本，介绍参赛背景和职业缘起。

2. 逻辑优化

它能够分析答辩稿的结构，检查是否符合逻辑顺序。如判断自我认知、职业认知、职业目标与计划等内容的先后安排是否合理。如果发现逻辑混乱，AI 可以提出调整建议，确保答辩稿层次分明。

3. 语言润色

对答辩稿的语言进行优化。AI 可以纠正语法错误、调整用词不当的地方，使语言更加流畅和专业。比如，将口语化的表达“我感觉这个职业挺好的”修改为“我认为这个职业具有广阔的发展前景和重要的社会价值”。

（二）内容丰富与深化阶段

1. 案例与数据支持

帮助查找与职业规划相关的案例和数据。例如，当论述职业目标在行业中的重要性时，AI可以搜索海洋工程装备设计领域的成功案例，如某知名深海潜水器的设计过程及其对海洋资源开发的贡献，以及相关的设计精度如何影响开采效率的数据，为答辩稿提供有力的论据。

2. 行业动态更新

跟踪最新的行业动态和政策法规。如在答辩稿中涉及海洋工程装备国产化这一内容时，AI可以及时提供国家在海洋装备制造业方面的最新政策支持信息，确保答辩内容与时俱进。它可以查询政府部门发布的产业扶持政策文件、行业标准更新等内容，并将其融入答辩稿中。

（三）演练与模拟阶段

1. 回答问题预测

预测评委可能提出的问题，并帮助准备回答。根据以往类似比赛的经验和职业规划的常见关注点，AI 可以列出一系列可能的问题，如“如何克服智能设计平台的技术壁垒？”“如何平衡个人职业发展与国家海洋战略需求？”等。然后，AI 可以协助撰写回答要点，包括从技术学习、团队合作、创新思路等多个角度来回答这些问题。

2. 模拟答辩场景

模拟实际的答辩过程。AI 可以扮演评委的角色，根据设定的答辩稿内容和问题进行模拟对话。在模拟过程中，它可以对回答的完整性、逻辑性等方面进行评价，并提出改进意见。例如，当回答过于简略时，AI 可以指出并建议补充更多的细节和实例。

（四）呈现与表达阶段

1.演示文稿同步

确保答辩稿与演示文稿（如 PPT）内容的同步。AI 可以检查答辩稿中的关键点是否都在演示文稿中得到体现，反之亦然。它可以帮助优化演示文稿中的文字内容，使其与口头答辩相辅相成。例如，当演示文稿中的图表展示了一个职业发展趋势，AI 可以在答辩稿中添加对图表的详细解读内容。

2.表达风格定制

根据参赛者的个人风格和评委的喜好，定制答辩稿的表达风格。如果评委更倾向于简洁明了的风格，AI 可以帮助精简答辩稿内容，突出重点；如果适合富有激情和感染力的表达，AI 可以在语言上进行调整，添加一些富有感染力的词汇和修辞手法。

但要注意，AI 只是辅助工具，在使用其生成的答辩稿内容时，要结合自己的理解和实际情况进行修改和完善，确保答辩稿真实反映个人的职业规划和思考。

二、AI在现场展示稿中的运用实例

在准备答辩的过程中，通常情况下，选手会先完成PPT的制作，随后根据PPT中所呈现的内容来撰写答辩稿。这样的顺序有助于确保答辩稿与PPT内容紧密相连、相互呼应，保证整个答辩过程的连贯性和完整性。然而，除了遵循这一常规流程外，我们还可以巧妙地借AI来助力答辩稿的撰写。AI具有强大的语言处理能力和数据分析能力，能够快速地从大量的文本信息中提取关键词和有价值的思路。

当选手在制作PPT或撰写答辩相关内容时，可以将这些材料输入AI系统中，AI会对这些内容进行全面的分析和梳理，挖掘出其中的核心要点、关键概念以及潜在的逻辑关系。这些由AI提炼出的关键词和思路，往往能够为选手提供新的视角和启发，帮助选手进一步完善和优化答辩稿的内容，使其更加丰富、有深度且具有说服力。在答辩稿撰写过程中，选手可以将AI提供的这些信息与自己的专业知识和经验相结合，经过深入思考和巧妙构思，创作出一份条理清晰、内容翔实、富有创意的答辩稿，从而在答辩中展现出色的表现，提升成功的概率。

典型案例

以首届和第二届全国职规赛金奖都涉及的一个职业目标——涉外律师为例，进行现场展示稿的AI生成。

梳理出答辩稿的框架，越细致越好，一般我们可以从四个部分来进行主体内容展开，但更建议可以将框架细化。以下为提示词以及Kimi输出的结果。

提示词：学习刚刚发送给你的这份比赛陈述稿，以我想成为一名涉外律师为题，请从【开场白及职业目标→个人背景故事说明初心→榜样影响→专业能力展示→社会实践成果→未来规划】等方面完成1500字左右的内容撰写。

以#我想成为一名涉外律师#为题，从【开场白及职业目标→个人背景故事说明初心→榜样影响→专业能力展示→社会实践成果→未来规划】等方面完成1500字左右的内容输出

好的，以下是一篇以#我想成为一名涉外律师#为题的内容输出：

我想成为一名涉外律师

开场白及职业目标

尊敬的各位听众，大家好！今天，我站在这里，带着满腔的热情与坚定的信念，向大家讲述我的梦想——成为一名涉外律师。在全球化的浪潮席卷世界的今天，国与国之间的交流日益频繁，经济、文化、政治等各个领域的合作与碰撞不断加深。涉外律师如同一座桥梁，连接着不同国家的法律体系，维护着跨国交易的公平与正义，保障着国际交往的顺畅与稳定。我渴望投身于这一充满挑战与机遇的职业，用我的专业知识和智慧，为国际法治事业贡献自己的一份力量，让法律的光辉跨越国界，照亮每一个需要公正的角落。

个人背景故事说明初心

一般情况下展示稿字数为1200~1500字，为了能够方便后期增删，我们可以在初次生成时，将字扩充得多一些。以下是AI内容的输出。

生涯发展报告生成提示指南
DeepSeek-R1-满血版（0528）

开启新对话　添加到知识库

> 最终成文采用时间轴式叙述：童年初心→专业积累→能力验证→公益实践→未来规划，形成闭环。所有数据都转化为主动语态表述，如"创下98/100的书状评分纪录"比原表格更动态。保持每200字左右出现一个金句维持听众注意力，比如"法律不是武器而是桥梁"这样的提炼。

以下是根据前述框架整合而成的完整篇章，严格遵循"个人初心→专业成长→实践验证→未来规划"的逻辑链条，共1820字：

如果可以，请让我以国际商法为钥，打开全球合作的壁垒；用跨境争议解决之盾，守护企业的合法权益；以海牙公约的经纬，编织国际规则的纽带。我是涉外律师李文，我的职业理想是成为中国企业全球化进程中值得信赖的法律护航者。这份信念始于十二岁那个暴雨夜——家族外贸仓库堆积着因信用证欺诈而滞留的集装箱，父母通红的眼眶映照出法律缺失的代价。从那时起，我便立志要为企业筑起法律防火墙。

成长路上，三束光照亮了我的职业航向。大学实习期间，我目睹导师王俊峰律师在"中美光伏反倾销案"谈判场上，以精准的法律条文引用迫使对方让步，最终为国家保住年均40亿出口额。他"用专业让世界听到中国法律人声音"的宣言，至今仍在我办案笔记本扉页闪耀。更让我振奋的是国家战略带来的机遇：司法部《2023涉外法治人才白皮书》显示，"一带一路"沿线国际法律人才缺口高达83%，这既是时代召唤，更是我们这代法律人的历史使命。

为了夯实专业根基，我构建了三维能力矩阵。在知识体系上，我取得剑桥国际商法证书（CLEC），并在模拟WTO争端解决案中率队胜诉；钻研跨境投资时考取CFA一级，编撰的《中企东南亚并购法律风控指南》被湖南省商务厅采纳；作为香港仲裁司协会最年轻会员，主持的国际仲裁庭辩论赛创下三小时厘清8项跨境专利纠纷的纪录。当法律科技浪潮奔涌，我主导开发合同AI审查系统，对Incoterms条款的识别准确率达92%；运用区块链存证技术处理涉外知产纠纷时，将证据固定周期从45天压缩至72小时；疫情期间主持的12场跨国在线调解，更让我深切体会到：屏幕那端企业家舒展的眉头，正是法律人价值的最高诠释。

给DeepSeek-R1-满血版（0528）发送消息，Enter发送，Shift + Enter 换行

R1 深度　联网

以上内容均由AI大模型生成，仅供参考　请遵守《用户协议》和《隐私协议》

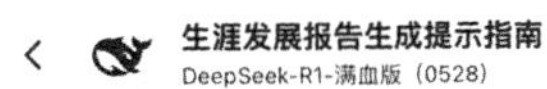

真正的淬炼来自国际竞技场。在杰赛普模拟法庭中国区决赛中，我们团队凭借对《联合国海洋法公约》第74条的创新性解释，以98/100的书状评分打破赛会纪录。当主审法官宣布"The Chinese team's argument fundamentally changed this case"时，汗湿的法袍下奔涌着职业荣光。为攻克语言关，我坚持每天精读《国际法报告》案例，从雅思6.5到斩获Toles法律英语高级证书（全球前5%），这段征程让我彻悟：法律文书上的每个介词选择，都可能关系着千万美元的商业命运。

比竞技场更触动心灵的，是缅甸木姐口岸的法律援助实践。那里的小商品贩运者常因无知签署"魔鬼合同"——有位大姐用全部积蓄进口榴莲，却因未约定CIF术语被迫承担20万元运费。为此我们团队用三个月打造三重防线：编撰《中缅边贸法律风险图解手册》以老挝纸币防伪技术为灵感创作三维图示；开设"法律移动服务站"巡回宣讲时，自制"条款陷阱消消乐"游戏道具；开发的AI咨询系统通过语音识别技术，让文盲商户也能获取法律建议。当联合国开发计划署将该项目纳入"边境法治创新计划"时，那位榴莲大姐发来的视频里，新开张的水果店招牌上用中文写着"法护前程"——这四字比我所有奖杯都珍贵。

站在职业选择的十字路口，我绘制了清晰的成长路线图。未来1-3年将深耕跨境并购与海事仲裁领域，为此正在备考纽约州律师执照，并入选国际海事组织青年专家预备库；5年内计划创立跨境法律服务中心，现已带领中南大学法学院辩论队获得"理律杯"全国亚军，在模拟股权并购谈判中锤炼团队协作。每周研读自贸区法规变革案例已成必修课，最近对RCEP原产地规则适配性研究，让我看到法律人更宏大的使命：当中国企业沿着"一带一路"出海远征，我们既要做好救生艇，更要成为领航船。

从滇西小镇仓库的湿冷夜晚，到海牙国际法庭的大理石台阶；从家族企业的泪水中萌芽的初心，到跨境商事纠纷解决地图上标注的理想坐标。当我站在和平宫前凝视獬豸神兽时终于彻悟：真正的涉外律师，是在人类命运共同体的经纬间精准落子的棋手，更是用法律铺就互利共赢通途的筑基者。惟愿以毕生所学践行这样的信条——在充满变局的全球化浪潮中，让中国企业的航船行稳致远，让规则之力成为穿透国界的光。

然而，这样的陈述一方面超出了现场陈述的字数要求，另一方面在细节部分与选手实际情况有一定出入，但其中的部分语句和整体框架是值得借鉴的。我们可以根据AI生成的结果进行自己材料维度拓展，然后再进行进一步删繁就简。

第五节　AI 在简历制作中的运用

AI 可以通过智能分析个人输入的信息，如工作经历、技能和教育背景等，自动生成符合岗位要求的简历内容，优化简历结构和排版，提升简历的视觉效果和可读性。它还能根据目标职位的关键技能，自动筛选并突出相关的工作经验，同时进行语法检查和语言润色，确保简历表达准确且专业，从而提高简历的质量和通过率。

一、AI在简历制作中的运用

（一）自动内容生成

AI工具能够根据用户提供的个人信息（如工作经历、教育背景、项目经验、技能等），快速生成简历的初稿内容。例如，用户输入“曾在××公司担任市场营销专员，负责社交媒体推广和活动策划，工作时间为2021年6月至2023年10月”，AI可以基于这些信息生成完整的职位描述，包括工作职责和主要成就等内容。

（二）智能排版与设计

AI可以提供多种简历模板，并根据用户的行业和职位需求推荐合适的模板。它能够自动调整排版，使简历布局合理、美观。例如，对于应届毕业生，AI可能会推荐简洁大方、突出教育背景和实习经历的模板；对于有多年工作经验的求职者，则会更多地突出工作成果和项目经验。

（三）关键词优化

AI能够分析目标职位的描述，提取出关键技能和关键词，并将其融入简历内容中。这样可以帮助简历更好地通过申请人跟踪系统（ATS）筛选。例如，如果职位描述中强调“数字营销”“SEO优化”等技能，AI会在简历的工作经历和技能部分适当增加这些关键词的出现频率。

（四）内容校对与润色

AI可以检查简历中的语法错误、拼写错误和标点符号错误，并提供修改建议。同时，它还能对语言表达进行润色，使简历内容更加流畅、专业。比如，将“我负责管理一个团队”优化为“成功领导一个跨部门团队，提升项目交付效率30%”。

（五）个性化定制

AI能够根据不同的职位申请，对简历进行个性化调整。例如，当用户申请不同公司的相同职位时，AI可以根据每家公司的特点和职位要求，突出简历中与之最相关的部分，生成多个版本的简历。

（六）模拟筛选与反馈

一些高级的AI简历制作工具还可以模拟ATS筛选过程，对简历进行评分，并指出可能影响通过率的问题。例如，它会提示简历中缺少某些关键技能的描述，或者某些部分的格式不符合ATS的解析要求。

二、常见的简历制作AI工具

工具名称	特性
Yoo 简历	可通过算法分析指出简历中的语法错误、排版问题以及内容重点不突出等缺陷，并给出针对性的改进建议；还有岗位探测功能，能根据简历内容给出匹配度高的岗位选择
职徒简历	能通过算法分析对简历进行诊断和优化，指出不足并给出建议，助力提升简历质量
CodeCV	提供丰富的简历模板和 AI 辅助功能，如简历润色和中英互译，支持 Markdown 语法和所见即所得编辑，自动排版，导出 PDF、PNG 和 Markdown 等多种格式的简历
Kickresume	利用强大的语言模型 OpenAI GPT-4，能为简历中难以填写的部分提供高质量的词汇和内容建议，可生成与职位描述高度匹配的描述、摘要和技能，有 40 多个适合 ATS 的简历模板，还可更改简历布局、转换为网站、创建求职信等，且有强大的简历检查器，能通过对比成功简历数据库给出评分
Final Round AI	支持自动生成求职信，提高求职材料准备效率，并支持多国家语言，方便不同地区用户使用
速创猫 AI 简历	输入个人信息后智能生成简历，提供多样化模板，能针对性分析给出专业优化建议，实时反馈调整，优化关键词以提升 ATS 系统友好度
智联招聘－简历助手	通过问卷快速生成专业简历，按求职意向推荐模板和内容，提供专业写作指导，依托知名平台服务有保障
拉勾简历	AI 智能生成简历，提供多种个性化模板，按岗位和行业优化内容，支持云端存储便于随时修改分享
笔灵 AI 简历	一键快速生成简历，自动润色内容以提升吸引力

续表

工具名称	特性
TalenCat CV Maker	可从 0 到 1 创建或优化简历，支持导入现有简历并自动解析转换为可编辑格式，内置多种风格模板，可自定义主题颜色。AI 驱动的简历内容优化，智能生成与润色，将工作描述转化为符合 SMART 原则的成果展示，模块化编辑并推荐关键词。还提供全流程求职辅助，如简历诊断、面试预测、职业规划建议等，支持多格式导出与协作
Zety	是 AI 辅助的平台，能快速创建专业简历，提供多种模板、文本建议和易用界面。AI 文本建议功能实时分析并提供建议，有拼写和语法检查功能，多种格式选项可自由添加编辑内容
Resume.com	免费在线简历构建器和 CV 制作器，使用 AI 技术根据技能和经验定制简历，提供大量可定制模板，可编辑性强，能添加删除部分、修改布局或添加自定义部分，还提供免费简历评估服务，给出个性化反馈
Novoresume	使用 AI 帮助创建突出重围的简历，提供多种可适应不同行业和职业阶段的简历模板；有 AI 驱动的关键词优化功能，可根据行业和背景推荐关键词，配备编辑工具可定制简历
Enhancv	AI 辅助的简历构建器，提供个性化建议创建专业简历，有多种可定制模板和设计选项，AI 驱动的简历分析可基于行业背景和职业目标提供优化建议，还能生成互动简历
VisualCV	AI 辅助的简历构建器和 CV 制作器，提供专业模板和个性化建议，可创建大量定制选项，AI 驱动的简历分析提供改进建议，还能监控简历性能
Jobscan	AI 辅助的简历构建器和 CV 制作器，可针对申请职位优化简历，分析简历并基于职位描述和关键词提供建议，强大的扫描工具可分析简历与职位描述的匹配度，识别关键词并提供建议，还有职位匹配工具
Resumake.ai	免费在线简历构建器和 CV 制作器，使用 AI 快速创建专业简历，提供多种可定制模板和选项，可导出为 PDF 或 HTML 文件或在线分享自定义 URL

第六节　合理利用 AI 工具，避免过度依赖

在职规赛材料准备过程中，AI工具能提供强大的助力，但合理利用并避免过度依赖至关重要。以下从信息收集、内容创作、方案评估三个维度进行详细阐释。

一、信息收集维度

在信息收集阶段，AI工具可以成为高效的助手。首先，利用AI搜索引擎，

如基于大语言模型的搜索功能，能够快速整合多个数据源的信息。例如，在了解目标行业的发展趋势时，AI可以在瞬间从行业报告、新闻资讯、学术论文等海量资源中提取关键信息，为我们呈现出该行业的市场规模、增长速度、技术创新方向等内容。这大大节省了我们手动搜索和筛选信息的时间。

其次，AI还能进行数据挖掘和分析。对于职规赛而言，了解目标企业的相关数据是很重要的。AI可以帮助我们分析企业的财务报表、市场份额、人才需求等数据，挖掘出企业的优势、劣势以及未来的发展潜力。通过对这些数据的分析，我们可以更好地判断该企业是否适合自己的职业发展，以及在该企业中可能的职业晋升路径。

最后，AI的智能推荐功能也能为我们提供有价值的信息。它可以根据我们的职业兴趣和目标，推荐相关的行业论坛、专业社群、培训课程等。我们可以通过参与这些论坛和社群，与行业内的人士交流，获取更多的实践经验和行业动态。同时，根据推荐的培训课程，我们可以有针对性地提升自己的技能，为职业发展做好准备。

然而，我们不能过度依赖AI工具进行信息收集。一方面，AI获取的信息可能存在时效性和准确性问题。由于信息更新速度快，AI可能无法及时获取到最新的行业动态和企业信息。而且，AI在处理信息时可能会出现错误或偏差，我们需要对其提供的信息进行人工核实和验证。例如，在引用一些数据和观点时，我们应该查找原始资料进行确认，确保信息的可靠性。另一方面，过度依赖AI会使我们失去自主探索和思考的能力。信息收集不仅仅是获取数据，更重要的是通过自己的观察、分析和判断，形成对行业和职业的深入理解。我们应该亲身参与信息收集的过程中，通过阅读专业书籍、参加行业研讨会、与业内人士交流等方式，拓宽自己的视野，培养自己的信息收集和分析能力。只有这样，我们才能在职规赛中展现出自己独特的见解和思考。

二、内容创作维度

在内容创作方面，AI工具可以为我们提供灵感和辅助。当我们撰写职规赛的材料，如个人陈述、职业发展计划等时，AI可以作为一个创意启发器。它可以根据我们输入的主题和关键词，生成一些相关的观点、案例和表述方式。例如，在撰写个人陈述时，AI可以提供一些独特的故事框架和语言风格建议，帮助我们更好地展示自己的个性和优势。

同时，AI还能对我们创作的内容进行语法检查和润色。它可以识别出语法错误、拼写错误和表达不清晰的地方，并提供修改建议。这有助于提高我们材料的质量和专业性。此外，AI还可以进行内容的优化和拓展。它可以分析我们的内容结构，提出改进建议，使文章更加逻辑清晰、层次分明。例如，在职业发展计划部分，AI可以帮助我们完善各个阶段的目标和行动计划，使其更加具体和可行。

但是，我们不能让AI完全主导内容创作。内容创作是一个表达个人思想和情感的过程，每个人都有自己独特的经历和观点。如果过度依赖AI生成的内容，会使我们的材料缺乏个性和真实性。在职规赛中，评委更看重的是我们的个人思考和创新能力。因此，我们应该以自己的思考和创意为基础，将AI作为辅助工具，对其生成的内容进行筛选和修改，使其符合我们的风格和需求。

此外，过度依赖AI创作还可能导致抄袭和剽窃的问题。有些AI工具生成的内容可能来自网络上的其他文章，如果我们直接使用而不进行修改和创新，就可能会被认定为抄袭。我们要树立正确的创作观念，尊重知识产权，通过自己的努力和思考来完成内容创作。

三、方案评估维度

AI工具在方案评估方面也能发挥重要作用，它可以对我们制订的职业规划方案进行多维度的评估。首先，AI可以从可行性角度进行评估。它可以分析方案中设定的目标是否合理，行动计划是否具有可操作性，资源是否能够满足方案的实施等。例如，在评估职业发展路径时，AI可以考虑到行业的竞争状况、企业的人才需求等因素，判断我们设定的晋升目标是否现实可行。

其次，AI可以进行风险评估。它可以识别出方案中可能存在的风险和挑战，并提供相应的应对策略。例如，在评估进入某个新兴行业的职业规划时，AI可以分析该行业可能面临的政策风险、技术变革风险等，并建议我们如何提前做好应对准备。此外，AI还可以对方案的效益进行评估。它可以预测方案实施后可能带来的职业发展机会、收入增长、社会认可等方面的效益，帮助我们判断方案的优劣。

然而，我们不能仅仅依靠AI的评估结果来确定方案的可行性。AI的评估是基于一定的算法和数据模型，可能存在局限性。它无法完全考虑到所有的因素和不确定性。在实际的职业发展中，会受到很多主观和客观因素的影响，如个人的努力程度、人际关系、突发的市场变化等。因此，我们需要结合自己的经验和判断，对AI的评估结果进行综合分析。

同时，我们要保持对AI评估结果的批判性思维。不能盲目相信AI的结论，要对其评估过程和依据进行深入了解。如果发现评估结果与我们的直觉和实际情况不符，要进一步探究原因，而不是轻易放弃自己的想法。我们应该将AI的评估作为一种参考，而不是唯一的决策依据。

总之，过度依赖AI的反馈可能会使我们失去独立思考和解决问题的能力。在实际工作中，我们会遇到各种各样的问题，需要我们自己去分析和解决。因此，我们要在利用AI反馈的同时，培养自己的独立思考能力，学会从不同的角度去看待问题，寻找解决问题的方法。只有这样，我们才能真正提升自己的技能，为职业发展打下坚实的基础。

附录1　职规赛国赛获奖作品简介及作品链接

作品一：首届全国大学生职业规划大赛就业赛道职教组金奖　孙畅

（指导教师：寇丹华、吴小菲、胡振明）

孙畅同学以“匠心筑梦，护航中国速度”为主题，进行了目标岗位分析、岗位能力展示、发展潜力分析。他在主题陈述、评委提问和天降offer三个环节中充分展示了自己经过课程学习、岗位实践、竞赛培训所锻炼出的通用素质、岗位能力和发展潜力，最终夺得全国总决赛就业赛道职教组金奖。

作品二：第二届全国大学生职业规划大赛成长赛道职教组银奖　韩雪

（指导教师：郝强燕、杨艳春）

韩雪同学以“用‘妈感脸’解码健康零食”为主题，讲述了自己如何将兴趣融入专业，从被嘲笑的“胖妞”到成为专业零食带货主播的蜕变。她从大一便积极投身电商实践，深度参与校企合作直播项目，坚持每周直播30+小时，凭借对零食赛道的精准深耕、“短视频引流+直播转化”的成熟运营能力，以及扎根消费帮扶的实践积累，最终凭借对健康零食电商的深刻理解在赛事中展现出独特竞争力，斩获成长赛道职教组银奖。

作品三：首届全国大学生职业规划大赛成长赛道高教组铜奖　谢宏飞
（指导教师：李红霞、刘宝华、刘文怡）

谢宏飞同学以“做航天事业中永不停歇的陀螺人”为主题，讲述了自己从飞行员梦碎到立志成为运载火箭回收控制算法工程师的转变。他大三年级即获校长奖章，所在团队研发箭载位姿测量系统，降低火箭发射成本30%，本人累计斩获22项国家级奖项。凭借扎实的专业功底、突出的科研能力和“每周工作40+小时”的拼搏精神，他锁定中国航天科技集团为目标企业，最终以科技报国的赤诚之心在全国职业规划大赛中脱颖而出，斩获成长赛道高教组铜奖。

作品四：第二届全国大学生职业规划大赛就业赛道高教本科生组银奖　张馨月
（指导教师：苏文丽）

张馨月同学以“笔宣军旗红，声传强军梦”为主题，生动讲述了自己从支教大学生到解放军战士，再到立志成为军队文职宣传干事的成长历程。通过部队锤炼和校园实践的双重淬炼，她展现了过硬的政治素养、军事素质和业务能力。凭借着“三位一体”的岗位胜任力，她最终夺得全国总决赛就业赛道高教组本科生银奖，用“请党放心，强军有我”的青春誓言践行了自己的庄严承诺。

作品五：第二届全国大学生职业规划大赛就业赛道高教研究生组铜奖　马俊杰
（指导教师：李红霞、郝晓剑、刘宝华）

马俊杰同学以“微引脚藏巨能，小芯片铸大业”为主题，结合国家芯片行业的发展需求，讲述了自己从职业迷茫到坚定投身芯片领域的心路历程。通过多维度的生涯人物访谈和深度自我探索，她明确将中电二所作为目标企业，并凝练出岗位能力素养图，充分展现了扎实的专业功底与丰富的实践经验。最终，她凭借清晰的职业规划、过硬的专业能力和赤诚的报国志向，在全国总决赛就业赛道高教研究生组斩获铜奖。

作品六：第二届全国大学生职业规划大赛就业赛道高教本科生组铜奖　张稚昕
（指导教师：杨兆强）

张稚昕同学以“持医术之精芒，守动物之福康”为主题，讲述了自己从小狗救治经历到立志成为软组织外科兽医师的心路历程。面对全国30万兽医缺口，她以专业第一的优异成绩和扎实的临床技能，斩获“雄鹰杯”全国一等奖等57项荣誉。通过创办兽医学习平台、运营新媒体账号和组织校园活动，她展现了卓越的综合素质。最终，凭借清晰的职业规划和“十年如一日”的坚守承诺，在全国总决赛就业赛道高教本科生组斩获铜奖。

附录 2　职规赛胜出的底层逻辑

一、传统职业生涯规划理论

（一）霍兰德职业兴趣理论

霍兰德职业兴趣理论由美国心理学家约翰·霍兰德提出，将人格特质与职业环境划分为六大类型：现实型（R）、研究型（I）、艺术型（A）、社会型（S）、企业型（E）、常规型（C）。该理论认为，当个体的兴趣类型与职业环境匹配时，工作满意度和职业稳定性更高。六种类型通过“职业六边形”呈现相邻、相隔、相对三种关系，指导职业选择时需关注兴趣的兼容性与动态平衡。

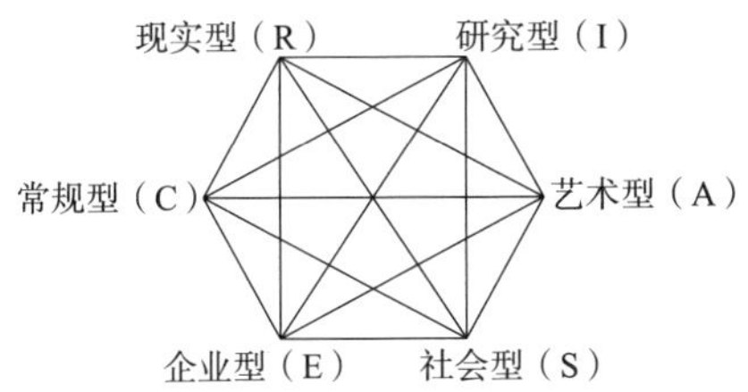

霍兰德六边形模型

在职规赛中的应用场景及方法

1. 参赛者自我认知分析

通过霍兰德职业测评（如SDS量表或兴趣岛测试）确定参赛者的兴趣代码（如S–A–E），分析其核心兴趣与潜在冲突点。

帮助参赛者明确“职业兴趣倾向—能力优势—价值观优先级”三者的关系，为后续职业目标设定提供科学依据。

2. 职业目标匹配与论证

根据兴趣代码检索《职业索引表》，筛选匹配的职业群（如A型适合创意设计类岗位），结合行业调研数据论证职业选择的合理性。

避免参赛者主观臆断，通过“兴趣—职业—市场需求”三维度增强规划逻辑性。

3. 职业路径动态调整模型

利用“职业六边形”分析相邻兴趣类型的可迁移能力（如S型与社会服务类岗位可延伸至E型管理岗位），设计备选发展路径。

应对职业环境变化，例如当目标岗位竞争激烈时，提供兼容性高的替代方案。

4. 作品可视化呈现设计

在PPT或报告中插入霍兰德六边形模型，用颜色标注兴趣类型与目标职业的匹配度，直观展示“人职适配”逻辑。

提升作品的专业性与说服力，契合评委对理论工具应用能力的评分标准。

5. 答辩环节的底层理论支撑

引用霍兰德理论解释职业选择依据（如“我的S-E-A代码表明适合人力资源与培训领域”），结合测评报告数据佐证。

强化答辩逻辑深度，例如回应评委提问时，可对比相邻类型（如S与E）的能力互补性。

（二）明尼苏达工作适应论

明尼苏达工作适应论由罗圭斯特与戴维斯等于1964年提出，最初旨在帮助残障人士适应工作，后发展为强调人境符合的心理学理论。以下是其主要内容。

1. 人境互动

认为个人与工作环境之间存在互动关系，个人的需求和工作的要求都会随时间或经济情势变化。当工作环境能满足个人需求即内在满意，且个人能完成工作要求即外在满意时，人境符合程度提高，工作满意度也越高，个人在该工作领域越能持久。

2. 动态适应

强调人职匹配是动态的，不仅在求职时要考虑，在工作后更要不断调整适应。因为个人会不断成长变化，工作也会因技术、市场等因素改变，只有持续适应才能保持工作稳定和满意。

理论要素包括能力、需要、能力要求、强化物、时间五个变量，以及满足感、令人满意、适应、对应和时间等九个命题。其中，满足感指工作环境满足个体需要的程度，令人满意指个体工作表现符合环境要求的程度，二者相互影响，共同决定工作适应情况，且都随时间变化而变化。

戴维斯与罗圭斯特编制了多种量表，如“明尼苏达重要性问卷”“明尼苏达能力测试”“明尼苏达满意感受问卷”“职业强化模式量表”“职业能力倾向模式量表”和“明尼苏达满意指针量表”等，用于评估个人的人格特质、技能、内在满意程度以及工作环境的强化系统和职业技能要求。通过将这些测量工具的结果对应，可以评估人境之间的一致性和个人的工作适应程度。

该适应论为研究个人工作满意度及工作适应问题提供了完整而系统的理论框架，提出了外在满意的概念，对就业适应问题具有重要指导意义，是对特质因素论和霍兰德类型论的补充，也为生涯辅导提供了具体的测量工具和探讨结构，对各类人群的生涯辅导及相关培训具有重要价值。

在职规赛中的应用场景及方法

明尼苏达工作适应论在大赛中的应用价值在于：从“静态匹配”转向“动态博弈”，既回应评委对“可行性”的质疑，又通过“能力—需求”双轴模型赋予作品科学性与实操性。

1. 职业目标可行性论证——破解“纸上谈兵”痛点

X轴：量化目标岗位的核心能力要求（如数据分析岗需Python技能、逻辑思维），对比自身现有能力等级；

XI轴：分析职业回馈（如薪资涨幅、培训资源）与个人需求（如学习成长优先级）的匹配度。

避免单纯依赖兴趣（霍兰德理论）导致规划脱离现实，例如参赛者若倾向高薪金融岗（E型），但数学能力不足，可通过模型揭示能力缺口，引导调整目标或制定学习计划。

2. 实习经历深度复盘——构建“适应力”叙事逻辑

应用方法：在案例作品中嵌入“适应四步法”。

① 能力缺口诊断（如实习中Excel技能不足拖慢任务进度）；

② 需求优先级调整（接受初期低薪以换取技能培训机会）；

③ 适配行动方案（参加线上课程+向导师请教）；

④ 动态平衡结果（3个月后效率提升50%，获转正机会）。

凸显参赛者对职场环境的主动适应能力，区别于霍兰德理论单向的“兴趣—职业”匹配逻辑。

3. 职业风险预案设计——应对评委“突发拷问”

应用方法：在答辩环节预设两类风险应对策略。

能力型风险：若目标岗位技术迭代（如AI设计工具普及），制定“技能升级路线图”（如学习Midjourney+参加人机协作培训）；

需求型风险：若职业回馈低于预期（如晋升缓慢），规划“需求降级路径”（如优先积累项目经验而非职级）。

作用：展现职业规划的弹性，契合大赛对“可持续性”的评分标准，与霍兰德理论静态匹配形成互补。

4. 作品数据可视化升级——打造“动态适配”记忆点

应用方法：在PPT中设计“适配指数雷达图”。

外层维度：岗位要求的硬技能（如编程）、软技能（如团队协作）；

内层维度：个人当前能力值及3年提升目标；

动态箭头：标注能力提升路径（如考取PMP证书提升项目管理能力）。

作用：直观呈现职业规划的动态性，区别于霍兰德六边形的兴趣静态分析。

（三）舒伯生涯发展理论

唐纳德·E. 舒伯（1910—1994），著名职业生涯规划师、美国职业管理学家、哥伦比亚大学职业指导和应用心理学博士。其理论作为整合性的理论，集发展心理学、差异心理学、社会心理学、人格心理学、现象学心理学既有研究成果之大成，辅以舒伯个人的实证研究和概念研究成果，构建起完整的职业发展理论。从职业生涯发展理论—发展自我概念理论—职业广度、职业空间理论，标志着舒伯理论的进化。

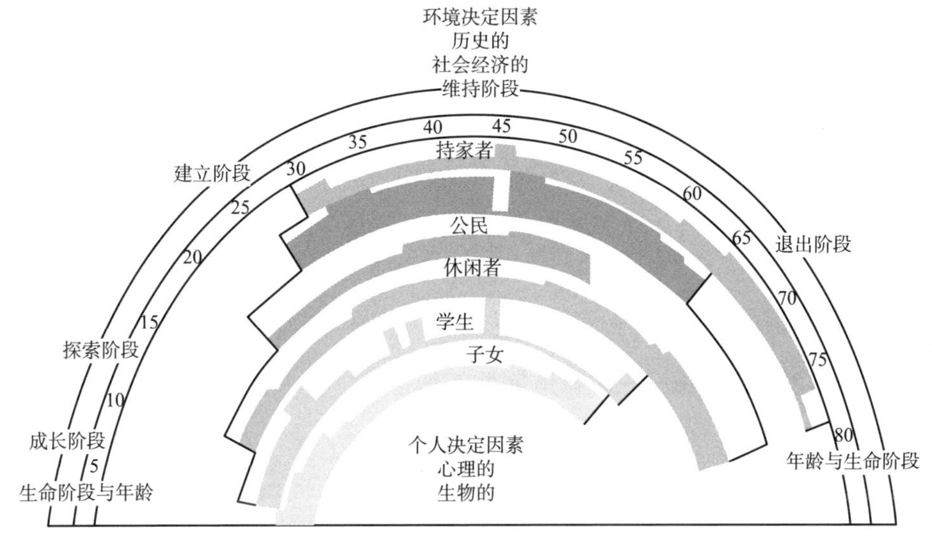

职业生涯发展彩虹图

彩虹图外围圆弧代表“生活广度”，包括成长、探索、建立、维持和衰退五个职业生涯发展阶段。其中，彩虹弧线上的数字代表的是个体的年龄。彩虹内部各层代表“生活空间”，即个人在发展历程各阶段所扮演的各种角色。人们一生中要在家庭、学校、社区和工作场这4个舞台上扮演9个角色：子女、学生、休闲者、公民、工作者、配偶、父母、家管人员（家庭主妇/夫）和退休者。彩虹色带的宽度代表各个阶段对各个角色的投入程度，色带的宽窄则体现了角色之间的此消彼长和互相替换。“职业生涯发展彩虹图”描绘了人们的生活广度、生活空间和他们在生活中所扮演的核心角色，也可以用来体现关键角色对个人的重要性。按照舒伯的观点，我们如果要了解一个人的职业生涯，就要了解这个人的生活角色网络。

在职规赛中的应用场景及方法

1. 生涯发展阶段模型——构建规划逻辑链

理论要点：将职业发展分为成长、探索、建立、维持、衰退五个阶段，强调不同生命周期的核心任务。例如，大学生处于探索期，需通过实习、试错明确职业方向；职场新人进入建立期，需聚焦能力提升与职业定位。

作品时间线设计：在职业规划书中，用阶段模型划分“3~5年能力积累期”“10年职业跃迁期”等节点，体现规划科学性。

答辩底层逻辑：回应评委关于“长期规划可行性”质疑时，引用阶段理论说明“探索期试错”与“建立期深耕”的衔接逻辑（如前3年通过轮岗探索细分方向，后5年考取行业认证实现专业化）。

2. 生涯发展彩虹图——破解角色冲突论证

理论要点：提出个体需在子女、学生、工作者、持家者等9种角色中动态平衡，职业成功需兼顾多角色协调。

案例作品亮点打造：金奖案例常使用彩虹图展示“学生科研角色”与“创业者角色”的时间分配方案（如工作日70%精力投入学术，周末30%精力用于创业项目路演）。

职业风险预案设计：预测未来可能出现的角色冲突（如生育期与晋升期重叠），提出“弹性工作制申请”“家庭—工作资源置换模型”等解决方案。

3. 自我概念理论——强化职业目标说服力

理论要点：职业选择本质是自我概念（兴趣、能力、价值观）的实践过程，需通过持续反馈修正认知。

职业目标论证结构：

STEP1：用测评工具（如霍兰德测试）量化兴趣倾向；

STEP2：通过实习报告、项目成果证明能力匹配度；

STEP3：结合企业调研数据说明目标岗位的价值观契合度。

评委高频问题应对：

当被质疑“为何选择跨专业职业”时，可回应：“我的自我概念分析显示，艺术型（A）创造力与研究型（I）逻辑分析能力在交互设计领域形成互补优势。”

总结：大赛破局关键点

生涯发展阶段模型 → 构建时间轴逻辑，避免规划碎片化

彩虹图 → 提升作品多维视角，展现角色管理能力

自我概念理论 → 用数据+案例强化职业选择说服力

建议参赛者结合金奖作品案例，将理论转化为可视化图表（如阶段甘特图、角色时间分配饼图），并在答辩中引用舒伯原文观点（如“职业决策是自我概念的投射”）提升专业度。

（四）职业锚理论

职业锚理论由美国心理学家埃德加 · H. 施恩（Edgar H. Schein）提出，核心观点是：个体在职业发展中会逐渐形成稳定的“职业锚”，即基于自身能力、动机和价值观的综合体，成为职业决策时不可放弃的核心诉求。其核心要点包括：

（1）实践导向：职业锚的形成源于真实工作体验，需通过实践试错才能明确，而非单纯依赖测评工具。

（2）动态调整：包含8种类型（技术职能型、管理能力型、安全稳定型、自主独立型、创造型、服务型、挑战型、生活平衡型），个体可能在不同阶段呈现复合型锚点。

（3）筛选功能：当面临职业选择冲突时（如高薪但高压岗位），职业锚会帮助个体过滤不符合核心诉求的选项。

在职规赛中的应用场景及方法

职业锚理论在大赛中具有实践校准与价值观显性化的双重价值：既帮助参赛者超越兴趣表象（如霍兰德理论），深度挖掘职业选择的内在驱动力；又通过锚点类型与职业环境的动态适配模型，增强作品的可操作性与创新性。

1. 自我分析环节——精准定位核心职业诉求

应用方法：参赛者通过职业锚测评工具（如《职业锚问卷》）识别自身锚点类型。

技术职能型：在作品中强调技能认证与行业深耕路径（如“考取CFA证书+金融数据分析项目经历”）；

自主独立型：规划自由职业或创业路径时，需论证时间管理能力与资源整合方案。

作用：避免职业目标与内在价值观脱节，例如，安全稳定型选手若选择互联网大厂，需说明职业风险应对策略。

2. 职业目标论证——破解“伪适配”陷阱

应用方法：在规划书中构建“双维度适配模型”：

X轴：目标岗位对职业锚类型的匹配度（如管理能力型锚点需匹配带团队机会的岗位）；

XI轴：职业回报（薪资、成长性）与锚点诉求的契合度（如创造型选手需证明岗位创新空间）。

作用：增强作品逻辑严谨性，例如，当评委质疑“为何放弃高薪选择公益组织”，可用服务型职业锚论证价值观优先级。

3. 备选路径设计——应对职业环境突变

应用方法：根据职业锚的兼容性设计风险预案：

技术职能型→创造型：若目标岗位技术迭代（如AI取代传统设计），可转向“人机协同创意师”等新兴职业；

安全稳定型→生活平衡型：若考编失败，可选择国企行政岗并辅以副业时间管理方案。

作用：体现职业规划的弹性，契合大赛对“可持续性”的评分要求。

（五）CIP认知信息加工理论

认知信息加工理论（Cognitive Information Processing，CIP）由彼得森（Peterson）、桑普森（Sampson）和里尔登（Reardon）提出，其核心是通过信息加工能力提升解决职业决策问题，构建了“金字塔模型”和“CASVE循环”两大核心框架：

1. 金字塔模型

知识领域（底层）：包含自我知识（兴趣、能力、价值观）与职业知识（行业信息、岗位需求），相当于数据存储库。

决策领域（中层）：通过CASVE循环五个阶段（沟通、分析、综合、评估、执行）进行信息加工。

元认知（顶层）：对决策过程的监控与调节能力，包括自我反思、纠错机制等。

2. CASVE循环

沟通（Communication）：识别职业问题（如“是否转行”）；

分析（Analysis）：拆解问题要素（如能力缺口、市场需求）；

综合（Synthesis）：生成解决方案（如考研、实习、考证）；

评估（Valuing）：权衡方案优先级（收益/风险比）；

执行（Execution）：制定行动计划并实施。

在职规赛中的应用场景及方法

1. 职业决策逻辑链构建

应用方法：指导参赛者按CASVE循环设计作品框架。

例如：

沟通阶段：通过测评发现“兴趣与专业错位”问题；

分析阶段：用SWOT法对比转行风险与收益；

综合阶段：提出“辅修+实习”双轨制转型方案；

评估阶段：量化时间成本与经济投入；

执行阶段：制定季度目标并标注进度节点。

作用：增强作品逻辑性，契合评委对“系统性决策能力”的评分标准。

2. 职业知识库搭建

应用方法如下：

横向整合：利用行业报告、企业访谈等数据完善职业知识（如目标岗位的技能权重）；

纵向关联：将自我测评结果（如MBTI人格类型）与职业要求匹配，形成“人岗适配雷达图”。

作用：解决“信息碎片化”问题，例如，用数据证明“内向型（I）人格适合科研岗”的合理性。

3. 答辩策略设计

应用方法：按CASVE循环设计答辩话术：

沟通：开场抛出核心矛盾（如“传统工科生跨界互联网的可行性”）；

分析：引用岗位JD说明能力要求；

综合：展示“项目经历+技能证书”组合方案；

评估：对比跨界成功率与保守路径收益；

执行：呈现甘特图与阶段性成果。

作用：结构化表达提升答辩说服力，避免逻辑跳跃。

（六）MBTI人格类型理论

理论基础：MBTI（Myers-Briggs Type Indicator）由凯瑟琳·库克·布里格斯（Katharine Cook Briggs）和伊莎贝尔·布里格斯·迈尔斯（Isabel Briggs Myers）基于荣格心理学理论发展而来，通过四个维度将人格划分为16种类型，揭示个体的认知偏好与行为模式。

1. 注意力方向（能量来源）

外向（E）：通过外部互动获取能量，倾向于行动导向、善于社交。

内向（I）：通过独处和内省恢复能量，偏好深度思考与独立工作。

2. 认知方式（信息获取）

实感（S）：关注具体事实和细节，依赖五感接收信息。

直觉（N）：关注抽象可能性和未来趋势，善于联想与创新。

3. 决策方式（判断标准）

思维（T）：基于逻辑和客观分析做决策，注重公平与效率。

情感（F）：基于价值观和他人感受做决策，追求和谐与共情。

4. 生活方式（应对外界）

判断（J）：偏好计划性和结构化，注重目标达成与时间管理。

知觉（P）：偏好灵活性和开放性，擅长适应变化与探索新选项。

16种人格类型：通过四维组合形成（如INTJ、ESFP等），每种类型对应独特的职业倾向与发展需求。

在职规赛中的应用场景及方法

1. 精准定位职业方向

应用方法：参赛者通过MBTI测评（如ISTJ或ENFP）明确性格优势，结合《职业索引表》筛选匹配岗位。

例如：

ISTJ型适合审计、项目管理等需严谨性的职业；

ENFP型适合市场营销、教育培训等需创意与沟通的领域。

作用：避免主观臆断，为职业目标提供科学依据。

2. 答辩逻辑深度强化

应用方法：引用MBTI解释职业选择逻辑。

例如：

INTJ型选手可强调“直觉（N）与思维（T）”优势如何支撑战略规划能力；

ESFJ型选手可说明“情感（F）与判断（J）”特质如何适配人力资源管理。

作用：增强答辩说服力，契合评委对理论工具应用能力的评分标准。

3. 职业风险预案设计

应用方法：针对性格弱点制定应对策略。

例如：

P型（知觉）选手需预设时间管理工具以避免拖延；

T型（思维）选手需补充共情训练以提升团队协作。

作用：体现职业规划的全面性与可行性。

二、后现代职业生涯规划理论

（一）社会认知生涯理论（SCCT）

社会认知生涯理论（Social Cognitive Career Theory，SCCT）由伦特（Lent）等人于1994年提出，是传统职业规划理论的革新性发展。该理论以自我效能感、结果期待、职业目标为核心变量，强调职业选择与发展是个人特质、环境因素、行为决策动态交互的过程。相较于传统理论（如霍兰德类型论），SCCT更关注职业决策中的心理动力机制与社会情境影响。

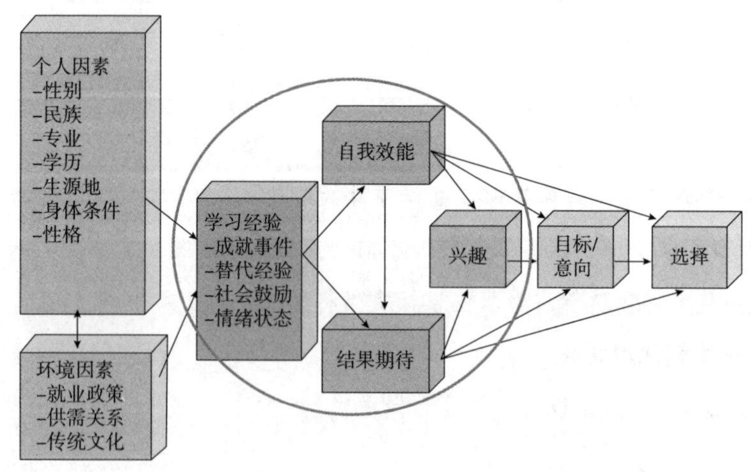

社会认知生涯理论主要内容

主要理论观点如下：

自我效能感驱动行为：个体对自身能力的信心（如“我能胜任数据分析工作”）直接影响职业兴趣形成和行动选择。效能感高者更倾向挑战性职业目标。

结果期待塑造方向：对行为可能结果的预期（如“从事编程工作能获得高薪与成长”）决定职业投入程度。正向期待激发探索行为，负向期待导致回避倾向。

学习经验四维来源：成就事件（过往成功经历）、替代经验（观察他人）、社会鼓励（权威认可）、情绪状态（压力应对）共同构成学习经验，是自我效能与结果期待的基础。

动态修正机制：职业目标并非一成不变，当环境变化（如行业衰退）或效能感降低时，个体会通过目标调整或技能提升重新实现适配。

在职规赛中的应用场景及方法

1. 自我效能诊断与强化

应用方法：指导选手通过“成就事件复盘表”梳理过往成功经历（如组织校园活动、竞赛获奖），提炼可迁移能力（如沟通协作、数据分析）。

2. 职业目标可行性论证

应用方法：构建“结果期待双轴模型”：

X轴：量化目标职业的显性回报（如薪资、晋升空间）；

XI轴：评估隐性价值（如社会认同、兴趣满足）。

作用：避免选手因盲目乐观选择热门但适配度低的职业（如效仿他人投身高薪金融业却忽视自身抗压能力不足）。

3. 作品叙事逻辑优化

应用方法：在规划书中嵌入“SCCT成长闭环”：

学习经验（大厂实习）→效能提升（掌握用户画像技能）→结果期待（产品经理高创造力回报）→目标设定（3年成为高级PM）→环境反馈（Mentor认可）→效能再强化。

作用：区别于静态的霍兰德代码展示，体现职业规划的动态演进逻辑。

4.动态修正机制

应用方法：基于自我效能感变化和职业环境变化的修正、结合实践反馈的修正随着比赛的推进和学习实践的深入，参赛者的自我效能感可能会发生变化。如果在某个阶段发现自己在某个职业技能方面的自我效能感较低，那么就需要及时调整职业目标或实践路径；参赛者需要密切关注职业环境的动态，及时调整自己的职业规划，也要根据行业的技能要求变化，调整自己的学习实践计划；在实践过程中，参赛者会获得各种反馈信息，包括老师、评委的意见，以及自己在实践中的实际效果，通过对这些反馈信息的分析，调整后续的实践路径和方法。

（二）建构主义生涯理论（Constructivist Career Theory）

建构主义生涯理论由马克·L. 萨维科斯（Mark L. Savickas）提出，其核心在于否定传统职业规划的静态匹配逻辑，强调职业生涯是个体通过主观经验主动建构的动态过程。该理论融合了个人建构理论、后现代主义思想，主张职业选择并非“发现真我”，而是通过持续行动与反思“创造真我”。主要理论观点如下：

1. 自我概念中心论

职业发展围绕个体对自我的认知展开，包括兴趣、价值观、能力等要素，并通过职业行为不断修正和丰富自我概念。

例如：职业选择不是“匹配兴趣”，而是通过实习、参赛等实践验证兴趣的真实性。

2. 生涯适应力模型

提出应对职业变化的四大能力：生涯关注（规划意识）、生涯控制（决策自主性）、生涯好奇（探索动力）、生涯自信（执行效能）。

例如：面对行业变革时，需快速调整技能储备而非固守原计划。

3. 生涯即叙事

职业发展通过“故事建构”实现，个体通过讲述职业经历整合碎片化经验，形成连贯的生涯意义。

例如：用“失败经历”诠释抗压能力与成长韧性，转化为职业决策优势。

4. 动态交互论

强调人与环境的双向适应：职业选择是“尝试—反馈—修正”的循环过程，而非一次性匹配。

例如：通过短期项目验证职业假设，再迭代优化长期目标。

在职规赛中的应用场景及方法

建构主义生涯理论为职规赛提供破局利器：它使选手从“寻找标准答案”转向“展示建构过程”，通过动态叙事、实验验证、弹性路径等策略，在作品中体现问题解决力与成长性思维。建议选手结合生涯适应力量表（CAI）等工具，将理论转化为可展示的视觉模型（如动态路径流程图），从而在科学性、创新性维度获得差异化优势。

1. 自我探索工具升级——构建动态认知系统

应用方法：设计“生涯建构日志”，要求选手记录3次以上职业实践（如模拟面试、行业调研），分析行动前后的自我认知变化。

价值：替代传统测评工具（如霍兰德代码）的静态结论，体现“实践—反思”的动态建构逻辑。

2. 生涯叙事答辩法——增强作品感染力

应用方法：指导选手用“故事线”串联职业规划：

冲突点：如专业与兴趣矛盾；

行动实验：如跨界实习验证能力；

认知迭代：修正原目标并制定新路径。

价值：契合评委对“真实成长性”的评分标准，区别于模板化陈述。

3. 动态路径设计模型——应对不确定性命题

应用方法：在作品中嵌入“双轨路径图”：

A方案：基于现状的理想路径；

B方案：预设3种风险场景（如行业衰退、技能过时等）及应对策略。

价值：展现适应力，解决传统规划“纸上谈兵”痛点。

4. 评委沟通策略——建构主义回答设计

应用方法：回答“为何选择该职业”时，强调“通过××实践建构了××认知”而非“测评显示适合”；面对质疑时，引用建构主义“我的规划不是终点，而是持续探索的起点”。

价值：塑造“科学且灵活”的选手形象，契合评委对创新性的期待。

（三）叙事生涯理论

叙事生涯理论是以生命故事叙说为核心的生涯发展理论，起源于后现代主义哲学和社会建构主义心理学。其核心认为：个体的职业生涯不是由固定特质或环境决定的，而是通过不断解构与重构生涯故事来建构意义的过程。该理论强调职业选择与发展的动态性、主观性和文化嵌入性，主张通过对话帮助个体发现故事中的“例外事件”和潜在可能性。

在职规赛中的应用场景及方法

1. 生涯故事线重构——破解同质化作品痛点

应用方法：指导选手用“三幕剧结构”重构生涯故事。

第一幕（冲突）：描述职业迷茫期的关键事件（如专业选择失误）；

第二幕（转折）：通过实习/课程发现的“例外事件”（如策划活动展现领导力）；

第三幕（升华）：提炼新的职业身份认同（如“从被动执行者到创意推动者”）。

作用：增强作品感染力，如某金奖案例“通过志愿者经历重构社工职业信念”获得评委认可。

2. 作品可视化叙事升级

应用方法：在PPT中设计“故事地图”，用时间轴标注关键事件的意义转变：

插入“前后对比漫画”：如用两幅场景对比“传统认知中的会计”与“我的数智化财务人设”。

作用：直观呈现职业认知的迭代过程，契合评委对创新性的评分标准。

（四）其他相关后现代生涯理论

1. 生涯混沌理论

生涯混沌理论（The Chaos Theory of Careers）起源于20世纪90年代，从化学、物理学等自然科学中的混沌理论发展而来，是职业生涯理论的新兴科学。

20世纪末期，一些心理学家开始用“混沌理论”解释人的生涯心理。21世纪初，普莱尔（Pryor）与布莱特（Bright）正式提出了生涯混沌理论，认为生涯心理是一种动态、开放的复杂系统，其影响因素是复杂多变的，要想理解和把握个体的生涯心理，必须把其置于复杂的关系网中来整体看待。

混沌理论下职业生涯研究进展表现为：

（1）背景对职业决策的影响

除了诸如父母、社会经济地位和老师等会影响职业决策外，还包括兄弟姐妹、朋友、地理、媒体、电影、体育明星和政治家等一系列情景的影响。

（2）进行职业决策的机会

生涯混沌理论似乎与偶然学习理论密切相关。大多数研究表明：偶然事件对职业生涯产生影响率较高。

2. 无边界生涯理论

无边界生涯理论由亚瑟（Arthur）和（Rousseau）于1994年提出，其主张职业生涯发展不再局限于单一组织或传统职业路径，而是通过跨越物理和心理边界实现职业流动性。其核心启示在于：职业规划应从“组织依赖”转向“自我主导”，以动态适应力构建可持续的职业生态。其核心观点包括以下方面。

多维度跨越：职业发展可能涉及跨越组织、行业、地域、文化甚至专业领域边界，例如，从科技公司跳槽至非营利组织，或跨国从事跨领域工作。

就业能力为核心：以个人技能、经验和适应性（即“就业能力”）取代传统长期雇佣保障，强调个体需通过持续学习保持市场竞争力。

动态心理契约：个体与组织的关系从“终身依附”转向“短期交易”，心理契约更注重能力提升而非忠诚度。

（1）与传统职业生涯的差异

传统模式：依赖科层制组织，职业路径固定（如晋升阶梯），成功标准为薪资、职级等外部指标。

无边界模式：职业成功转向主观感受（如工作意义、兴趣匹配），职业选择更强调个体自主性和灵活性。

（2）分类与驱动机制

自愿无边界：主动寻求职业机会（如为发展空间跳槽），体现个体职业规划的主动性。

非自愿无边界：因裁员、技术变革等外部压力被迫转换职业，需通过技能重塑适应新环境。

（3）动态适应机制

物理流动：实际发生的职业转换行为（如跨行业跳槽）。

心理流动：个体感知自身具备跨界发展的潜力，即使未发生实际流动（如通过培训储备跨界能力）。

附录3　教育部关于举办第二届全国大学生职业规划大赛的通知

各省、自治区、直辖市教育厅（教委），新疆生产建设兵团教育局，有关省、自治区人力资源社会保障厅，部属各高等学校、部省合建各高等学校，分行业就业创业指导委员会：

为贯彻落实党中央、国务院决策部署，落实《国务院关于印发“十四五”就业促进规划的通知》精神，加强高校生涯教育和就业指导，增强大学生职业规划意识，指导其及早做好就业准备，以择业新观念打开就业新天地，促进高质量充分就业，定于2024年10月至2025年4月举办第二届全国大学生职业规划大赛。现将有关事项通知如下：

一、大赛主题

筑梦青春志在四方，规划启航职引未来。

二、大赛目标

努力将大赛打造成强化生涯教育的大课堂、促进人才供需对接的大平台、服务毕业生就业的大市场。通过举办大赛，更好地实现以赛促学，引导大学生树立正确的成长成才观和择业就业观，科学合理规划学业与职业发展，提升就业竞争力；以赛促教，促进高校强化生涯教育，做实做细就业指导服务；以赛促就，广泛发动行业企业和高校参与赛事活动，推动人才供需有效对接，全力促进高校毕业生高质量充分就业。

三、组织机构

（一）大赛由教育部、湖南省人民政府共同主办。全国总决赛由湖南省教育厅、中南大学、湖南大学、湖南师范大学承办。

（二）大赛设立组织委员会（简称大赛组委会），负责大赛的组织实施。教育部和湖南省人民政府主要负责同志担任主任，教育部和湖南省人民政府分管负责同志担任执行主任。大赛组委会秘书处设在教育部学生服务与素质发展中心。

（三）大赛设立专家委员会，负责评审等工作。

（四）大赛设立纪律与监督委员会，负责对赛事组织、评审等相关工作进行监督，对违反大赛纪律行为予以处理。

（五）各省级高校毕业生就业工作部门可参照成立相应赛事机构，负责本地比赛的组织实施、评审和推荐等工作。

四、大赛内容

（一）主体赛事。包括学生成长赛道和就业赛道。成长赛道设高教组和职教组，就业赛道设高教本科生组、高教研究生组和职教组。本届大赛不设大学生职业发展与就业指导课程教学赛道。

（1）成长赛道。主要面向本、专科中低年级学生，考察其树立生涯发展理念并合理设定职业目标、围绕实现目标持续行动并不断调整的成长过程，通过学习实践提升综合素质和专业能力，体现正确的择业就业观念。参赛学生可获得实习机会。（详见附件1）

（2）就业赛道。面向本、专科高年级计划求职学生（不含已通过推免等确定升学的毕业年级学生）和研究生，考察其求职实战能力，对照目标职业及岗位要求，个人综合素质和专业能力等方面的契合度，个人发展路径与就业市场需求的适应度。参赛学生可获得岗位录用意向。（详见附件2）

（二）同期活动。全国总决赛期间将举办校企供需对接、职业体验、课程教学研讨交流等系列活动，在湖南举办“以创促就”专项活动。各地各高校参照总决赛系列同期活动，围绕主体赛事精心设计并广泛开展内容丰富、形式多样的同期活动。

五、大赛赛制

（一）大赛采用校赛、省赛、全国总决赛三级赛制。

（二）校赛由各高校负责组织，省赛由各地负责组织。各地各高校参照大赛成长、就业赛道方案，自主确定参赛名额、分组设置、比赛环节、评审方式和奖项设置等。各地完成省赛选拔后，择优推荐全国总决赛参赛选手（本科生、研究生、专科生须保持合适比例）。

（三）全国总决赛参赛学生选手约700人，其中成长赛道约350人，就业赛道约350人，结合参赛选手专业背景、目标职业及所属行业等划分赛场。成长赛道、就业赛道各组别每所高校入围选手不超过1人。大赛组委会将综合考虑各地参赛人数、就业指导和招聘活动情况、用人单位参与数量等因素分配全国总决赛参赛名额，赛前发布大赛提供的实习和就业岗位信息。

（四）全国总决赛设金奖、银奖、铜奖，以及地方和高校优秀组织奖、优秀指导教师奖等奖项。

六、赛程安排

（一）参赛报名（2024年10月—2025年1月）。参赛选手通过全国大学生职业规划大赛平台（简称大赛平台，网址：zgs.chsi.com.cn）报名。大赛平台登录页面可下载操作手册。大赛平台开放时间为2024年10月22日，报名截止时间由各地各高校根据省赛安排决定，不晚于2025年1月31日。

（二）校赛省赛（2024年10月—2025年3月中旬）。各地各高校按要求设省级、校级管理员，使用大赛组委会分配的账号登录大赛平台管理、查看省赛和校赛信息。各地完成省赛组织工作不晚于2025年3月15日。

校赛期间，大赛平台开放成长赛道生涯闯关功能、就业赛道职业适配度测评功能，参赛选手可根据需要选择使用。

（三）全国总决赛（2025年4月）。参加总决赛选手通过现场比赛决出各类奖项。现场比赛及同期活动等具体安排另行通知。

七、参赛要求

（一）参赛选手须为普通高等学校在校学生。每名选手结合自身条件选择符合要求的一个赛道报名参赛。首届大赛全国总决赛获金奖、银奖选手，不得再次报名原赛道比赛。

（二）参赛选手应按要求在大赛平台准确填写报名信息，提交材料应坚持真实性原则，不得含有违法违规内容，否则将被取消参赛资格及所获奖项等，并承担相应法律责任。

（三）各地各高校应认真做好参赛选手资格审查和参赛材料审查工作，确保符合相关要求。

八、工作要求

（一）充分发动。各地各高校要认真做好大赛宣传动员工作，把大赛作为加强和改进生涯教育、促进高质量充分就业的重要载体，发动更多大学生了解和参与大赛，将大赛与各类就业指导、实习实践、校园招聘等活动统筹组织，形成工作合力。各省级高校毕业生就业工作部门要指定一名工作人员作为联络员，负责赛事的沟通交流工作。

（二）精心组织。各地各高校要高度重视、周密部署，为举办赛事和同期活动提供必要的场地、经费支持。各分行业就业创业指导委员会要推荐相关专家参与大赛，发动相关用人单位参加企业心选团、汇集实习和就业岗位资源，为校赛省赛举办提供必要支持。坚持公平办赛、公益办赛、开放办赛、节俭办赛、廉洁办赛、安全办赛，确保比赛平稳有序、取得实效。

（三）广泛宣传。各地各高校要主动联系中央主流媒体及地方媒体、卫视等，充分利用校园媒体、新媒体等多元传播渠道，全方位对赛事进行宣传推广，不断提升生涯教育与就业指导工作的覆盖面和影响力，营造全社会关心支持大学生就业的良好氛围。大赛组委会将适时发布大赛徽标、主视觉、吉祥物形象、主题曲等宣传元素，供各级赛事使用，打造大赛品牌形象。

（四）总结经验。各地各高校要认真总结梳理办赛经验，推动校赛省赛办出水平、办出特色，推出可复制推广的典型做法。各地在省赛结束后按要求及时向大赛组委会报送总结材料。有条件的地方可根据需要组织高校开展经验交流。

九、其他事项

（一）本通知所涉及内容的最终解释权，归大赛组委会所有。大赛组委会根据需要组织赛事说明会或相关工作培训，不委托任何第三方机构或个人开展上述活动。主动接受社会监督，严格监管评委和工作人员。

（二）大赛组委会联系人：

教育部高校学生司（高校毕业生就业服务司）　周紫阳

联系电话：010-66097455

电子邮箱：xsszdc@moe.edu.cn

地址：北京市西城区大木仓胡同37号

邮编：100816

教育部学生服务与素质发展中心　李玉洁

联系电话：010-68352207

电子邮箱：qgzgs@chsi.com.cn

地址：北京市西城区西直门外大街18号金贸大厦C3座

邮编：100044

湖南省教育厅学生处　鲁光杰

联系电话：0731-84715492

电子邮箱：jytxsc0731@126.com

地址：湖南省长沙市东二环二段238号湖南省教育厅

邮编：410000

湖南省大中专学校学生信息咨询与就业指导中心　曾静

联系电话：0731-82116089

电子邮箱：hnsjyzdzx@163.com

地址：湖南省长沙市岳麓区中建智慧谷2区7栋

邮编：410008

附件1

第二届全国大学生职业规划大赛成长赛道方案

一、比赛内容

考察学生树立生涯发展理念并合理设定职业目标、围绕实现目标持续行动并不断调整的成长过程，通过学习实践提升综合素质和专业能力，体现正确的择业就业观念。参赛学生可获得实习机会。

二、参赛组别和对象

成长赛道设高教组和职教组，参赛对象为普通高等学校全日制本、专科中低年级在校学生。高教组主要面向普通本科一、二、三年级学生；职教组主要面向职教本科一、二、三年级学生，高职（专科）一、二年级学生。

三、参赛材料要求

选手在大赛平台提交以下参赛材料：

（一）生涯发展报告：介绍设定职业目标的过程；实现职业目标的具体行动和成效；职业目标及行动的动态调整等（PDF格式，文字不超过2000字，图表不超过5张）。

（二）生涯发展展示（PPT格式，不超过50MB；可加入视频）。

四、比赛环节

成长赛道设主题陈述、评委提问和天降实习offer（实习意向）环节。各环节时长根据实际情况适当调整。

（一）主题陈述（7分钟）：选手结合生涯发展报告作陈述。

（二）评委提问（5分钟）：评委结合选手陈述和现场表现提问。

（三）天降实习offer（2分钟）：用人单位根据选手表现，决定是否给出实习意向，并对选手作点评。

五、评审标准

指标	说明	分值
职业目标	结合所学专业多渠道了解相关行业发展趋势和就业市场需求，综合分析个人能力优势、兴趣特长等，合理设定职业目标	10
	基于职业目标对综合素质和专业能力等方面要求，科学分析个人现实情况与职业目标间的差距，制订合理可行的成长计划	10
	职业目标能够将个人理想与国家需要、经济社会发展相结合，体现正确的择业就业观念	10
学习实践行动	围绕目标职业要求，结合学校育人特色和所学专业，利用学校及社会资源开展学习实践	30
	学习实践行动取得阶段性、标志性成果，接近职业目标要求	20
动态调整	及时对学习实践行动成效进行自我评估，总结分析收获、不足和原因，对职业目标和学习实践行动路径等作动态调整	20

六、奖项设置

成长赛道设置金奖、银奖、铜奖，以及优秀指导教师奖等奖项。

附件2

第二届全国大学生职业规划大赛就业赛道方案

一、比赛内容

考察学生求职实战能力，对照目标职业及岗位要求，个人综合素质和专业能力等方面的契合度，个人发展路径与就业市场需求的适应度。参赛学生可获得岗位录用意向。

二、参赛组别和对象

就业赛道设高教本科生组、高教研究生组和职教组，参赛对象为普通高等学校全日制本、专科高年级在校学生，以及全体研究生。高教本科生组面向普通本科三、四年级（部分专业五年级）学生（不含已通过推免等确定升学的毕业年级学生），全体第二学士学位学生；高教研究生组面向全体研究生；职教组面向职教本科三、四年级学生和高职（专科）二、三年级学生。

三、参赛材料要求

选手在大赛平台提交以下参赛材料：

（一）求职简历（PDF格式）。

（二）求职综合展示（PPT格式，不超过50MB；可加入视频）。

（三）辅助证明材料，包括实践、实习、获奖等证明材料（PDF格式，整合为单个文件，不超过50MB）。

四、比赛环节

就业赛道设主题陈述、综合面试、天降offer（录用意向）环节。各环节时长根据实际情况适当调整。

（一）主题陈述（6分钟）：选手结合求职综合展示PPT，陈述个人求职意向和职业准备情况。

（二）综合面试（6分钟）：评委提出真实工作场景中可能遇到的问题，选手提出解决方案；评委结合选手陈述自由提问。

（三）天降offer（2分钟）：用人单位根据选手表现，决定是否给出录用意向，并对选手作点评。

五、评审标准

指标	说明	分值
职业目标	能够结合就业市场需求和个人所学专业、能力及兴趣等特点，合理设定职业目标	5
	准确把握目标职业的任职要求、工作内容、基本流程和发展前景等	5
岗位胜任力	具备目标岗位所需综合素质，如思维认知、沟通协作能力和执行力等，具有敬业奉献的职业精神	40
	具备目标岗位所需的专业知识和技能要求，相关实习实践经历丰富，具备解决实际问题的专业能力	40
发展潜力	具备持续学习能力、创新精神和应对不确定性挑战的潜质，适应未来职业发展要求；符合就业市场需求，现场获得用人单位提供的录用意向	10

六、奖项设置

就业赛道设置金奖、银奖、铜奖，以及优秀指导教师奖等奖项。

附录 4　国赛现场评委真实提问

一、第二届职规赛成长赛道

1.稀土材料研究员

（1）你提及舅舅曾提到“稀土应用广泛但终端创新有限”，请问该观点是在你何时接触到的？你后续如何逐步理解该观点的内涵？

（2）针对稀土产业在“自创仪器”和“原创理论”两方面的差距，你计划在职业生涯中如何作出贡献？

（3）请阐述你的职业发展路径规划，以及你的科研成果在创新层面的具体表现。

2.投身海洋强国建设的新时代中国海员

（1）你作为内陆省份（安徽）的学生，为何选择面向国际海洋方向的海员作为职业目标？该目标是在考入广东海洋大学前已有规划，还是入学后逐步明确的？

（2）你的职业规划中，从“船舶轮机员”到“船舶智能管理员”的跨度较大，两者的核心差异是什么？

（3）能否介绍一项与你未来海员岗位相关的科研项目？你如何看待实际操作与创新科研的关系？

3.电气设计工程师

（1）你提及在“卡脖子”技术领域有初步探索，能否阐述在具体的过程中遇到了哪些挑战？过程中遇到的核心挑战是什么？

（2）你如何解决电磁干扰问题？在技术攻坚中遇到了哪些瓶颈？通过什么方法实现突破？

（3）在攻克技术难题的过程中，你有哪些深刻感受？想对学弟学妹分享哪些经验？

4.医疗器械材料研发工程师

（1）作为材料科学专业学生，你为何聚焦心血管医疗器械方向？目前有哪些实践积累？直博计划是否已确定？

（2）能否分析心血管医疗器械领域的发展趋势？你对相关企业有何了解或规划？

（3）在专业成长中，你借助了哪些外部资源？

5.绿色化妆品配方师

（1）你提到的“绿色化妆品”具体内涵是什么？在植物原料的提纯合成过程中，如何确保产品对皮肤无伤害？

（2）促使你坚持绿色化妆品研发的核心动力是什么？初次实践中遇到了哪些困难，如何解决？

（3）请阐述你的职业发展路径。为何选择进入行业企业而非家族企业？

6.口腔修复医生

（1）你的职业最终目标是什么？进入该领域需要哪些核心硬件条件？杭州市三甲医院对学历的最低要求是什么？

（2）你目前在河南安阳的研究生攻读进展如何？现阶段需作哪些准备？你认为当前最需要补充的能力是什么？

（3）目前口腔修复领域常用的材料有哪些？未来材料的发展趋势如何？你的数字化研究重点是什么？

7.军医

（1）高原病主要分为哪些类型？你重点学习了哪些方向，以匹配边防军医岗位需求？

（2）边防军医岗位面临的最大挑战是什么？你如何针对性地进行能力提升？

（3）若无法进入帕拉贡高原等边防岗位，你的职业规划如何调整？目前是否有相关实践经历支撑职业目标？

8.心脏外科医师

（1）你未来回国后最希望进入的医院是哪类或哪家？是否将“四小青”等学

术头衔作为职业追求目标？

（2）你此前发表的论文聚焦干细胞植入方向，为何转向心肌细胞研究？该领域目前的临床进展如何？

（3）你如何规划不同职业阶段的重心？

9. 中西结合心血管内科医师

（1）你的目标就业单位是哪些？进入这些单位需要哪些硬件条件？目前达成目标的概率如何？

（2）请介绍你的科研经历。新疆南北疆在心血管疾病治疗与预防方面存在哪些差异？

（3）你目前的英语水平如何？对此你有何规划？

10. AI算法架构师

（1）你提到职业发展需兼顾“算法设计”与“工程部署”，能否详述具体规划路径？

（2）腾讯与百度的技术侧重点和优势有何差异？这段实习经历如何影响你的技术积累？

（3）你认为中国信息安全领域未来将面临哪些新挑战？作为技术人员，如何应对？

11. 智慧交通AI产品研发工程师

（1）你认为当前智慧交通领域的主要难点在技术层面还是落地层面？路端与车端研发的关键挑战分别是什么？YOLOV7 与 DeepSeek在智慧交通中的定位有何差异？跨领域技术迁移带来哪些启示？

（2）在两段的实习经历里面，你遇到最大的一个挫折是什么？然后从这个里面你又收获了什么？

（3）车端与路端协同的核心挑战是什么？如何实现高效融合？

12. 智能采矿工程师

（1）在矿业企业实习中，你如何深入了解智能设备与井下环境？实习经历中对采矿专业与其他学科的交叉有何体会？

（2）从采矿专业视角看，绿色智慧矿山建设的核心环节有哪些？如何通过技术手段解决环境问题？

（3）如何用专业语言定义“智慧采矿”？其核心技术突破体现在哪些方面？

13.全板材研发员

（1）无醛板材与国标范围内的传统板材在生产端和消费端的成本差异如何？国内企业的核心优势是什么？

（2）生物改性课题研究如何支撑无醛板材研发？这段经历对职业发展的核心价值是什么？

（3）你如何定义无醛板材研发的社会价值？职业成功的内外在评价标准是什么？

14.核电运行工程师

（1）人才培养成本高主要体现在哪些方面？

（2）你目标企业的核心招聘要求是什么？上海电力大学近三年入职该企业的人数及专业匹配度如何？

（3）核电运维工程师的专业技能与综合素质中，哪项最重要？为何选择这一职业？

15.材料工程师

（1）为何选择这个技术研发作为职业方向？核心想解决什么问题？

（2）从就业与创业双重视角，你认为从业者应具备哪些关键能力？自身如何匹配？

（3）该类企业的人才招聘标准是什么？你如何满足这些要求？

16.油气地质勘探工程师

（1）为何选择深地油气勘探作为职业方向？该领域对国家能源安全有何战略意义？

（2）在自然科学基金项目中承担了哪些工作？取得了哪些成果？

（3）我国深地油气勘探技术在全球处于什么水平？当前面临哪些关键挑战？

17.合成生物学研发工程师

（1）你为何选择合成生物学研发工程师作为职业目标？

（2）如何看待合成生物学的社会争议？从业者应具备哪些职业道德？

（3）当技术的社会价值与企业经济效益产生矛盾时，如何平衡？

18.生物学家

（1）在肿瘤预防、诊断、治疗的全链条中，你为何聚焦于诊断与治疗领域？未来的细分方向是什么？

（2）在分子诊疗与靶向药物研发项目中，团队如何构成？你承担的核心职责是什么？

（3）在研发中遇到的最大技术瓶颈是什么？如何通过创新手段解决？

19.药物研发方向的生物信息工程师

（1）AI技术为药物研发带来哪些核心机遇？当前面临的主要挑战是什么？

（2）作为生物技术专业学生，如何补足AI制药所需的信息化能力？未来职业发展路径如何规划？

（3）实习经历中是否涉及AI制药相关工作？从中获得了哪些关键收获？

20.电厂污染治理方向的环保工程师

（1）若进入五大发电集团研究院，你的科研工作如何对接电厂需求？当环保考核需求与技术实际效果冲突时，如何解决？

（2）电厂污染治理技术推广中面临哪些实际困难？实习经历如何深化对岗位的认知？

（3）基于当前行业趋势与个人积累，你认为20年后在环保工程师岗位的独特贡献可能体现在哪些方面？

21.装备动力工程师

（1）参军入伍经历如何影响你的职业方向？这段经历带来的核心成长是什么？

（2）请分析国内外航空发动机的技术路线差异及中国的发展前景。

（3）如何看待我国第六代机多型号试飞的技术突破？这对航空发动机领域有

何牵引作用？

22. 集控运行巡检员

（1）作为电力行业从业者，巡检员岗位为何需要极强的责任意识？结合实习经历，谈谈须具备哪些核心技能？

（2）作为能动专业学生，相较于电气专业学生，在电力行业的优势与劣势分别是什么？如何针对性提升？

（3）从一线巡检员视角看，电力系统实现无人化或者少人化还有哪些挑战？未来如何提升自身竞争力？

23. 油田化学工程师

（1）为何从生物与医药工程转向油田化学工程师？这一职业选择的核心驱动力是什么？

（2）在参与的科研项目中，哪项最能体现你的创新能力？女性在油田行业面临哪些具体挑战？

（3）相较于化学、石油工程专业，生物医药背景的油田化学工程师有何独特优势？

24. 风资源工程师

（1）请用三个关键词概括自身特质，并说明与风资源工程师岗位的匹配性。

（2）央企、民企、外企在风电行业中各有哪些核心优势？你更倾向于哪类企业？

（3）你提到风电行业面临“生态影响、噪声污染、光影干扰”等环境问题，为此做了哪些知识与能力储备？

25. 鼻咽癌免疫新疗法的研发科学家

（1）达成“海外直博→副教授→教授/院士”长期职业目标的核心要素是什么？

（2）请将长期职业目标分解为首个三年计划，明确关键行动项。

（3）若鼻咽癌免疫疗法在25年内被攻克，你的研究如何延续价值？

26. 海外选矿工程师

（1）从国家能源安全角度看，选矿岗位的核心价值体现在哪些方面？

（2）针对选矿环境恶劣、人工判断依赖度高的问题，你在“选矿+AI”交叉领域作了哪些创新？

（3）针对海外选矿岗位的复杂环境，你做了哪些能力储备？

27.无人飞行器材料工程师

（1）无人飞行器领域对材料工程的岗位需求现状如何？核心应用场景有哪些？

（2）无人飞行器材料研究与有人飞行器的差异是什么？你的核心技术目标是什么？

（3）为何将职业目标聚焦于无人机材料领域？

28.“双碳”目标的CCUS研发工程师

（1）为何不选择高校、科研院所，而选择进入企业研究院从事CCUS研究？

（2）结合行业趋势，你如何规划在企业研究院的CCUS技术研发方向？

（3）如何将AI技术融入CCUS的催化剂研发流程？请举例说明。

29.药品研发技术员

（1）如何看待药物研发过程中频繁出现的失败？作为研发技术人员，会采取哪些应对措施？

（2）目标岗位的核心能力要求是什么？目前自身能力存在哪些不足？如何针对性提升？

（3）若未能达成目标岗位预期，职业规划将如何调整？请举例说明临床医学专利的研发动机与应用场景。

二、第二届职规赛就业赛道

1.成为服务西藏的税务咨询顾问

（1）你的实习经历中税务相关经验较少，为何选择税务咨询作为职业目标？

（2）能否分享一段实习中印象深刻的税务咨询案例？从中体现了哪些关键能力？

（3）西藏地区税务政策与内地相比有哪些显著差异？

2.跨境服务机构的财务BP

（1）在事务所担任财会人员与在企业担任财会人员有哪些异同？

（2）能否分享一段利用跨境税务差异进行筹划的案例？在当前关税政策下，企业如何合规应对原产地审查？

（3）对于风险厌恶型人群（如不参与股票、基金投资），你认为其财务管理方式是否合理？有何优化建议？

3.集成电路工艺整合工程师

（1）你认为中国芯片产业在设计、生产、封装全链条中最大的短板是什么？目前有哪些技术路径尝试突破这一短板？

（2）如何理解“在28纳米光刻机条件下实现7纳米工业性能”？当前主流的多重曝光技术存在哪些局限？

（3）课题组在Science及子刊发表的研究中你具体的贡献是什么？作为工艺整合工程师，职业方向更偏向基础科研还是工艺落地？

4.火炮结构设计师

（1）作为“军工七子”院校的学生，如何理解“军工精神”的实质？它主要通过哪些方面体现？

（2）迫击炮、榴弹炮等火炮的主要应用场景有何差异？衡量火炮先进性的核心性能指标包括哪些？

（3）当前国内外火炮技术的创新方向有哪些？作为结构设计师，须具备哪些核心职业素养？

5.军工领域数字化材料成形工程师

（1）在数字化材料成型技术应用中，最大的问题是什么？传统材料成形方式有哪些值得传承的内容？

（2）你如何将车间一线经验转化为科研成果？能否举例说明？

（3）你的专业与传统材料学有何差异？未来职业规划与科研重点是什么？

6.无人船舶系统工程师

（1）导师对你的职业规划产生了哪些关键影响？从导师身上学到的核心科研

品质是什么？

（2）无人船与俄乌冲突中使用的无人机在控制技术及其他方面有哪些相同点？应用场景差异带来哪些特殊要求？

（3）在参与大型造船系统工程中，哪个团队让你印象最深刻？其独特之处体现在哪些方面？

7.行星遥感研究员

（1）从小到大，是什么驱动你持续追寻天文与行星科学的职业梦想？能否梳理你的关键成长节点？

（2）火星沙丘研究看似“浪漫”，其科学价值和现实应用体现在哪些方面？

（3）在火星沙丘研究中，如何利用高分辨影像与深度学习技术提升效率？科研与个人生活如何平衡？

8.航天遥感算法设计师

（1）在卫星研制等团队项目中，你如何协调成员协作？在热辐射处理技术中，算法层面的核心创新点是什么？

（2）你理想的下一阶段用人单位是哪里？如何将军用遥感技术转化为民用？请举例说明。

（3）未来职业发展倾向于技术专家路线还是管理路线？若在重要会议中发现导师汇报数据错误，如何处理？

9.古建筑修复师

（1）建筑行业整体下行、设计院裁员背景下，你为何仍选择进入该领域？

（2）简历中获奖经历多为现代建筑项目，为何未涉及古建筑？古建筑修复师的岗位考核构成是怎样的？

（3）古建筑项目面积较小，是否影响收入？如何理解“修旧如旧”原则的深层内涵？

10.乡村品牌设计师

（1）能否介绍你最满意的设计作品？其创作理念与成果如何？

（2）哪些因素对你的设计风格与职业选择影响最大？如何看待AI技术在乡村

品牌设计中的作用？

（3）有没有打造过什么爆款设计？请问你有什么个人的IP？

11.致力于为游客打造梦幻之旅的旅游产品运营规划师

（1）你更适合从事什么职业？旅游规划行业的市场需求与企业类型有哪些特点？

（2）旅游规划的核心维度有哪些？能否以具体项目为例说明实施流程？

（3）三亚旅游规划的主要痛点是什么？若由你主导规划，将如何突破？

12.云南农垦集团的农业产品经理

（1）如何理解农业产品经理岗位的核心职责？在农产品供应链中，哪个环节最易出现风险？如何规避？

（2）能否分享选品失败案例？如何通过专业方法提升选品能力？

（3）农业产品经理的上下游客户分别是谁？如何通过渠道策略提升品牌曝光？

13.援外文物保护修复师

（1）你的实习与学术经历均以中文语境为主，缺乏海外实地经验，如何确保适应国外文物修复工作？

（2）援外文物修复工作常具阶段性，你的职业规划是短期参与还是长期投入？

（3）海外文物修复工作是否存在语言障碍？你擅长的文物修复领域是什么？

14.网络舆情分析师

（1）能否以具体案例说明舆情研判中“类型分辨、传播分析、情感倾向”的操作逻辑？

（2）三河市招牌政策引发争议的核心问题是什么？对公共政策制定有何启示？

（3）如何利用DeepSeek等AI工具提升舆情处理效能？请举例说明具体场景。

15.高分子装备研发工程师

（1）你未来的职业规划是偏向纯技术路线还是技术管理路线？如何理解跨学

科融合在研发中的作用?

（2）在实习和研究中，你意识到哪些能力不足？如何针对性提升?

（3）你研发的超强超韧地膜在不同地理环境中的适用性如何？性价比相较传统产品有何突破?

16. 交互设计师

（1）在实习经历中，交互设计面临的最大挑战是什么？如何看待B端与C端设计的差异与迁移性？如何通过AI技术实现?

（2）在比赛项目中你主要负责的是哪一部分的工作？真正的难度是在哪一部分?

（3）线上与线下的用户洞察有何差异？请从数据收集、成本、深度三个方面说明。

17. 聚焦于固态电解质方向的锂电池研发工程师

（1）当前固态锂电池的研发处于什么阶段？国内头部企业的技术路线与国际地位如何?

（2）能否以具体项目为例，说明你在固态电池研发中的技术贡献？解决了哪些行业痛点?

（3）你的研究成果是否已与头部企业对接？未来技术转化的重点方向是什么?

后　记

在近20年的辅导员生涯中，我早已习惯了日复一日埋首于日常的繁杂事务，不断经历压力、困顿与自我重建的循环。但我始终坚守着“为每一个梦想引路，为每一次就业护航”的初心，这份源于陪伴与解惑的价值感，深沉而明亮。它如同最温暖的光，始终照亮我作为学生工作者的平凡岁月。

我的职业生涯在2020年迎来重要转折——这一年，我遇见了刘明耀老师。他的出现，如一盏明灯，为我指明了将日常积淀转化为成果的路径。

从工作室录制30集原创系列微视频开始，我的工作逐渐挣脱“重复琐碎”的桎梏：在饶先发老师的鼓励下，这些视频得以在高校辅导员工作室公众号转载；2021年，我斩获首届全国高校教师教学创新大赛·就业指导课程教学赛事山西省一等奖，全国三等奖；2023年，我入选省级大学生职规赛评审专家；2024年，我主持的工作室获评校级名师工作室，同时指导3名学生拿下职规赛省级奖项；2025年，工作室成功立项为山西省首批辅导员名师工作室，而我也连续两年以省级优秀指导教师身份指导学生摘得全国大学生职业规划大赛全国总决赛铜奖。

五年来，尽管事务有增无减，但我却始终保持对工作的新鲜感与创造力。每天都在思考“如何更富创造性地开展工作”。往日的压力早已化为持续向上的成长动力。

今年初，听闻容容老师有意撰写一部职规赛专著，刘老师提议由我与她携手完成。其实，当时我内心充满忐忑：开展生涯团辅、讲授课程、参与竞赛指导我能胜任，但写书于我，却近乎遥不可及。

正当我犹豫时，容容老师竟主动联系了我。作为业内资深前辈，她的邀请让我既感荣幸，又倍感压力，总怕自己能力有限，辜负了这份信任。就在我迟疑不定时，刘老师“边行动，边成长”这句话给了我莫大的鼓励，最终，我决定以笔为犁，在写作中慢慢探索和沉淀。

辅导员工作的特点和节奏注定了要牺牲休息时间来写书。4月开始，每天清晨5点到7点、夜晚9点到12点，加上周末和假期，我连轴转了3个月，6月底，书稿终于完成。

这一过程中，在容容老师的悉心指导下，我竟渐渐进入“心流”状态，笔下的文字也越发顺畅，原本的“任务”渐渐成了一场与自我的深度对话。直至完稿那一刻，我才真正明白：20年基层辅导员生涯的点滴积累，并非零散的过往，静心梳理、用心提炼，便可凝结为沉甸甸的成果。

在我作为辅导员实现个人成长与成果转化的路上，幸得诸多业内大咖一路相助，悉心指点，方有我清晰明确的方向、持续前行的可能，方能让我每一次突破，都能成为更好的自己。

感谢张丽花副书记五年前为我引荐刘老师；感谢刘明耀老师的一路引领；感谢容容老师3个月来的耐心指导与信任；感谢学工部顾宁部长、毋登辉老师的大力支持；感谢学院领导、同事与工作室学生干部的无私帮助，让我坚定前行。

最后，向始终关心与支持我们的老师们致以最深切的谢意，特别要感谢所有参赛学生，你们以热忱的行动让“规划即人生”从理念走向了值得奔赴的实践。希望《手把手带你备战职规赛》这本书对老师、同学们有所帮助。

作为初次执笔人，加之学识阅历有限，书中疏漏在所难免。恳请各位读者与同仁批评指正、多多包容，你们的每一条意见，都将是我前进路上的珍贵助力。

李红霞

2025年8月

参考文献

[1] 金树人. 生涯咨询与辅导 [M]. 北京：高等教育出版社，2007.

[2] 金树人. 生涯咨询　理论与实践 [M]. 北京：世界图书出版有限公司，2025.

[3] (美) 马可 · L. 萨维科斯. 生涯咨询 [M]. 重庆：重庆大学出版社，2015

[4] 乔志宏. 大学生职业生涯与发展规划教程 [M]. 北京：清华大学出版社，2023.

[5] 乔志宏，刘锐. 大学生职业生涯规划与就业指导教程 [M]. 北京：清华大学出版社，2023.

[6] 庄明科，谢伟. 大学生职业生涯规划 [M]. 北京：中国人民大学出版社，2024.

[7] (美) 肯尼思 · J. 格根. 社会建构的邀请 [M]. 上海：上海教育出版社，2020.

[8] 钟谷兰，杨开. 大学生职业生涯发展与规划 [M]. 上海：华东师范大学出版社，2016.

[9] 曾侯森. 大学生求职简历进阶论——高品质简历是怎样炼成的 [M]. 成都：四川大学出版社，2023.

[10] 李家华. 大学生职业发展与就业指导 [M]. 北京：高等教育出版社，2022.

[11] 黄秀英. 生涯教育基础知识 [M]. 北京：济南出版社，2023.

[12] 刘宝华. 大学生职业生涯与发展规划教程 [M]. 南昌：江西教育出版社，2025.